경제정책 어젠다
2022

자유, 평등 그리고 공정

경제정책 어젠다
2022

김낙회 · 변양호 · 이석준 · 임종룡 · 최상목 지음

21세기북스

2022 새로운 경제 시스템 구축을 기대하며

대통령이 경제 문제 전부를 챙길 수는 없다. 가능하지 않다. 그렇다고 유능한 경제 전문가를 장관으로 등용하고 전권을 위임하는 것도 바람직하지 않다. 대통령의 리더십이 있어야 해결될 수 있는 정책 과제가 있기 때문이다. 이 책은 이 시대의 대통령이 직접 해결해야 하는 경제정책 과제와 그 해결 방안을 모색한 책이다. 우리의 경제 시스템은 자유롭지도 않고 공정하지도 않다. 게다가 어려운 분들을 위한 복지 지출은 아직도 낮은 수준일 뿐 아니라 체계적이지 않다. 정부의 간섭은 너무 많다. 이런 경제 시스템은 지속 가능하지 않다. 경제는 시들게 되어 있다. 망가진 경제 시스템을 올바로 복원시키는 일, 자유롭고 공정하면서도 어려운 분들을 제대로 도와줄 수 있는 경제 시스템을 만드는 일, 이것이 이 시대 대통령의 경제정책 어젠다이다. 경제 시스템 속에서도 자유와 평등 그리고 공정의 숨결이 더 생생하게 살아 있어야 한다. 이 일은 대통령이 직접 나서야 한다.

이를 위해 이 책은 세 가지 정책 과제와 하나의 실천 전략을 제시한다. 첫 번째 정책 과제는 의미 있는 사회 안전망을 만드는 일이다. 국민 누구나 언제 어떤 경우에도 기본 생활은 할 수 있어야 한다. 그래야 결혼도 하고 출산도 마음 편하게 할 수 있다. 창업했다가 실패해도 정부에 의지하여 기본 생활은 할 수 있어야 한다. 시장경제와 효율성의 전도사 역할을 하던 국제통화기금(IMF)도 지속 가능한 성장을 위해서는 약자를 보호해야 한다고 입장을 바꾸었다. 규제 개혁을 통한 자유 경쟁은 탈락하더라도 뒤를 받쳐줄 안전망이 있다는 믿음이 있어야 모든 계층이 동의할 수 있기 때문이다.

이를 위해 이 책에서는 '부(負)의 소득세' 도입을 제안하고 있다. 저소득층에는 정부가 기본적인 삶을 영위할 수 있는 급여를 지급하고 고소득층에 누진적인 과세를 하는 방식이다. 기존의 사회복지제도에 긴급재난지원금과 같은 새로운 제도를 얹어나가는 것은 바람직하지 않다. 복지 사각지대를 완전하게 없애기 어렵기 때문이다. 전 국민에게 같은 규모의 지원금을 주는 방법은 돈이 많이 들 뿐만 아니라 역진적이다. 돈이 있으면 어려운 분들에게 2배, 3배 주는 것이 약자 보호에 더 효과적이다.

이 책에서는 부의 소득세 도입에 필요한 재원을 추산하고 그 재원 조달 방안을 제시하고 있다. 기존의 복지체제를 정비하고 재정의 낭비적 요소들을 제거해나가면서 각종 공제제도를 정비하고 필요하다면 일부 세율도 조정해가야 사회 안전망을 위한 재원을 마련할 수 있다. 따라서 부의 소득세 제도를 도입하는 과정에서 복지 지출을 포함하여 재정 전반에 대한 개혁이 이루어질 수 있을 것이다. 재원 확보 방안을 포함하지 않는 어떠한 복지 지출 확대 논의도 의미가 없다. 또 다른 포퓰리즘에 불과하고 그렇지 않아도 어려운 우리 자식 세대의 어깨에 무거운 짐을 떠넘기는 주장이다.

두 번째 정책 과제는 경제적 자유도를 높이는 것이다. 우리 기업인들은 사회주의 국가인 중국보다도 규제가 많다고 느낀다. 전 세계를 상대로 장사를 하고 경쟁을 하려면 경쟁국 기업들이 누리는 경제적 자유를 우리 기업도 누려야 한다. 그래야 그들과 동등한 위치에서 경쟁할 수 있기 때문이다. 규제 개혁을 위해 역대 정부에서도 많은 노력을 기울였으나 성과가 부족했다. '타다'의 사례에서 보듯이 기득권을 가진 이들의 반대가 많았다. 부의 소득세를 기본으로 하는 사회 안전망이 구축되면 그들을 설득할 수 있는 기반이 마련된다.

이런 기반 아래 이 책에서는 '기준국가'라는 개념을 도입할 것을 제안하고 있다. 자유, 복지, 환경, 안전 등에서 우리보다 앞서나가는 기준국가를 정하고 그 나라 수준으로 규제를 개혁하는 것이다. 어느 부문을 어느 수준까지 규제를 개혁해야 하는지의 기준이 있어야 규제 개혁 방향이 명확해지고 소모적인 논란을 최소화할 수 있기 때문이다. 다른 국가에서 성공한 개혁의 경험을 활용하고자 하는 것이다.

이를 통해 특히 기업이 어려워하는 노동시장의 유연성도 기준국가 수준으로 높여야 한다. 기업에 자유를 주고 노동시장에서 유연성이 높아지면 일자리는 자연스럽게 늘어난다. 정부가 중심이 되어 일자리를 만들고 산업을 육성하겠다는 과거 개발경제 시대의 생각을 버려야 한다. 물론 거대 첨단 기술 프로젝트 등 민간의 힘만으로는 감당하기 어려운 분야가 있다면 정부가 도울 수는 있을 것이다. 하지만 중심적인 역할은 민간이 하는 것이다. 우리 국민의 능력을 믿고 경제적 자유를 허락해야 한다.

세 번째 정책 과제는 공정한 경쟁 환경을 조성하는 것이다. 경쟁이 불공정하면 힘 있는 사람들의 세상이 된다. 능력 있는 사람들이 힘 있는 사람들에게 핍박을 받는 세상이 된다. 경쟁이 공정한 것이라는 믿음이 있어야 승자를 인정할 수 있다. 공정한 경쟁 환경을 만들기 위해서는 무엇보다 '법 앞의 평등'이 이루어져야 한다. 검찰 개혁은 사회정의 측면뿐만 아니라 경제 활성화를 위해서도 반드시 필요하다. 검찰 개혁은 현재 진행 중에 있고 경제 전문가의 입장에서만 논의하기 어려운 부분이 있어 이 책에서는 깊이 다루지는 않았다. 다만 '법 앞의 평등'이 지켜지는지 아닌지는 그야말로 우리 사회의 수준을 가늠하는 척도일 뿐만 아니라 경제 활성화의 핵심 과제라는 점은 다시 강조하고 싶다. 부디 권력기관들의 이해나 자기편만의 이익을 위한 개혁이 되지 않고 국민의 입장에서 이루어지길 바란다.

공정한 경쟁 환경을 만들기 위해 특별히 이 책에서는 기업주(企業主)의 문제를 제기하고 있다. 기업에 더 많은 자유를 준다면 기업도 그에 상응해서 책임 있게 행동해야 한다. 능력이 있으면 대주주나 대주주의 가족도 최고경영자가 될 수 있고 고속 승진을 할 수 있지만, 공정하고 투명한 절차와 경쟁을 거쳐 이루어져야 한다. 대주주의 가족이라고 해서 무조건 채용되고 고속 승진되고 경영권까지 자동 승계되는 관행은 이제 없어져야 한다. 대주주 가족이 경영하는 회사에 무조건 일감을 몰아주는 관행에서도 벗어나야 한다. 공정하지 않기 때문이다. 기업에는 대주주도 중요하지만 소액주주나 종업원, 거래처 등 다양한 이해관계자들도 모두 중요하다는 인식이 필요하다. 이래야 최근 화두가 되고 있는 ESG 경영이 실질적으로 이루어질 수 있다. 이를 위해서는 무엇보다도 기업주들의 자발적인 관행 개선이 필요하다.

제도적으로는 기업 지배구조에 있어서 비지배주주에 의한 견제 장치를 늘리는 방안을 더 강구할 필요가 있다. 특히 이사회를 구성하는 사외이사 전원을 지배대주주가 실질적으로 임명하는 것은 공정하다고 하기 어렵다. 비지배주주도 비록 작은 수의 의석이지만 이사회 구성에 참여할 기회가 주어져야 한다. 최근 감사 선임에 있어서 대주주의 의결권을 제한하는 제도가 도입되었는데 이런 측면에서 의미 있는 변화라고 할 것이다. 다만 이 책에서는 사회적 타협을 통해 규제 개혁 등 광범위한 개혁 조치가 이루어진다면 대주주의 의결권 제한 제도는 폐지하고 집중투표제나 비지배주주의 이사 선임권 부여 등의 방식으로 전환할 것을 제안하고 있다. 사외이사 선임에 있어서 비지배주주의 권리를 보다 안정적으로 보장하는 방법이기 때문이다. 만약 이러한 관행 개선과 제도 개편으로 대주주 가족 중심의 경영에서 벗어날 수 있다면 그동안 대기업에 적용돼왔던 대규모기업집단제도 등과 같은 규제를 폐지하고 상속세율도 경쟁국 수준으로 조정될 수 있을 것이다.

위의 세 가지 정책 과제가 선택적으로 추진되어서는 안 될 것이다. 세 개의 정책 과제는 하나의 패키지로 묶여야 의미가 있을 뿐만 아니라, 마치 세발자전거처럼 한쪽에 치우쳐지지 않는 균형을 이룰 수 있기 때문이다. 그러나 어느 과제도 쉽게 추진되긴 어려울 것이다. 다양한 이해관계와 집단이 얽혀 있기 때문이다. 이에 따라 이 책에서는 실천 전략으로 '사회적 타협'이라는 방법을 제시하고 있다.

민주주의의 오랜 전통을 가진 유럽 선진국의 경우 위기 때마다 복잡한 문제 해결을 위해 사회적 대타협을 이룬 경험이 있다. 우리는 1998년 외환위기 당시 이루어낸 노사정 대타협의 경험도 있다. 특히 현재의 우리나라에서는 이념 간의 갈등이 심하다. 이 책에서 제시하는 세 가지 정책 과제인 사회 안전망, 경제적 자유, 검찰·기업 개혁은 이념 간 서로 주고받을 수 있는 타협의 여지가 있다. 이해관계의 복잡성을 감안할 때 대선 과정에서 국민적인 동의를 얻어 대선 직후 개혁을 추진할 수 있으면 가장 좋을 수 있다.

이와 관련하여 최근 노동 사회 현안에 대한 개혁을 이루어낸 프랑스 마크롱 대통령의 사례를 살펴볼 필요가 있다고 생각한다. 선거 과정에서 개혁의 필요성을 제기하고 당선 직후 이해관계 집단과의 대토론에 직접 나서면서 설득하는 정치력을 발휘했다. 또한 과거를 뒤돌아보지 말고 미래를 보자는 정신으로 합의를 끌어냈다. 이러한 이유로 마크롱 대통령의 정당 명칭도 '전진하는 프랑스당(La Republique Francais En Marche)'이다.

이 책은 다소 다른 영역이었지만 경제정책을 다루는 공직자로서 같은 경험을 했던 다섯 명이 모여 집필했다. 재직 중 이루지 못한 '비전'의 뒤늦은 정리이기도 하고, 부족했던 '성과'에 대한 반성일 수도 있다. 또한 우리 경제의 새로운 변화에 대한 기대이기도 하다. 여러 현안을 광범위하게 다루지 못했고 더 깊은 논의가 있어야 하겠지만 경제 시스템의 기본 틀을 바꾸어야 한다는 공동의 인식과 열정을 담아보려 했다.

이제 1년 후면 새로운 대통령이 취임한다. 부디 현명한 경제정책으로 우리 경제가 다시 힘차게 도약하고 국민들도 미래에 대해 더 많은 희망을 품게 되기를 바란다. 여기에 이 책이 작은 기여라도 할 수 있으면 하는 바람이다. 이 책을 준비하는 데 이찬우 전 기획재정부 차관보의 도움이 매우 컸다. 토론에 참여해 좋은 의견도 주었고 특히 5장 사회적 대타협의 국내외 사례를 잘 정리해주었다. 깊은 감사의 말씀을 드린다. 마지막으로 편집에서 제작까지 어렵고 힘든 작업을 즐겁게 해준 21세기북스 임직원 여러분께 감사의 말씀을 드린다.

2021년 4월
저자 일동

Contents

1장 경제 시스템 어떻게 바꿀 것인가

2장 평등_부의 소득세제와 포용적 경제

3장 자유_규제 개혁과 자유로운 경제

4장 공정_기업 지배구조 혁신과 공정한 경제

5장 사회적 대타협, 혁신의 돌파구

경제 시스템 어떻게 바꿀 것인가

변양호

재정경제원 금융정책국장과 금융정보분석원장을 역임하고 보고펀드를 설립,
현재 VIG파트너스 고문으로 활동하고 있다. 저서로는 『변양호 신드롬』이 있다.

1

공정·자유·평등의 시너지

경제는 경쟁이 기본이다. 소비자가 원하는 물건이나 서비스를 남들보다 좋은 조건으로 공급해야 이길 수 있다. 축구와 같다. 축구도 남들보다 잘해야 이긴다. 박지성 선수나 손흥민 선수와 같이 능력 있는 선수들이 마음껏 능력을 발휘하게 해야 좋은 성적을 기대할 수 있다. 경제도 마찬가지다. 능력 있는 사람들이 능력을 발휘하게 해주면 경제는 활기를 띠게 되어 있다.

능력 있는 사람이 능력을 발휘하기 위해서는 두 가지가 필요하다. 첫째는 공정한 경쟁이다. 경쟁이 불공정하면 힘 있는 사람이 이기지만 경쟁이 공정하면 능력 있는 사람이 이기기 때문이다. 둘째는 자유로운 활동을 할 수 있어야 한다. 손발을 묶어놓고서는 능력을 발휘할 수 없기 때문이다. 자유롭게 활동할 수 있어야 능력 있는 사람들이 능력을 발휘할 수 있다.

그래서 경제학에서는 경쟁을 촉진하라고 가르친다. 여기서 경쟁이란 공정한 경쟁을 말하고, 촉진하라는 말은 경제활동을 보다 자유화하라는 뜻이다. 공정하지 않으면 경쟁이 아니고, 경제활동을 자유화할수록 경쟁은 더 치열해지기 때문이다. 공정한 경쟁과 자유로운 경제활동 허용, 이 두 가지만 갖춰지면 경제는 활력을 보이게 되어 있다. 어떠한 경우에도 그렇다. 그래서 공정과 자유를 기반으로 하는 시장경제 체제는 다른 어떠한 경제체제보다 우월한 경제적 성과를 낼 수 있는 것이다.

하지만 경제적 성과 창출에는 탁월한 시장경제 체제가 심각한 결함을 원천적으로 가지고 있다. 능력 있는 사람들이 능력이 부족한 사람들보다 경쟁에서 언제나 유리하기 때문이다. 시장경제 체제는 능력 있는 사람들에게 일방적으로 유리한 체제이다. 능력의 차이에 따라 경제적 불평등이 초래되게끔 되어 있다. 공정하고 자유로운 경쟁을 하면 할수록 경제 활력은 높아질 수 있지만 그만큼 경제적 불평등은 늘어나게 되어 있다.

우리 모두가 원하는 민주주의가 능력 있는 사람들만을 위한 체제가 아니라면 능력이 부족한 사람들에 대한 배려가 필요하다. 능력은 후천적인 노력으로 어느 정도 만들 수 있지만 태어날 때부터 차별적으로 주어지는 경우가 많기 때문이다. 이런 측면에서 불평등을 해소하기 위한 복지정책은 언제나 필요할 뿐 아니라 그 복지정책은 '기회의 평등'만을 추구하는 것으로는 부족하다. 누구에게나 동일한 룰을 적용하고 기회는 누구에게나 동일하게 부여하는 것은 당연하지만, 그에 따르는 경제적 불평등을 어느 정도 치유할 수 있을 정도의 복지정책이 필요하다는 것이다. 경제적 성과는 공정과 자유만 있으면 얻을 수 있다. 하지만 함께 잘 사는 민주주의를 추구한다면 공정, 자유, 평등(복지)이 다 필요하다. 특히 복지정책은 '기회의 균등'을 넘어서는 정책이어야 한다.

선진국은 오래전부터 공정한 경쟁과 경제 자유화가 어느 정도 이루어져 있기 때문에 복지 규모를 가지고 큰 정부, 작은 정부 논쟁을 하고 있다. 하지만 우리나라는 아직도 박정희 대통령이 만들어놓은 경제 질서에서 크게 벗어나지 못했다. 선진국에 비해 공정하지도 않고 경제적 자유도 수준은 사회주의 국가인 중국보다도 떨어져 있다. GDP 대비 정부의 복지 지출 비중은 OECD 국가 중에서 하위권에 머물고 있다. 공정, 자유, 복지 모두 앞으로 개선해야 할 여지가 많다. 경제가 너무 시들기 전에 세 가지 측면에서 함께 개선이 이루어져야 한다.

전통적으로 자유는 우파의 중심 가치이고 평등(복지)은 좌파의 중심 가치다. 공정은 민주국가라면 모두가 추구해야 할 가치다. 공정한 경쟁 아래 경제 자유화라는 우파적인 정책은 더 우파적으로, 사회 안전망 구축이라는 좌파적인 정책은 더 좌파적으로 하면 된다. 공정한 경쟁구조를 강화하면서 진보 진영은 경제 자유화를 허용해주는 대신 의미 있는 사회 안전망을 얻어내야 하고, 보수 진영은 복지 지출 확대를 허용해주는 대신 경제 자유화를 얻어야 한다. 이렇게 하면 우리 경제는 다시 번영할 수 있다. 어렵지만 불가능하지 않다. 모든 선진국에서 하고 있기 때문이다. 이런 시스템을 갖추게 되면 오히려 우리가 선진국보다 더 잘할 수 있다. 우리 국민들이 우수하기 때문이다.

스페인과 네덜란드, 자유로운 경제 시스템의 힘

역사상 가장 높은 수익을 올린 벤처 투자자는 아마도 스페인의 이사벨라 여왕일 것이다. 콜럼버스는 스페인 출신이 아니다. 이탈리아의 제노

바 출신이다. 그는 포르투갈과 프랑스에도 신대륙 탐험 계획을 설명했다. 하지만 거절당했다. 그런데 스페인의 이사벨라 여왕이 수용했다. 그 결과 스페인은 엄청난 재물을 얻었다. 아마 이 정도의 수익을 올릴 수 있는 투자 기회는 앞으로도 없을 것이다.

1492년 콜럼버스가 신대륙을 발견했을 때 스페인은 유럽에서 부유한 나라 중 하나였다. 이에 더해 콜럼버스는 역사상 가장 큰 자원의 저장고를 발견해서 스페인에게 주었던 것이다. 금은, 원석 등 엄청난 양의 재화가 스페인으로 유입되었다. 번영의 절정으로 치달았다. 하지만 번영은 오래가지 못했다. 종교재판소의 권유에 따라 능력 있는 사람들을 추방해버린 것이 큰 원인이었다. 신대륙을 발견한 1492년에 유대교도에게, 1502년에는 이슬람교도에게 추방령을 내렸고 개신교도들도 박해했다. 가톨릭의 종주국이 되고자 한 것이다.

돈과 기술을 가진 유대교도와 이슬람교도들이 스페인을 떠났다. 개신교도들도 떠나야 했다. 의사, 과학자, 상인, 금융업자, 기술자들이 스페인을 떠났고 스페인의 산업은 붕괴되었다. 스페인의 무적함대는 1588년 영국에게 패했고 17세기 들어 스페인은 강국의 자리에서 무너져 내렸다. 수많은 전쟁으로 돈을 많이 쓰기도 했지만 종교적 순수성을 지키기 위해 능력 있는 사람들을 추방한 것이 쇠락의 가장 큰 이유였다.

스페인이 몰락할 즈음 네덜란드는 세계 최강국으로 부상했다. 17세기가 시작될 무렵 프랑스의 인구는 1,600만 명, 스페인과 포르투갈은 합쳐서 1,000만 명, 독일의 여러 공국들을 모두 합친 인구는 2,000만 명이었는데 네덜란드는 200만 명에 불과했다. 하지만 네덜란드는 50년이 채 못되어 세계 최강국이 된다. 네덜란드의 무역선은 1597년에는 120척에 불과했으나 1634년에는 2만 4,000여 척이 되었고 유럽 전체 상선의 4분의

3을 보유하게 되었다.[1] 인도에서 가져온 거친 원석을 가공해서 최고급의 다이아몬드로 만들어 팔았고 직물업이나 담배 제조업 등 고이윤 산업의 중심지가 되었다.

회사의 지분을 팔아 자금을 모집하는 주식회사 제도를 운영하는 등 금융에서도 가장 앞서 있었다. 전성기의 네덜란드는 무역·해운·금융 부문에서 최고를 자랑했고 큰 사업을 하려면 네덜란드에 와야 했다고 한다. 유럽의 많은 도시들이 침체를 겪고 있던 1570년부터 1670년 사이에 암스테르담의 인구는 3만 명에서 20만 명으로, 라이덴의 인구는 1만 6,000명에서 5만 명으로 느는 등 네덜란드 도시들의 인구는 크게 늘었다.[2]

네덜란드의 면적은 경상도보다 약간 클 뿐이고 국토의 대부분이 해수면보다 낮은 나라이다. 강국이 되기 어려운 환경이었음에도 최강국이 될 수 있었던 것은 종교가 상대적으로 자유로웠기 때문이다. 17세기 유럽 전역에는 종교적인 분쟁과 박해가 만연했다. 하지만 네덜란드는 1579년 주연합 창립 헌장에 "누구나 종교의 자유를 가진다. 어느 누구도 종교의 이유로 심문을 받거나 박해를 받아서는 안 된다"라고 선언했다. 스페인 등지에서 쫓겨난 유대교도와 개신교도들이 네덜란드로 몰려들었다. 돈과 기술, 능력을 가진 사람들이 몰려든 것이다. 종교의 자유를 위해 네덜란드로 찾아온 수많은 능력 있는 사람들이 경제 부흥의 엔진 역할을 했다. 사람들이 몰려들어 큰 사업을 할 수 있게 되자 순전히 경제적인 이유로 이주해 온 사람들도 많았다.

능력 있는 사람들이 모여들고 능력을 발휘할 수 있으면 번영으로 간다.

---

1   김명섭(2001), 대서양문명사, 한길사, 297쪽.
2   에이미 추아, 이순희 옮김(2008) , 제국의 미래, 비아북, 222쪽.

힘 있는 사람들이 능력 있는 사람들을 핍박하면 나락으로 떨어진다. 역사는 수많은 사례를 보여준다. 특히 네덜란드의 사례는 우리에게 큰 의미가 있다. 작은 나라라고 하더라도 능력 있는 사람들이 능력을 제대로 발휘할 수 있는 시스템, 즉 공정하고 자유로운 경제 시스템을 만들어준다면 우리도 세계 최고의 경제 강국이 될 수 있다는 점을 시사해주기 때문이다. 물론 이런 공정하고 자유로운 시스템의 구축은 복지제도의 확충과 함께 이루어져야 한다.

2

경제를 떠받치는 사회 안전망

우리가 추구할 세 가지 가치, 즉 공정, 자유, 복지 가운데 편의상 복지, 자유, 공정의 순으로 논의하고자 한다. 어려운 사람들을 도와주는 방법에는 크게 보면 두 가지가 있다. 하나는 정부가 나서서 게임의 룰을 어려운 사람에게 유리하게 바꾸는 방식이다. 게임의 룰을 불공정하게 바꿈으로써 능력의 부족을 보완해주겠다는 방식이다. 직원을 채용할 때 능력이나 생산성, 필요성과는 관계없이 무조건 정규직으로 하도록 하거나 임금은 무조건 많이 주게 하는 방식이다. 상환 능력이 부족한데도 은행에게 대출하라고 강요하거나 특정 분야에서는 중소기업만이 사업을 영위할수 있게 하는 방식이다. 골목 상권을 보호한다는 이유로 대형 유통업체는 휴일엔 문을 닫게 하는 방식이다.

이는 축구를 할 때 잘하는 박지성 선수에게는 손을 묶고 하라고 하는 것과 다름없다. 잘하는 선수에게는 불리한 룰이 적용되면 아무리 박지성 선수라고 하더라도 잘할 수 없다. 경쟁을 제한하면 혁신이 일어나지 않고 결국 경쟁력이 떨어진다. 정치적으로 의미가 있을 수 있지만 경제적으로는 성공할 수 없다. 공정한 경쟁이 아니기 때문에 능력 있는 사람들의 창의와 열정을 끌어내는 데 한계가 있는 방식이다. 능력 있는 사람들은 그 능력을 제대로 발휘할 수 없고 그렇다고 어려운 사람들도 제대로 도움을 받지 못한다. 이런 방식으로 성공한 사례는 역사에 없다.

두 번째 방법은 게임의 룰은 모두에게 공정하게 적용하게 하고 능력 있는 사람들이 돈을 벌면 그들에게 세금을 거두고 그 세금으로 어려운 사람들을 도와주는 방식이다. 정부가 의미 있는 사회 안전망을 만드는 방식이다. 세상의 모든 선진국에서 하는 방식이다. 능력 있는 사람들도 열정을 가지고 열심히 일할 수 있고 어려운 사람들도 정부가 제공하는 복지 프로그램을 통해 어느 정도의 생활을 할 수 있는 방식이다.

최근 코로나19에 따라 어려움을 겪고 있는 분야를 지원하기 위해 사회적 연대 기금 조성 방안이 논의되고 있다. 동일한 룰 적용을 하지 않겠다는 것이다. 동일한 룰이 적용되지 않으면 불만이 생기게 마련이고 경제의 효율은 떨어지게 마련이다. 누구에게나 똑같이 적용되는 세금을 통해 조성한 자금으로 지원하거나 정부가 빚을 내서 조성한 자금으로 지원해야 한다. 과거 논의되었던 대기업과 중소기업 간의 소위 이익공유제 같은 아이디어도 부적절하다. 이익을 많이 내는 대기업에게 그 이익의 일부를 거래 중소기업에게 자진해서 나눠주라는 것이다. 이익을 많이 낸 대기업이 만약 불공정 행위를 해서 돈을 많이 벌었다면 그 잘못한 행위를 처벌하면 된다. 정당하게 번 돈이라면 정부가 어떤 방식으로도 그 처분 방식에 간여하면 안 된다.

우리나라도 당연히 두 번째 방식으로 가야 하는데 그러지 못했다. 그동안 우리나라는 복지 지출이 너무 작았기 때문이기도 하지만 첫 번째 방법이 왕왕 동원되곤 했다. 특히 마음이 급한 정부에서는 첫째 방식에 많이 의지하려고 했다. 정치적으로 보이는 모습이 좋기 때문이기도 하다. 이번 문재인 정부는 유난히 첫째 방식을 동원하곤 했다. 당연히 경제적으로는 성공하지 못한다. 이제는 두 번째 방식으로 제대로 가야 한다. 국민 모두에게 동일한 룰을 적용하되 어려운 사람들에 대해서는 정부가 언제 어떤 상황에서도 기본 생활은 할 수 있게 의미 있는 사회 안전망을 구축해야 한다.

의미 있는 사회 안전망이라는 것은 국민 모두가 적어도 어느 정도의 생활을 할 수 있게 정부가 프로그램을 만들어 시행한다는 뜻이다. 국민 누구나 언제, 어디서나 기본적인 생활에 대해서는 정부가 책임지는 시스템이다. 그저 아동수당을 올리거나 노인 기초수당을 단편적으로 올리는 것을 말하는 게 아니다. 사람들은 누구나 경제적으로 어려워질 수가 있다. 사업에 실패를 할 수도 있고 실직을 당할 수도 있다. 코로나19와 같은 바이러스가 또다시 출현할 수도 있다. 소상공인 자영업자 등이 또다시 어려움을 겪을 수도 있다. 이럴 때 정부에 기대어 어느 정도는 살 수 있는 프로그램이 되어야 한다는 것이다. '재난지원금을 주느냐 마느냐'와 같은 논란이 없이 자신이 번 소득으로는 기본 생계를 할 수 없게 되는 국민 누구에게나 자동적으로 정부 지원이 이루어져야 한다는 것이다. 이런 프로그램을 만들어야 의미가 있다. 몇 개의 복지 프로그램을 확충한다고 해결되는 정도가 아니다.

우리나라의 출산율은 1 미만으로 떨어진 지 오래되었고 전 세계에서 가장 낮은 수준이라고 한다. 결혼도 출산도 할 생각이 없는 주된 이유는 미래 생계가 불안하기 때문이다. 2017년 가을 서울을 방문한 라가르드 IMF 총재는 이화여대 학생들과의 비공개 간담회를 갖고 나서 '한국은 집단자살 사회'라고 한탄했다고 한다. 간담회에 참석한 학생들이 열심히 공부해서 대학에 입학했지만 취직도 어렵고 취직이 된다고 해도 아이를 갖는 순간 직장을 그만두어야 한다며 결혼도 출산도 안 할 것이라는 말을 듣고 한 말이라고 한다. 저출산은 저생산성, 저성장, 재정 악화로 연결되는데 이런 악순환이 바로 집단적 자살 현상이 아니겠느냐 하는 것이다. 취직은 어렵고 유리천장은 심하고 사회 안전망은 부족한 우리 사회에 대한 걱정에 이 행사에 참석한 사람들이 모두 함께 울 뻔했다고 한다. 문재인 정부는 사회 안전망 확충에 적극적이어서 다행이지만 복지 프로그램을 단편적으로 확충할 뿐 이런 문제를 근본적으로 해결할 의도나 비전은 보이지 않는다.

언제 어떤 경우에도 기본 생활은 할 수 있다는 믿음이 있어야 결혼과 출산도 하고 위험을 감수하는 벤처기업가들도 넘쳐날 수 있다. 의미 있는 사회 안전망 구축은 4차 산업혁명을 대비해서도 필요하다. 로봇이 근로자를 대체하면 그 기업의 생산성은 올라갈 수 있다. 하지만 로봇으로 일자리를 잃은 실직자는 생계가 어려워질 뿐만 아니라 실직자가 많아지면 그 기업의 제품을 사줄 수 있는 사람은 줄어들 것이다. 실직자의 기본 생활을 보장하면서 수요 부족의 문제를 해결하기 위해서라도 의미 있는 사회 안전망을 구축해야 한다. 정부가 여유 자금으로 일부 계층에게만 찔끔 주는 방식이 아니라 미래 불안이 해소될 수 있게 가족과 함께 기본 생활을 할 수 있는 수준의 보상을 소득이 부족한 누구에게나 계속 주는 것이 필요하다.

부의 소득세제가 최적의 대안

의미 있는 사회 안전망을 구축하는 방법으로 세 가지 방법을 고려할 수 있다. 첫째 방법은 현재의 복지제도를 더 확대하는 것이다. 기초생활보호 대상을 늘리고 고용보험의 대상도 확대하는 방법이다. 저소득층에 구직촉진수당을 신설해서 어려운 분들을 지원하는 방식이다. 문재인 정부가 추진하고 있는 방법이다. 둘째 방법은 기본소득을 지급하는 방법이다. 전 국민에게 동일한 금액의 지원금을 계속 정기적으로 주는 방법이다. 셋째 방법은 부의 소득세제를 도입하는 방법이다. 방법마다 장단점이 있겠지만 이 책에서는 전 국민을 대상으로 부의 소득세를 도입하는 방안을 제안하고 있다.

부(負)의 소득세(Negative Income Tax)란, 간단히 말해 국민 모두가 한 해 동안 번 소득을 더해 과세를 하는데, 소득이 많은 사람은 높은 세율을 적용하고 적게 번 사람에게는 낮은 세율을 적용하고 기본 생활도 할 수 없을 정도로 조금 번 사람에게는 정부가 보조금 형태의 급여를 매월 지속적으로 주는 방법이다. 소득이 아주 더 작으면 더 많은 급여를 주는 방식이다. 소득이 전혀 없는 사람에게도 기본 생계 문제가 해결될 수 있게 일정 금액의 급여를 매월 자동적으로 계속 지급하되 소득이 많은 사람에게는 누진적인 과세를 하는 방식이다.

코로나19 사태와 같은 돌발 상황에서도 이 제도는 매우 유용하다. 소득이 줄어든 사람들은 바로 보조금을 신청하면 된다. 그리고 1년에 한 번 종합소득세를 납부할 때 1년 소득 규모에 따라 정산을 하면 된다. 보조금을 받기 위한 요건의 충족 여부를 따지고 당국의 심사를 기다릴 필요가 없다. 정부는 2021년 초에 코로나19로 인한 3차 긴급재난지원금을 지급했는데 형평성의 시비가 많았다. 영세 식당이라고 해도 배달을 통해 매출을 올린 식당도 있고 그렇지 못한 식당도 있게 마련이다. 현행 시스템 아래서는 정부가 영세 식당의 매출 상황에 따라 차등해서 지원금의 규모를 정하기 어렵다. 하지만 부의 소득세제 아래서는 이런 문제가 쉽게 해결된다. 1년에 한 번 종합소득세를 낼 때 정산하는 절차가 있기 때문이다. 어려운 사람들은 누구나 보조금을 신청해서 받을 수 있다. 하지만 1년에 한 번은 세무 당국과 정산을 해야 한다. 보조금을 규정보다 더 많이 받았던 분들은 그만큼 뱉어내면 된다. 물론 악의적으로 소득을 속이는 경우에는 형사 처분을 받을 수도 있다. 하지만 소득이 부족한 사람들은 언제나 자동적으로 보조금을 받을 수 있다. 보다 구체적인 부의 소득세제 도입 방안은 2장에서 논의할 것이다.

실제로 의미 있는 사회 안전망을 구축한다는 측면에서 부의 소득세제는 앞서 말한 다른 두 가지 방법보다 우수하다. 지금 문재인 정부가 추진하고 있는 기존 복지제도를 확충하는 방법, 즉 기초생활보장제도의 대상을 확대하고 고용보험과 같은 기존의 복지제도를 확대하는 방법은 한계가 있을 수밖에 없다. 원래 현재의 복지제도에는 사각지대가 많은데 아무리 확장한다고 하더라도 사각지대를 모두 해소할 수는 없고 일정한 절차를 거쳐야 하기 때문에 어려운 사람에게 자동적으로 혜택이 부여되지 않기 때문이다.

기본적으로 현재의 복지제도는 수혜 대상의 요건에 맞아야 하고 심사라는 행정 절차를 거쳐 수혜 대상으로 지정을 받아야 혜택을 누릴 수 있다. 예컨대 코로나19 사태에서 보듯이 자영업자나 프리랜서 근로자 등의 소득이 현저하게 줄었다. 현재의 복지 시스템에서 이들의 어려움을 해결하려면 당장 기초생활보호대상자로 지정해야 한다. 하지만 자영업자들의 대부분이 기초생활보호대상자의 요건을 만족시키지 못하고 있고 설령 일부가 요건에 근접한다고 하더라도 심사를 거쳐야 해 통과되려면 상당한 노력과 참을성이 요구된다.

코로나19의 경우가 아니더라도 장사나 사업이 잘 되다가 갑자기 어려워지는 경우도 많은데 젊은 나이에 이렇게 되더라도 기초생활보호대상자로 지정 받기는 불가능하다. 요건과 심사라는 절차가 있는 한 어려움을 겪는 국민이 편하게 정부에 의지하여 기본 생활을 하기 어렵다. 복지 프로그램의 요건을 완화한다고 하더라도 사각지대를 완전하게 없앨 수는 없고, 새로운 제도를 만든다고 하더라도 제도가 복잡해지면 전달비용이 많아지는 문제를 해결할 수 없다.

문재인 정부에서는 장기 과제로 고용보험을 전 국민으로 확대하는 방법을 고려하고 있지만 이도 궁극적인 답이 될 수 없다. 고용보험의 혜택을 어느 정도 받으려면 고용 상태가 일정 기간 지속되어 상당 기간 보험료를 납부해야 한다. 고용 자체가 어려운 사람은 그 혜택을 받을 수 없다. 실업보험금을 받는 기간도 몇 개월로 한정되어 있어 그 기간이 지나면 고용보험의 혜택을 받을 수 없다.

문재인 정부가 2021년부터 새롭게 도입하는 구직촉진제도도 같은 문제를 가지고 있다. 저소득 구직자, 청년, 경력단절여성 등 고용보험 사각지대에 있는 취약 계층 구직자에게 1인당 월 50만 원을 6개월 동안 주는 제도이다. 일정한 요건을 갖추어야 하고 심사를 거쳐서 대상이 결정된다. 한 번 수당을 받은 사람은 3년 동안 재수급이 불가능하다. 6개월 후에도 직장을 얻지 못하면 다시 어려운 처지로 돌아갈 수밖에 없다. 결국 심사에 통과하면 3년에 한 번 6개월 동안 50만 원, 즉 300만 원의 보조금을 정부로부터 받는 것이다. 이것으로 기본 생활이 언제나 가능하다고 하기는 어렵다.

　재난지원금을 계속 주는 것도 현실적으로 어렵다. 재난지원금을 한 번 주려면 우선 대상과 금액을 확정해야 하고 이에 따른 예산을 마련해야 한다. 엄청난 정치적인 과정을 거쳐야 한다. 한 번 주기도 어려운데 계속 줄 수는 없다. 어려운 분들의 기본 생계가 자동적으로 보장되는 제도가 될 수 없다.

　현재의 복지제도는 20세기 경제가 빠르게 성장하는 가운데 만들어진 것이다. 나름 완전 고용을 추구하던 시절에 고안된 것들이기 때문에 근로 의욕을 해치지 않는 범위 내에서 복지제도를 운영해야 한다는 생각 아래서 만들어졌다. 예컨대 생활이 어려운 계층에게 정부가 장려금을 주는 근로장려금 제도가 있는데, 일자리를 가지고 있는 근로 가구를 위해 만들어진 것이다. 일자리를 갖지 못한 사람들은 전혀 혜택을 받을 수 없다. 지금도 목격하고 있지만 수많은 청년들이 아무리 노력해도 일자리를 구하는 데 실패하고 있다. 앞으로는 더욱 그럴 수 있다. 4차 산업혁명으로 많은 일자리가 로봇이나 AI로 대체될 것이기 때문이다. 아무리 노력해도 일자리를 얻지 못하는 시절이 오고 있는데 과도한 복지 제공이 근로 의욕을 해칠 수 있다는 생각에서 만들어진 현재의 복지제도를 확장하는 것은 원천적으로 부적절하다.

　두 번째 대안인 전 국민에게 일정 소득을 보전해주는 기본소득은 '요건과 심사'가 없이 자동적으로 지급되는 방법이라는 장점이 있지만 재원이 너무 많이 필요하고 역진적이라는 치명적인 약점을 가지고 있다. 2장에서 제시하는 부의 소득세제는 일반 성인에게는 월 50만 원, 18세 이하에게는 월 30만 원의 급여를 보장하는 방법을 제시하고 있는데, 이 경우 필요한 재원은 약 170조 원인 데 비해 같은 금액을 기본소득으로 줄 경우에는 거의 290조 원이 필요하다. 고소득자에게도 일단 같은 금액의 기본소득을 지급하기 때문이다.

그리고 부자에게도 같은 기본소득이 지급되므로 매우 역진적이다. 약자 배려라는 측면에서 매우 비효율적이고 그래서 부적절하다. 약자에게 지원을 한다면 전 국민에게 똑같이 주는 것보다 약자에게 2배, 3배 더 주는 것이 좋다. 진보 세력이 추구하는 이념과 상치된다. 모든 청년들에게 동일한 지원금을 주자는 청년 기본소득도 같은 문제를 가지고 있다. 돈 있는 청년에게 줄 돈이 있으면 어려운 청년에게 2배, 3배로 주는 게 좋다.

일각에서는 전 국민에게 똑같이 주고 부자에게는 나중에 세금으로 환수하면 된다고 하지만 지금의 세법에 따르면 50% 이상 환수하기 어렵다. 최고세율 이상으로는 환수가 안 되기 때문이다. 기본소득에 대해서만 더 많이 환수할 수 있는 특별법을 제정한다는 것도 합리적이지 않다. 특별법을 만드는 것보다 그냥 부의 소득세제를 시행하는 것이 더 효율적이다.

또한 저소득층이라고 해서 모두 동일한 금액의 기본소득을 지급하는 것도 합리적이지 않다. 저소득층이라고 하더라도 소득수준은 제각기 다 다르기 때문이다. 더 어려운 사람들에게 더 많은 혜택을 줄 수 있는 부의 소득세제가 누구에게나 동일한 혜택을 주는 기본소득이나 소득 하위 40%에 대해 일괄적으로 지원하자는 안보다 우월하다. 결국 소득에 따르는 차별이 있게 마련이다. 부자에게 돈을 주고 다시 세금으로 환수하는 것보다 소득에 따라 보조금을 주거나 세금의 크기를 정하는 것이 효율적이고 합리적이다.

한계소비 성향도 저소득층일수록 높기 때문에 저소득층에 집중적으로 지원하는 것이 총수요 진작에도 더 큰 효과가 있다. 부자에게 돈을 주면 소비가 아니라 저축으로 이어질 가능성이 크기 때문이다. 정부의 재정 지출이 총수요 진작에 얼마나 효과적인지는 한국은행이 2020년에 발표한 '거시계량모형(BOK20) 구축 결과'를 보면 알 수 있다. 이 모형에 의하면 정부가 정부 소비, 정부 투자, 이전 지출을 각각 1만큼 늘릴 때 GDP는 3년 평균으로 각각 0.91, 0.86, 0.33이 늘어난다고 한다. 정부가 직접 고용하거나 물품을 구입하는 등 정부 소비 지출을 1조 원 늘리면 GDP는 9,100억 원이 늘어나고 정부 투자를 1조 원 늘리면 GDP는 8,600억 원 늘어나는 데 반해 이전 지출을 1조 원 늘리면 GDP는 3,300억 원 늘어나는 데 그친다는 것이다. 이전 지출은 정부가 무상으로 지급하는 지출을 말한다. 코로나19에 따른 재난지원금이 이러한 이전 지출이다. 이전 지출이 정부 소비나 투자보다 총수요 진작 효과가 작은 것은 이전 지출을 받았다고 해서 소비를 새롭게 늘리기보다는 기존 소비를 이 돈으로 대체하고 그 대신 저축을 하는 경우가 많기 때문이다. 부유한 사람에게 재난지원금을 주면 바로 소비로 연결되지 않는다.

KDI도 비슷한 연구 결과를 발표했다. 2020년에 처음 지급된 코로나 1차 긴급재난지원금이 100만 원당 30만 원꼴로 소비되었다는 것이다. 1차 재난지원금은 소비 쿠폰 방식으로 전 국민에게 지급되었고 정해진 기한 안에 다 쓰지 않으면 저절로 소멸하게 되어 있었다. 따라서 재난지원금을 받은 국민 모두 100만 원을 모두 소비한 것은 맞지만 추가적인 소비로는 30만 원만이 이루어졌다는 것이다. 원래 본인 소득으로 소비했을 부분을 지원금으로 대체하고 다른 소득은 저축이나 부채 상환에 사용했다는 것이다. 정부는 긴급재난지원금으로 전 국민을 대상으로 14조 2,000억 원을 지출했지만 이 중 4조 원 정도만이 소비 진작에 효과가 있었다는 것이다. 만약 1차 재난지원금을 전 국민을 대상으로 주지 않고 하위 소득 계층 30% 분들에게만 3배씩 주었다면 어려운 분들의 고통도 그만큼 줄어들었을 뿐 아니라 재난지원금 지원에 따른 총수요 효과도 3배 정도가 더 커졌을 수 있다.

이전 지출은 어려운 사람에게 많이 주어야 총수요 진작 효과가 커진다. 어려운 분들의 한계소비 성향이 높기 때문이다. 모든 국민에게 동일한 금액을 주는 기본소득보다는 어려운 사람에게 더 많이 주고 부자에게는 주지 않는 부의 소득세제가 총수요 진작에 더 효과적이다.

부의 소득세제는 자유주의 경제학자 밀턴 프리드먼(M. Friedman)이 오래전에 제안했었다. 극히 소수의 국가에서 일부 지역에 한 해 부분적으로 채택한 경우는 있었지만 이 제도를 전면적으로 실시한 나라는 아직 없다. 기존의 복지제도 테두리 안에서 보면 내용이 너무 파격적이어서 정치적인 저항이 클 수밖에 없었을 뿐 아니라 그동안의 세정 능력이나 IT 기술 수준이 충분하게 발전하지 못했기 때문에 이러한 제도의 도입 여부를 현실적으로 검토할 만한 처지가 되지 못했었다. 하지만 이제는 달라졌다. 기존의 복지제도로는 어려운 분들을 효과적으로 지원하기 점점 더 어려워지는 한편 우리나라의 세정 능력과 IT 기술 발전 추세를 볼 때 충분히 추진해볼 만한 수준이 되었기 때문이다. 만약 이 제도를 처음 도입하는 나라가 있다면 우리나라와 같이 세정 능력과 IT 수준이 뒷받침해줄 수 있는 나라가 될 것이다. 결국 지금 이 시점에서 우리가 할 일은 현재의 세정 능력과 IT 기술을 이용해서 가장 효율적이고 잘 작동하는 사회 안전망을 구축하는 것이다. 그렇다면 그 답은 과거 20세기에 만들어진 현재의 복지제도를 과감하게 버리고 부의 소득세제를 근간으로 하는 사회 안전망을 구축하는 일이다.

부의 소득세제를 위한 재원 조달

부의 소득세제를 도입하려면 재원이 많이 필요하다. 2장에서 제시된 방법으로 부의 소득세제를 도입할 경우 연간 약 170조 원의 재원이 필요하다. 이 재원을 마련하기 위한 구체적인 방안은 2장 후반부에서 제시될 것인데 문재인 정부 들어서서 대규모 재정 적자가 지속되었다는 점을 고려하여 약 170조 원보다 많은 재원 조달이 필요할 것이다. 남는 여유 자금을 마련하여 균형 재정으로 복귀하는 데에 사용할 필요가 있기 때문이다.

재원 조달을 위해 가장 먼저 할 일은 세제상의 각종 소득공제제도를 폐지하거나 축소하는 것이다. 부의 소득세제가 개개인의 기본 생활자금을 보장하는 것인 만큼 특히 인적공제와 근로소득공제 제도는 완전 폐지하고 부의 소득세제로 대체해야 한다. 근로장려금 제도도 유사한 목적의 제도이므로 부의 소득세제 도입과 함께 폐지되어야 한다.

부의 소득세제를 위한 재원을 마련하기 위해 다음으로 해야 할 일은 복지 프로그램을 정리하는 것이다. 기초생활보장제도, 노인연금, 실업보험 등 급여성 프로그램은 부의 소득세제로 대체해야 한다. 목적하는 바가 동일하기 때문이다. 복지제도가 복잡하면 전달비용이 많이 든다. 중간에 새어나가는 돈이 많다는 것이다. 조금 오래된 자료이기는 하지만 정부 발표에 따르면 2013년 6월 중앙 부처가 시행하는 사회복지 사업 수는 17개 부처 292개에 달하며, 이 가운데 읍·면·동 사회복지 담당 공무원이 집행하는 복지 업무가 14개 부처 169개 사업에 이르고 있다고 한다.[3] 복잡한 복지제도는 비효율적이다. 부의 소득세제의 도입과 함께

---

3 안병영·정무권·신동면·양재진(2018), 복지국가와 사회복지정책, 다산출판사, 340쪽.

가능한 복지 프로그램을 정비해야 한다.

　노후 대책으로 마련된 국민연금도 부의 소득세제로 상당 부분 흡수될 수 있다. 기본 성격이 유사하기 때문이다. 현재의 국민연금제도는 가입자가 본인이 낸 것보다 더 많이 받아가는 구조로 되어 있다. 노후생활 보장이라는 성격을 가지고 있기 때문이다. 그래서 향후 어느 시점이 되면 국민연금의 적자가 시작되고 그 규모가 점점 더 늘어나게 되어 있다. 부의 소득세제가 도입되면 국민연금의 노후 보장 기능을 폐지하고 국민연금 가입자는 본인이 낸 것만큼 나중에 받아가는 구조로 전환될 수 있다. 만약 이렇게 된다면 향후 국민연금의 적자 문제도 발생하지 않게 될 것이며, 국민연금의 가입도 강제 가입 방식이 아니라 국민 각자가 본인의 희망에 따라서 가입할 수 있는 임의 제도로 그 성격이 바뀌게 될 것이다. 공무원연금제도 등 다른 연금들도 당연히 유사한 변화를 겪게 될 것이다.

　재원 조달을 위해 정부의 각종 보조금을 대폭 축소하는 것도 필요하다. 현재 정부는 중소기업, 벤처, 기초과학, 문화예술 창작, 농어촌, 에너지 등 수많은 분야에서 예산 지원을 하고 있다. 이런 보조금을 유지하면서 기초생활자금을 줄 수는 없다. 재원이 부족하기 때문이다. 무엇보다도 경제 분야에 있어서 정부 중심적인 사고에서 벗어나야 한다. 산업 육성이나 일자리 창출은 더 이상 정부가 할 일이 아니다. 경제의 생산성을 높이고 시장의 효율을 높이기 위해 정부가 직접 사업을 하는 것도 바람직하지 않다. 이런 일에 정부가 나서서 돈을 써봐야 효과는 제한적이고 공정성 시비가 생긴다. 정부는 민간의 경제활동을 자유화하고 공정한 경쟁 여건을 마련해주면 된다. 그러면 능력 있는 민간이 산업을 발전시키면서 일자리를 만들게 될 것이다. 정부는 공정하고 자유로운 환경을 만들어주면서 어려운 분들을 지원하는 데 집중해야 한다.

예를 들어 지금은 중소기업을 여러 가지로 지원하고 있지만 중소기업이 도산하면 실직자는 몇 개월분의 실업보험금만 받을 수 있을 뿐이다. 하지만 중소기업들은 자력으로 살아가게 하고 만약 도산할 경우 실직한 근로자 개인에게 다시 취직해서 돈을 벌기 전까지 계속 기본 생활자금을 지원하는 방식을 국민들은 더 선호할 수 있다. 마찬가지로 문예진흥지원 제도를 축소하는 대신 생활이 어려운 예술인 개인 모두에게 기본 생활자금을 계속 지원하는 것이 예술인들에게 더 도움이 될 수 있다. 기존의 보조금을 축소·폐지하는 것은 쉬운 일은 아니지만 할 수 있는 여지는 많다.

그리고도 재원이 부족하면 부가가치세율을 높여야 한다. OECD 국가들의 평균 부가가치세율은 18.5%이다. 우리나라의 10%보다 훨씬 높다. 부가가치세제는 효과적인 재원 조달 방법이지만 역진적이라는 단점이 있다. 하지만 부가세율 인상에 따라 얻게 되는 재원은 전액 어려운 분들을 위한 보조금 지급에 사용되는 것이다. 어려운 분들의 입장에서 볼 때 부의 소득세제 도입에 따라 자동적으로 받게 되는 기본 생활자금이라는 혜택이 부가세율 인상에 따르는 추가 부담보다 훨씬 크다. 다른 재원 조달 방법이 없다면 부가세율을 인상하더라도 의미 있는 규모의 기본 생활자금을 지급하는 것이 어려운 분들에게 더 도움이 된다.

재원 마련을 위해 기존의 보조금 제도를 폐지하거나 삭감하는 일이 쉬운 일은 아니다. 부가가치세율 조정도 쉽지 않다. 하지만 부의 소득세제를 근간으로 하는 새로운 복지 프로그램이 국민 입장에서 더 유리하고 누구나 어려움을 당할 때 쉽게, 그리고 자동적으로 정부에 의지할 수 있다는 점을 잘 설득해야 한다. 이런 제도가 있어야 결혼도 하고 출산도 쉽게 할 수 있다는 점을 설득해야 한다.

만약 2장에서 제시된 방법으로 재원을 조달한다면 우리나라의 조세부담률은 현재보다 약 3~4%p 높아져 약 24% 수준이 될 것이며, OECD 평균 수준인 24.9%에 거의 접근하게 될 것이다. GDP 대비 사회복지비 지출 비중도 약 6%p 정도 높아져 약 17~18%에 이를 것이다. 이는 OECD 평균 20.1%보다는 낮은 수준이지만 우리의 국방비 지출 규모가 상대적으로 높은 것을 고려해보면 상당한 수준으로 조정된 것이라고 할 것이다.

3

부족한 자유, 기준국가로 해결

앞서 말한 대로 경제는 공정한 경쟁과 자유로운 경제활동이 보장된다면 활력을 띨 수 있다. 특히 여기서 말하는 자유는 소극적으로는 경제적 활동을 가능하게 제도를 개편하는 것을 의미하고, 보다 적극적인 의미로 본다면 심리적으로도 아무 두려움 없이 경제활동을 할 수 있을 정도가 되어야 한다는 의미다. 우리나라는 소극적인 의미에서도 자유, 즉 제도적인 경제적 자유도 매우 부족하고 심리적인 측면에서도 사회의 반기업 정서 등으로 인해 경제활동이 위축될 소지가 많다.

제도적인 자유화는 당연히 이루어져야 하고 심리적인 위축 현상까지도 해소되면 더 좋다. 심리적인 위축 현상까지 해소되어야 아무 두려움 없이 창의와 열정이 넘쳐나게 되는 경제활동 공간이 비로소 이루어지기 때문이다. 이헌재 전 경제부총리는 경제활동 공간이 놀이터가 되어야 한다고 말한 적이 있다. 놀이터에서 노는 아이들이 느끼는 정도의 재미가 경제활동 공간에서도 있어야 한다는 것이다. 경제활동을 아무 두려움이 없이 해야 하는데 우리의 현실은 안타깝게도 그렇지 못하다. 잘못이 있으면 처벌을 받아야 한다. 하지만 정상적인 경제활동을 했는데도 어려움을 겪는 경우가 그동안 우리나라에서는 많았다. 그래서 아무 두려움 없이 경제활동을 하기 어려운 면이 있었다.

적극적 의미에서의 자유화, 즉 심리적인 측면에서 아무 두려움 없이 경제활동을 할 수 있게 하려면 적어도 두 가지는 꼭 필요하다. 하나는 반기업 정서가 사라져야 한다는 것이고, 다른 하나는 자의적인 법 집행이 사라져야 한다는 것이다. 두 가지 모두 공정의 문제와 연결되어 있으므로 공정의 문제를 다룰 때 논의할 것이다.

노동시장을 옥죄는 거미줄 규제

제도적인 측면에서 우리나라의 경제적 자유는 매우 부족하다. 그야말로 경제활동에 대한 규제가 많다. 사회주의 국가인 중국보다도 경제적인 자유가 없다. 할 수 없는 비즈니스도 많고, 할 수 있는 비즈니스라고 하더라도 규제가 많다.

IT 전문 로펌인 테크앤로가 2018년 시뮬레이션을 해보니 세계 100대 스타트업 가운데 13개 기업이 하는 비즈니스가 우리나라에서는 시작도 할 수 없고, 글로벌 100대 스타트업의 절반 정도가 한국에서는 사업이 불가능하거나 조건을 바꿔야 한다고 한다.

우버와 그랩 등 차량 공유 업체는 여객자동차 운수 사업법에, 공유숙박 업체인 에어비앤비는 공중위생관리법에, 원격의료 업체 위닥터는 의료법에 걸린다고 한다.[4] 2018년 11월 주한 유럽상공회의소는 우리나라의 규제 실태에 대해 백서를 발간하면서 '우리나라는 세계에서 유례가 없는 독특한 규제가 많은 갈라파고스 규제 국가'라고 평가했다.[5] 우리나라는 규제가 많아 혁신이 제한되는 나라가 되어 있는 것이다.

특히 우리나라에서는 노동 관련 규제가 많다. 노동의 유연성이 낮아 일자리를 늘리기 어렵다. 고용주에게 고용과 관련된 자유가 너무 없다는 것이다. 고용주의 입장에서 보면 앞으로의 사업이 잘 될지 안 될지 불명확하다. 그런데 고용을 하려면 정규직으로 해야 하고 임금은 얼마 이상 주어야 하는 등의 규제를 하면 고용을 할 생각을 못 하게 된다. 정규직이든 비정규직이든, 일용직이든 파트타임 고용이든, 임금의 수준이 얼마이든 고용주에게 더 많은 자유를 주어야 일자리가 늘어난다.

해고도 보다 자유롭게 할 수 있어야 일자리를 쉽게 늘린다. 해고가 어려우면 고용 자체를 꺼린다. 이는 외화가 부족하다고 외화 유출을 규제하면 안 되는 것과 같은 이치다. 외국인 투자자는 투자자금을 회수할 수 없는 나라에 투자하지 않기 때문이다. 자동차가 빨리 달릴 수 있는 것도 가속 페달이 아니라 브레이크가 있기 때문이다. 브레이크가 잘 작동하지 않으면 가속 페달을 밟기 어렵다. 마찬가지다. 해고가 어려우면 채용하기 어렵다. 해고가 보다 자유로워야 고용이 쉽게 늘어난다.

5장에서 자세하게 언급되듯이 독일도 2000년대 초반까지만 해도 해고와 비정규직 고용이 어려웠다. 기업들은 고용을 꺼렸고 실업률은 높았다. 당시 슈뢰더 총리는 노동시장의 유연성을 높이는 등의 인기 없는 개혁정책을 추진했고, 그 결과 그는 2005년 총선에서 패배했다. 하지만

---

4   한경닷컴, 거미줄 규제…세계 100대 스타트업 절반, 한국선 사업 못해, 2019.6.25.
5   조선비즈, 주한유럽상의, 한 정부에 건의할 123개 내용 담은 백서 발간, 2018.11.27.

시간이 흐름에 따라 그 인기 없는 정책 덕분에 고용은 늘어났고 독일은 실업률이 가장 낮은 선진국이 되었다. 이제는 의미 있는 사회 안전망을 구축하면서 노사관계의 유연성도 확보해야 한다.

사실 일자리는 경제활동을 자유화하고 노동시장의 유연성을 높여주면 자연스럽게 늘어나게 되어 있다. 예컨대 국립공원이 케이블카를 설치하면 관광객이 오게 될 것이고, 이에 따라 새로운 일자리가 생기게 된다. 경제활동을 못 하게 하면 일자리가 늘어나기 힘들다. 노동시장의 유연성이 부족하여 기업주가 사람을 고용하는 것보다 기계를 설치하는 것이 편하다고 생각하면 일자리가 늘어나기 힘들다. 요즘 웬만한 식당에 가면 주문·결제는 거의 기계가 한다. 고용주의 입장에서는 기계가 더 싸고 편하기 때문이다. 고용주의 입장에서 기계를 설치하는 것보다 사람을 고용하는 것이 더 좋다는 생각이 들도록 해야 일자리가 수월하게 늘어날 수 있다.

문재인 정부는 과거 보수정부에서 민간에게 일자리는 만들게 했는데 실패했기 때문에 이제는 정부가 나서야 한다고 한다. 보수정부 시절에 민간이 일자리 창출에 실패한 것은 사실이다. 경제활동이 자유롭지 못했고 노동시장의 유연성이 부족했기 때문이다. 일자리를 늘리려면 정부가 나설 것이 아니라 민간에게 자유를 주고 노동시장의 유연성을 높여야 하는데 문재인 정부는 반대로 가고 있다는 점이다. 자유화는 지지부진하고 노동시장은 더 경직화돼가고 있다. 문재인 정부에서 일자리는 늘어나기 힘들게 되어 있다.

규제 완화가 어려운 이유

　시장 실패의 경우 규제가 필요하다. 공공의 이익을 위해 규제가 필요한 경우도 많다. 문제는 우리나라의 경우 우리의 경쟁국보다 규제가 월등히 많다는 것이다. 우리나라에서 규제 완화가 안 되는 이유, 즉 자유화가 안 되는 이유는 세 가지다. 첫째는 '타다'의 경우에서 보듯이 기득권 때문이다. 우버와 같은 공유차량 서비스도 전 세계적으로 일반화되어 있지만 우리나라에서는 허용되지 않는다. 우버에서 일하는 운전자는 돈을 벌 수 있어서 좋고 소비자의 입장에서도 쉽게 이동할 수 있어서 매우 편하다. 하지만 기득권의 반대로 이런 서비스가 우리나라에서는 허용되지 않는다. 우리 현실을 보면 규제 완화로 기득권을 잃을 경우 생활이 어려워질 분들이 많다. 그분들에 대한 배려 없이 규제 완화를 추진하기 어려운 것이 현실이다.

　둘째는 관료의 보신주의 때문이다. 규제를 완화하면 이를 악용하는 사례가 나올 수 있고 사고가 터질 수 있다. 관료 입장에서는 위험한 규제 완화보다는 그냥 비즈니스를 못 하게 하는 게 안전하다. 사회의 입장에서도 그렇지만 정부의 입장에서 볼 때 규제를 어디까지는 완화해도 되는지 그 기준이 없다. 그래서 무조건 못 하게 하는 것이 관료의 입장에서는 안전하다.

　셋째는 정권의 이념이나 사회가 추구하는 가치 때문이기도 하다. 국립공원에 케이블카를 설치하려는 데 환경보호라는 가치를 들이대면 정부가 추진하기 어렵다. 여기에도 어디까지 개발해도 좋고 어디까지는 환경을 보호해야 한다는 기준이 없다. 환경보호라는 거룩한 가치를 주장하면 반박하기 어렵다. 좌파적인 정부에서는 더욱 그렇다. 환경, 안전, 인권 등의 가치를 계속 강조하다 보면 과잉 규제가 될 수 있는데 과잉 규제라는 지적도 하기 어려운 분위기가 조성된다. 더욱이 규제 완화를 추진해야 하는 공무원들은 보신주의에 빠져 있다. 당연히 규제 완화를 추진하지 않는 것이 공무원의 입장에서는 편하다.

기준국가 선정을 통한 규제 완화

규제 완화가 실질적으로 추진되기 위해서는 이 세 가지 문제가 해결되어야 가능하다. 대통령이 규제 완화를 하라고 아무리 강력히 지시하더라도 이 세 가지 원인에 대해 해법이 마련되지 않는다면 규제 완화가 불가능하다. 먼저 기득권 문제를 해결하기 위해서는 의미 있는 사회 안전망을 구축해야 한다. 국민 모두가 언제 어떠한 경우에도 기본 생활은 할 수 있게 해주어야 한다. 사회 안전망이 갖춰져야 기득권 포기를 설득할 수 있다. 의미 있는 사회 안전망은 그 자체로도 필요하지만 규제 완화(자유화)를 위해서도 필요한 것이다. 앞서 말한 대로 의미 있는 사회 안전망 구축을 위해 이 책에서는 부의 소득세제의 도입을 제안하고 있다.

관료의 보신주의나 사회의 과도한 가치 수준 요구를 불식시키기 위해서는 기준국가를 정하는 방법을 고려해보아야 한다. 기준국가를 정하고 그 나라 수준으로만 규제를 하는 것이다. 민간이 기준국가의 상태를 증명하면 가능한 빨리 그 나라 수준으로 규제 완화를 해주는 방법이다. 특별법을 제정해서 이 방법을 추진해야 하는데 기존의 법령과 충돌하는 문제를 잘 해결할 수 있도록 제도를 만들고 집행해야 한다. 그리고 행정부처의 업무 추진을 평가하는 데 무엇보다도 기준국가와의 규제 격차 축소

정도를 중심으로 하도록 하고 감사원도 규제 완화에 소극적인 공무원을 감사하는 방식으로 바꾸는 것이다.

어떤 국가를 기준국가로 정할 것인지도 논의가 필요하다. 경제적 자유도가 높은 나라를 기준국가로 정하면 경제 활성화를 위해서는 가장 좋겠지만 신자유주의적 발상이라는 비판이 있을 것이다. 많은 기업인들은 중국 수준으로만 규제를 완화해도 좋겠다고 한다. 그만큼 우리나라에 규제가 많다는 것이다. 공공성, 환경, 인권, 안전 등의 측면에서 나쁘지 않은 나라를 정하는 것도 방법이다. 어떤 선진국을 정하더라도 지금보다는 규제가 많이 줄어들 것이다.

기준국가 수준으로 규제를 완화할 경우 관료에 대한 책임을 묻지 않고 시민단체 등 사회도 그 이상을 요구하지 않도록 해야 한다. 이런 방법을 통해 노동 유연성도 기준국가 수준으로 조정되어야 한다. 보다 구체적인 방법은 3장에서 논의할 것이다.

또한 우리나라에서는 소위 그림자 규제도 많다. 법령에 의하지 않고 공무원들이 구두로 지시하는 것이 대표적이다. 근거 없이 공무원이 그냥 지시를 내리는 것이다. 명문화된 규제보다 더 고약하다. 그림자 규제를 하는 공무원을 징계할 수 있는 법적 근거를 분명하게 명문화하고 경우에 따라서는 직권남용 행위로 형사 처분을 받을 수도 있게 명시할 필요가 있다. 재난 발생 등으로 정부가 긴급하게 민간의 협조를 구하는 경우에도 반드시 투명한 방법으로 해야 한다. 의견 청취나 사전 협의도 그 과정을 기록해놓아야 하고 민간에게 협조를 요청할 경우에는 반드시 기관장이 문서로 요구하도록 해야 한다. 이런 정도의 단호함이 없이는 규제 완화를 하기 어렵다.

한 가지 유념할 것은 기준국가 수준으로 규제를 완화한다고 하더라도 경제 관련 제도 모두를 기준국가와 유사하게 변화시키겠다는 것은 아니다. 예를 들어 독일을 기준국가로 정했다고 해서 독일에서 시행되고 있는 노동이사제도를 도입해야 한다는 것은 아니다. 비즈니스를 하는 자유와, 그와 직접 관련된 규제 수준을 기준국가 수준으로 바꾼다는 것이다. 기준국가 수준으로 규제 완화를 추진할 경우 우리나라의 규제 체제는 포지티브 방식에서 네거티브 방식으로 실질적으로 바뀌게 될 것이다. 기준국가에서 행해지는 규제 이외의 비즈니스는 모두 원칙적으로 자유롭게 할 수 있게 되기 때문이다.

4

공정한 경쟁을 위한 해결 과제

공정한 경쟁 구도를 만들기 위해 여러 과제가 있을 수 있지만 이 책에서는 가장 핵심적이고 기본적인 과제 두 가지만을 논하고자 한다. 검찰 개혁 문제와 재벌·기업의 문제이다. 이 두 가지 문제만 제대로 해결된다면 경제 분야에서 공정의 문제 상당 부분이 해결되기 때문이다. 또한 앞서 언급한 대로 적극적인 의미의 자유화, 즉 두려움 없이 경제활동을 할 수 있게 하는 기초가 되기 때문이다.

공정한 경쟁구조를 만들기 위해 가장 필요한 것은 법 앞의 평등을 이루는 것이다. 누구든 잘못을 했으면 응당한 처벌을 받아야 하고 잘못이 없으면 두려움 없이 경제활동을 할 수 있어야 한다. 하지만 그동안 우리나라에서는 그러지 못했다. 죄가 없어도 고초를 당하는 경우가 허다했고 반대로 죄를 지었지만 무사한 경우도 허다했다. 무엇보다도 검찰이 자의적으로 수사를 해왔기 때문이다.

우리나라 검찰이 자의적으로 법을 집행할 수 있는 것은 검찰이 수사권과 기소권을 모두 가지고 있어서 마음만 먹으면 못 할 일이 거의 없기 때문이다. 표적이 되는 사람의 주변 인물들을 계속 소환하여 원하는 답변이 나올 때까지 묻고 또 묻는다. 경우에 따라서는 별건 수사를 하고 구속을 시킨다. 검찰에 시달리다 보면 검찰이 원하는 답변을 해주고 타협하고 싶은 마음이 든다. 검찰은 이렇게 과잉 수사로 만들어진 진술을 근거로 기소한다.

아무리 수사해도 증거가 나오지 않는 경우에도 검찰은 표적이 되는 사람을 기소한다. 표적이 되어 기소 당하는 사람이 아무리 억울하다고 주장해도 검찰은 원하면 그냥 기소할 수 있다. 수사권과 기소권을 모두 가지고 있기에 가능하다. 한 번 기소를 당하면 대법원까지 가야 하고 수년이 걸린다. 민간의 입장에서는 견디기 힘들다. 민간은 검찰이나 권력의 눈밖에 나면 견디기 어렵다고 생각할 수밖에 없다. 반대로 검찰이 눈감아 주면 죄가 있어도 무사할 수 있다.

흔히 검찰 개혁을 논의하면서 정치적 독립성과 중립성 등의 말을 쓰고 있지만 쉽게 말하면 검찰은 그냥 진실을 밝히는 것만 하면 그만인 것이다. 죽은 권력이든 살아 있는 권력이든, 재벌 오너이든 중소기업 사장이든, 민간인이든 공직자이든, 그냥 진실을 밝히고 그에 따라 기소 여부를 결정하고 공소 유지를 하면 그만이다. 그런데 우리 검찰이 그렇게 해오지 않았다. 특히 검찰의 특수부는 왜곡의 정도가 심했다. 진실을 밝히기보다는 이리저리 사건을 만들거나 덮었다. 이명박 대통령이 어느 자동차 부품회사의 주인인가를 가지고 검찰은 권력의 입맛에 따라 결론을 바꿨다. 검찰과 특검은 두 번이나 아니라고 했다. 하지만 문재인 정부의 검찰은 과거의 결론을 뒤집었다. 과거의 검찰, 특히 특수부는 진실을 외면하는 경우가 많았다. 만약 검찰이 바뀌지 않는다면 지금 검찰이 하는 수사 결과도 언젠가 바뀔 수 있다.

검찰을 믿을 수 없게 만든 건 검찰 스스로가 그렇게 행동했기 때문이다. 그리고 그렇게 행동해도 되는 건 검찰이 수사권과 독점적인 기소권을 가지고 있기 때문이다. 수사권과 기소권을 분리하려면 수사권을 다른 기관에게 주어야 한다. 검찰 측은 수사권을 경찰에게 주기 어렵다고 한다. 경찰의 수사 능력도 부족하고 10만 명이 넘는 경찰이 수사 권한을 가지게 되면 국민의 인권 보호가 제대로 될 수 없다고 한다. 또 그렇게 생각하는 국민들도 많다.

그렇다면 검찰의 수사 검사를 포함하는 수사 인력과 경찰의 수사 인력을 한곳으로 모아 별도의 독립적인 국가 수사청을 만드는 것이 방법이 될 것이다. 미국의 FBI와 같은 조직이다. 이는 최근 출범한 경찰청 소속의 국가수사본부와는 성격이 다른 조직이다. 국가수사본부는 경찰의 일부이다. 국민들이 경찰에 대해 우려하고 있는 바를 해소하기 어렵다. 국가 수사청은 검찰과 경찰의 수사 인력을 합해서 만든 전문 수사조직이다.

이를 통해 중요 사건은 국가 수사청에서 수사하고 경미한 사건 수사와 치안 유지는 경찰이 담당하고 검찰은 기소권을 가지되 예외적으로 거대 권력에 대한 수사는 검찰이 국가 수사청과 합동으로 직접 수사를 할 수 있게 하면 된다. 수사기관의 입장에서는 수사를 했지만 기소가 안 되는 경우를 걱정한다. 만약 기소를 담당하는 검찰과 합동으로 수사할 수 있다면 그런 걱정은 줄어들게 될 것이다. 미국의 뉴욕 주 등 외국에서는 검찰과 수사기관이 합동으로 수사하는 사례는 흔히 볼 수 있다.

그동안 문재인 정부는 검찰 개혁을 위해 어느 정부보다 더 열의를 보였다. 공직자 비리 수사처를 만들고 경찰에 수사 종결권을 일부 부여하면서 경찰청에 국가수사본부를 설치했다. 검찰이 직접 수사할 수 있는 범위도 부패 범죄, 경제 범죄, 공직자 범죄, 선거 범죄, 방위사업 범죄, 대형 참사 등 소위 6대 중대 범죄로 제한했다. 최근 들어서는 중대사건수사청을 설립하여 검찰이 보유한 6대 사건에 대한 직접 수사 권한을 중수청에 이양하고 검찰은 기소만을 전담하는 기소청으로 만드는 방안을 추진하겠다고 하고 있다.

검찰 개혁은 아직 진행 중에 있다. 당연히 권력기관의 입장이나 정치인의 입장을 떠나 국민을 위해 해야 한다. 그러려면 국가권력이 과도하게 커지지 않게 하면서 그 권력이 자의적으로 사용되기 어렵게 만들어야 한다. 그래야 국민의 인권이 올바로 보호되고 공정한 경쟁구조를 만들 수 있다. 마음 놓고 비즈니스를 할 수 있게 된다.

국민을 위한 검찰 개혁을 하려면 두 가지 원칙이 지켜져야 한다. 하나는 앞서 말한 대로 수사권과 기소권의 분리다. 과거 검찰의 문제는 거의 여기서부터 비롯되었기 때문이다. 거악의 척결을 위해 검찰이 꼭 직접 수사를 해야 한다면 아주 제한적으로 허용하되 수사기관과 합동으로 하게 하는 것이 맞다. 수사권과 기소권의 분리라는 원칙이 지켜지는 방법이기 때문이다.

둘째는 형사소추기관의 수를 가급적 작게 하는 노력이 필요하다. 권력기관이 많아지면 민간은 그만큼 힘들어지게 되기 때문이다. 특히 경제활동을 하는 기업의 입장에서 보면 과거 검찰·경찰의 구도 아래서도 힘들었었다. 두 기관의 눈치를 보면서 살았는데 그 수가 많아지면 모든 기관에게 신경을 써야 한다. 자유롭게 경제활동을 하기 더 어려워질 것이 분명하다. 검찰 개혁은 사회정의를 위해서도 필요하지만 경제를 위해서도 필요하다는 점이 간과되어서는 안 된다.

문재인 대통령도 그의 저서에서 검경 수사권 조정에 대한 첫째 원칙으로 "수사 권한의 총량이 줄어들어야 한다"고 하면서 "지금도 한국의 수사기관은 막강한 수사 권한을 가지고 있다. 소환이라는 한마디 말로도 피의자를 꼼짝 못하게 할 정도로 수사 권한이 강력하다. 계좌 추적, 통신 감청 등 전자정보 수사를 통해 한 사람의 인생 전체를 수사 대상으로 할 수도 있다"고 말하고 있다.[6] 막강한 권력을 가진 소추기관이 많이 생기면 안 된다. 공정하고 자유로운 경제 환경을 만드는 검찰 개혁이 되어야 한다.

미국의 애쓰모글루 교수와 로빈슨 교수가 쓴 『국가는 왜 실패하는가』라는 책은 무엇 때문에 가난한 나라는 가난하고 부유한 나라는 부유한지를 설명한다. 결론은 제도적 차이라는 것이다.[7] 힘 있는 사람이 다른 사람을 착취할 수 있게 제도가 만들어진 나라들은 한결같이 가난하고, 모든 사람에게 공평한 경쟁 환경을 보장하는 공공 서비스가 제공되는 나라들은 부유하게 되었다는 것이다. 쉽게 말해 정부가 자유롭고 공정한 경쟁을 보장하는 시스템(그 책은 이런 시스템을 포용적 시스템이라고 한다)을 가진 국가는 번영하고 힘 있는 사람들이 착취하는 시스템을 가진 국가는 가난하다는 것이다. 그들은 남북한의 차이도 분석했다. 원래 같은 나라였던 남한과 북한은 문화, 언어, 기후, 자원 등에서 큰 차이가 없지만 경제력의 격차는 엄청나게 벌어져 있는데 그 이유는 북한의 정치·경제제도가 매우 착취적이기 때문이라는 것이다.

사실 최순실 사태도 과거 우리나라에서 수없이 발생해왔던 착취의 전형적인 모습을 보여준다. 국가의 민간 착취가 가능한 것은 민간이 정부

---

6   문재인·김인회(2011), 검찰을 생각한다, 오월의봄, 293쪽.
7   대런 애쓰모글루·제임스 A. 로빈슨, 최완규 옮김(2012), 국가는 왜 실패하는가, 시공사.

의 협조를 거부하면 보복을 받을 수 있다는 두려움 때문이다. 이 두려움은 정부가 실제로 보복을 할 수 있는 힘과 제도를 가지고 있다는 데 기인한다. 공권력의 크기를 작게 하고 정부가 그 공권력을 자의적으로 사용하기 어렵게 제도를 만들어야 착취를 당하지 않을 수 있다. 그러려면 수사권과 기소권을 분리하면서 형사소추기관의 수를 가능하면 줄이는 게 올바른 방향일 것이다.

대주주 지위·역할 재정립

우리나라에서 재벌·기업의 문제는 그동안 공정의 측면에서 항상 중요한 화두로 되어왔고, 이에 따라 규제도 계속 강화돼왔다. 출자제한제도, 지주회사 관련 규제, 금융과 산업의 분리정책 등 수많은 규제가 도입되었다. 최근에는 통합 금융감독이라는 측면에서 금융회사를 보유하고 있는 그룹에 대해 금융감독원이 들여다보는 제도까지 도입했다. 하지만 그동안의 많은 규제에도 불구하고 재벌·기업의 문제는 지속돼왔다. 특히 재벌 등 대기업 집단은 경제적 순기능에도 불구하고 계속 불신의 대상이다.

그 많은 규제에도 왜 문제는 계속되는 것인가? 문제의 핵심을 비켜갔기 때문이다. 주식회사의 거버넌스에서 중요한 기구가 세 개 있다. 주주총회, 이사회 그리고 사장을 비롯한 경영진이다. 이 세 가지 중요한 거버넌스 기구가 한 사람에 의해 운영되고 좌지우지된다는 것이 우리나라 재벌 내지 기업 문제의 핵심이다. 재벌뿐만 아니라 중소기업도 마찬가지다. 중소기업의 경우에도 대부분의 경우 임원들이 대주주 가족의 이익을 위해 전전긍긍하고 있고, 오너에게는 한마디조차 견제할 수 없는 회사가 많다. 주식회사 제도에서 지배기구를 셋으로 나눠놓은 이유는 세 기구가 고유한 역할과 기능을 하는 것이 좋겠다고 해서인데, 우리나라는 문화적으로 전통적으로 한 사람이 좌지우지해왔다. 이것이 문제의 핵심이다. 이런 문화와 관행을 바꿀 수 있도록 제도를 만드는 것이 핵심 과제이다. 지금까지의 정부 정책은 문제의 핵심을 눈감아 주고 대신 주변 규제만 강화해왔다. 규제는 많아지고 있는데 정작 대주주 1인과 그 가족 중심의 기업 운영은 바뀌지 않고 있다.

그동안 대주주와 그 가족의 이익을 최우선으로 운영해온 경우가 많다는 측면에서 우리 사회의 반기업 정서는 기업이 초래한 바가 크다. 이 문제를 해결하기 위해서는 주주와 경영자의 지위와 역할을 명확하게 구분하는 것이 핵심이다. (대)주주의 지분은 가족에게 상속·증여될 수 있지만 경영권의 가족 승계는 대주주가 원한다고 하더라도 언제나 무조건적으로 허용되는 것은 아니라는 인식이 중요하다. 언제나 최고경영자의 선출은 적절한 절차를 거쳐 가장 능력 있는 후보를 선출해야 하기 때문이다. 적어도 상장기업에서는 투명한 최고경영자 선임 절차를 도입·운영해야 한다. 그 가족도 능력이 있으면 최고경영자가 될 수 있지만 투명한 절차를 거쳐야 한다는 것이다. 회사 운영과 관련해서는 대주주도 중요하지만 소수주주도 중요하고 종업원이나 거래 관계에 있는 분들도 모두 중요하다. 이해관계자 모두가 중요하기 때문에 전임 대주주 총수의 가족이라고 해서 능력이 부족한데도 최고경영자로 무조건 선임되어서는 안 된다.

채용이나 승진도 투명한 경쟁을 통해 이루어져야 한다. 대주주 총수의 가족이라고 해서 마구 채용되고 고속으로 승진되어서는 안 된다. 사실

대주주 가족은 법적으로 보면 아무런 권리가 없다. 회사 운영에 이해관계자들이 모두 중요한데 대주주 가족만 특별히 우대할 근거가 없다.

만약 대주주가 적절한 절차를 거쳐 경영자가 되었다고 하더라도 대주주의 이익과 경영자의 이익을 혼동해서는 안 된다. 경영자로서 역할을 할 때 대주주라는 지위로부터 영향을 받으면 안 된다. 예컨대 자기 기업체를 가지고 있으면서 국회의원을 하는 분들이 있다. 그분들은 국회의원직을 수행하면서 자신이 보유하고 있는 기업의 이익으로부터 당연히 독립적으로 의사결정을 해야 한다. 마찬가지다. 대주주이면서 경영자인 경우 경영자로서의 판단은 대주주의 이익으로부터 독립이 되어야 한다.

또 대주주의 전횡을 견제하고 경영자가 대주주의 이익으로부터 독립이 되도록 체크해주는 것이 이사회인데, 이사회도 그 역할을 제대로 못하는 경우가 대부분이다. 실제로 사외이사 모두를 대주주가 임명을 하는 기업이 대부분이기 때문이다. 따라서 이사회의 구성을 보다 다양화하는 방안도 도입할 필요가 있다. 최근 감사위원 선임에 있어서 대주주의 의결권을 제한하는 제도가 도입됨에 따라 이 부분에서 의미 있는 진전을 보고 있지만 다른 대안은 없는지의 논의도 필요하다.

만약 대주주와 관련된 이런 핵심적인 문제들이 해결된다면 기존에 존재해왔던 잡다한 재벌·기업 규제는 폐지되어야 한다. 특히 과거 재벌의 문어발식 경영을 막기 위해 생겨난 대기업집단 제도는 조속히 폐지되어야 한다. 문어발식 경영을 하는 기업도 이제는 없고 구글, 애플 등 글로벌 기업과 경쟁하는 데 있어 우리 기업이나 그룹의 크기는 너무 작기 때문이다. 우리나라 1위 기업인 삼성전자의 주식 시가총액이 중국의 어느 고량주 회사의 주가총액과 비슷한 수준이고 애플의 5분의 1 수준이다. 우리나라의 2위 기업인 SK하이닉스의 시가총액은 전 세계 기업 중 150위

수준에 있다. 우리 기업도 전 세계를 대상으로 장사를 하고 경쟁을 하는데 덩치가 크다고 기업을 규제하는 것은 시대를 따라가지 못하는 난센스적인 규제이다.

상속세도 국제 수준에 맞도록 하향 조정되어야 한다. 상속세가 너무 높으니 여러 가지 편법이 동원된다. 좀 전에 언급했듯이 재산의 가족 상속은 보다 쉽게 허용해주고 경영권의 가족 상속은 보다 엄격하게 이루어지도록 제도를 갖춰나가야 한다. 기업의 문제는 4장에서 보다 자세하게 논의될 것이다.

5

사회적 타협이라는 돌파구

의미 있는 사회 안전망을 구축하면서 공정하고 자유로운 경제 시스템을 만들어야 경제가 살아난다. 다 같이 잘 사는 좋은 민주국가가 되면서 경제도 활력을 찾을 것이다. 우리 국민들의 잠재력은 크다. 올바른 시스템만 만들어주면 17세기 네덜란드처럼 세계 최강의 경제도 불가능하지 않다. 부의 소득세 도입으로 북구 나라 수준에 버금가는 사회 안전망을 갖출 수 있다. 우리 국민들의 능력으로 볼 때 이런 시스템이 갖춰지면 혁신적인 스타트업 기업들도 많이 탄생할 것이다. 이스라엘과 같이 혁신적인 기업의 나라가 될 수 있다. 경제는 17세기의 네덜란드, 사회 안전망은 북구의 나라들, 혁신은 이스라엘 수준으로 우리도 충분히 갈 수 있다. 일자리도 자연스럽게 늘어날 수 있다. 이 책에서는 이를 위해 몇 가지의 정책 조합을 제안하고 있는데 중요한 것은 이 모두를 동시에 패키지로 추진해야 한다는 것이다.

경제활동을 제한하는 규제가 많은 상태에서 사회 안전망 구축을 위해 증세를 한다면 착취적인 시스템이 된다. 능력 있는 사람들의 창의와 열정은 살리지 못하면서 세금만 많이 거두어가는 시스템이 되기 때문이다. 경제는 시들 수밖에 없다. 복지 지출은 아무리 늘려도 우리가 선망하는 일자리는 늘어나지 않는다. 일자리 창출과 경제적 번영은 공정하고 자유로운 경제활동에서 나온다. 단순한 복지 지출 확대는 경제의 번영을 가져오지 않고 지속 가능하지도 않다. 반대로 사회 안전망을 구축하지 않고 공정과 자유만 추구하면 능력이 부족한 사람들의 어려움을 해결해줄 수 없다. 조그만 기득권이라도 매달려야 생활을 할 수 있는 분들의 고통을 외면해서는 규제 완화를 추진하기도 어렵고 좋은 민주주의 국가도 될 수 없다.

사회적 타협을 통해 우리 국민들의 잠재력이 제대로 발휘될 수 있게 제도 개혁을 해야 한다. 노동계와 시민단체 등 좌파 진영은 의미 있는 사회 안전망을 얻고 대주주 지위를 재정립한다는 전제 아래 기준국가 수준의 규제 완화를 받아들여야 한다. 우파 진영은 대주주의 지위를 재정립하면서 경제적 자유를 얻어야 한다. 정부는 과도한 국가중심주의 사고에서 벗어나 기준국가 수준의 경제적 자유를 허용하면서 부의 소득세를 근간으로 하는 복지체제를 구축해야 한다. 외국의 사회적 타협의 경우를 포함해서 사회적 타협에 대해서는 5장에서 논의할 것이다.

이런 개혁 조치들을 사회적 타협을 통해 추진하는 이유는 근원적인 시스템을 바꾸기 위해서는 국민들의 동의가 필요하기도 하지만 개혁 조치의 내용들을 보면 관행을 바꿔야 하는 부분도 있어 단순하게 법령을 개정한다고 해서 이루어지기 힘든 것들도 있기 때문이다. 예컨대 기업 경영권은 무조건적인 가족 승계의 대상이라는 잘못된 인식의 변화가 중요한데, 이는 사회적 타협을 통해 서로가 받아들여야 효과성이 높아질 것이다.

2017년 봄 이헌재 전 경제부총리는 『국가가 할 일은 무엇인가』라는 책을 냈다.[8] 여기서 이 전 부총리는 "산업 육성·일자리 창출은 민간이 할 일이고 정부는 이를 위한 환경을 조성해주고 기득권으로 막힌 사회를 뚫어야 새로운 기회가 생긴다"고 말하고 있다. 정부가 나서서 경제 발전을 이루겠다는 생각을 버려야 한다. 박정희 대통령이 만든 국가주의 경제체제, 즉 관치 경제체제에서 벗어나야 새로운 세계로 나갈 수 있다. 산업 육성과 일자리 창출은 정부가 중심이 되어 해결할 일이 아니다. 물론 첨단 기술 프로젝트 등 민간이 혼자 하기 어려운 부분을 정부가 도울 수는 있다. 하지만 중심적인 역할은 기업이 해야 한다. 우리 경제의 생산성을 높이려는 정부의 직접적인 경제 개입은 결국 실패로 끝날 가능성이 크다. 정부는 그냥 공정하고 자유로운 시스템을 만들어주면서 어려운 사람을 제대로 도와주면 된다. 공정하고 자유로운 시스템 아래에서 민간이 산업도 발전시키고 일자리도 만들게 될 것이다. 민간이 신나서 일할 수 있는 환경을 만들어주면 된다. 그러면 우리 경제의 생산성도 자연스럽게 올라갈 것이다.

문재인 정부는 그동안 공정경제·혁신성장을 주장하면서 어려운 분들을 위해 복지 지출도 과감하게 늘려왔다. 하지만 경제는 계속 시들고 있다. 공정을 말하지만 자기 진영 내에서의 공정에 그치고 있고, 게임의 룰을 모두에게 동일하게 적용하지 않고 자기편에게 유리하게 적용하려고 하고 있기 때문이다. 혁신을 말하지만 민간에게 경제적 자유를 주지 않

---

8   이헌재·이원재 대담, 황세원 글(2017), 국가가 할 일은 무엇인가, 메디치.

왔고, 민간의 경제 운영에 너무 광범위하게 개입하고 있기 때문이다. 능력이 부족한 공권력이 능력 있는 민간부문을 압박하는 모양이다. 경제가 쇠락할 때 어김없이 나타나는 현상이다. 정부가 중심이 되어 혁신을 이룬다는 생각 자체가 부적절하다. 어려운 사람들을 위해 복지 지출을 늘렸지만 무계획적인 지출이 많았던 반면 의미 있는 사회 안전망을 구축하겠다는 생각은 없었기 때문이다.

문재인 정부의 정책 방향이나 취지는 좋았지만 결과는 반대로 갔다. 공원국의 『춘추전국 이야기』를 보면 기원전 4세기 위나라의 왕과 신하의 이야기가 지금의 현실과 비슷하다.[9] 위나라의 계량이라는 신하는 왕이 추진하려는 일이 위나라의 큰 정책 목표에 어긋난다고 생각했다. 그래서 그 신하는 왕에게 아뢴다. "오늘 길에서 어떤 사람을 만났는데 실제로는 북쪽으로 가면서 남쪽의 초나라를 향해서 간다고 하더군요. 그래서 신이 왜 남쪽의 초나라로 간다고 하면서 실제로는 북쪽으로 가느냐고 물었더니 말이 좋다고 하기 때문에, 또 노자가 풍부하기 때문에, 또 마부가 말을 잘 몰기 때문에 그런다고 대답하더군요. 그래서 신이 아무리 그렇다고 하더라도 이 길은 초나라로 통하지 않고 빨리 가면 갈수록 초나라에게서 멀어지게 된다고 말해주었습니다."

문재인 정부는 공정한 체제 아래서 혁신적인 경제, 그리고 어려운 사람들도 함께 잘 사는 경제를 만들겠다고 말하고 있다. 정책 목표는 훌륭하다. 하지만 실제로는 그 반대의 길을 걷고 있다. 가는 길이 잘못되었기 때문이다. 남쪽으로 간다고 목표는 정했지만 실제로는 북쪽으로 가고 있기 때문이다. 빨리 간다면 더 빨리 목표로부터 멀어지게 되어 있다.

---

9   공원국(2014), 춘추전국이야기, 위즈덤하우스, 7권, 165쪽.

2장

평등
부의 소득세제와 포용적 경제

김낙회

기획재정부 세제실장과 관세청장을 역임하고 OECD 재정위원회 비상임위원
으로 활동한 조세정책 전문가. 현재 법무법인 율촌의 고문과 가천대학교 석좌
교수로 활동하고 있다. 저서로는 『세금의 모든 것』이 있다.

이석준

기획재정부 예산실장, 제2차관, 미래창조과학기술부 제1차관, 국무조정실장
을 역임했다. 조직의 전략과 변화에 많은 관심을 두고 있다.

1

부(負)의 소득세, 변화의 대안

　우리나라는 민주화와 산업화를 동시에 이루어낸 국가이다. 정치적으로는 자유민주주의를, 경제적으로는 시장경제를 채택하여 불과 80여 년 만에 세계에서 부러워하는 모범 국가로 변모했다. 1960년 1인당 국민소득 100달러의 세계 최빈국이 이제는 3만 달러를 넘어서면서 소위 우등생 그룹이라 할 수 있는 '30·50클럽'에 들어섰고, 선진국으로의 진입을 눈앞에 두고 있는 것이다.

　그러나 고도성장의 밝은 이면에는 소득과 부의 불평등으로 인한 사회 갈등 심화, 인구 고령화로 인한 성장세의 급격한 둔화 등 문제점도 나타나고 있다. 소득 양극화는 성장의 과실이 고르게 분배되지 못하는 시장경제의 한계로 나타나는 불가피한 현상이다. 경제가 발전해오는 과정에서 산업구조의 변화(제조업에서 서비스업 중심), 인구구조의 변화(고령화), 그리고 노동시장구조의 변화(정규직과 비정규직, 대·중소기업 임금 격차)로 그 정도가 심화되고 있다. 일정 수준의 소득 불균형은 성장을 위해 불가피한 요소이지만 지나친 불균형은 저소득층의 생활을 불안정하게 할 뿐 아니라 사회 구성원의 통합을 저해함으로써 성장의 지속 가능성에도 부정적인 영향을 주게 된다.

1990년대 이후 소득 양극화에 대응하는 차원에서 사회보장제도도 빠른 속도로 확대돼왔다. 제도적으로는 선진국에 버금가는 수준으로 외형적인 틀을 마련했지만, 복지제도의 운용 측면에서 보완해야 할 과제가 많이 있음도 부인할 수 없는 사실이다. 우리의 소득보장 체계는 다층 보장 체계로 구성되어 있다. 기초생활보장과 기초연금을 통해 모든 국민에게 최소한의 생계유지를 보장하는 한편 국민연금과 퇴직연금, 개인연금 등을 통해 노후소득 보장을 하고 있다. 그러나 국민연금 수급률이 40%에 불과하여 은퇴 연령층의 노후소득 보장이 어렵고, 비전형 근로, 플랫폼 노동의 증가 등 기존의 사회보장 시스템으로 대응이 곤란한 영역이 점차 확대되고 있으며, 근로 빈곤층에 대한 사회보장의 사각지대도 여전히 존재하고 있다. 또한 사회보장제도는 전달 체계의 복잡과 비효율, 전달 과정에서의 누수와 도덕적 해이 등의 문제점이 제기되고 있다. 복지 지출은 매우 빠른 속도로 늘어나고 있음에도 실제로 국민 개개인에게 얼마만큼의 돈이 지급되고 있는지에 대해서는 알 수 없는 실정이다.

소득 분배구조의 개선을 위해서는 사회복지 지출 규모를 선진국 수준으로 대폭 확대해야 하겠지만 재정 적자가 심화되는 상황에서 일정 부분 한계가 있다. 소득 양극화에 대응하기 위한 방안의 하나로 기본소득제가 활발하게 논의되고 있다. 기본소득제는 모든 국민에게 일정 소득을 보장하자는 나름 획기적인 내용을 담고 있으나 막대한 재원을 어떻게 조달할 것인지에 대한 제안이 없어 현실적이지 못하다는 비판을 받고 있다.

한편 우리 경제의 성장 엔진은 점차 식어가고 있다. 소위 성장의 3대 요소라 할 수 있는 '노동, 자본, 기술' 중 노동의 감소가 가시화되고 있고 자본의 투입 역시 큰 확대를 기대하기 어렵다. 혁신적인 기업의 출현과 기술 진보, 그리고 산업구조의 개편 등 새로운 성장 동력이 나타나고는 있지만 과거와 같은 고성장 구조로의 전환은 한계가 있다. 이 시점에서 요구되는 것은 우리 사회 전반에 걸쳐 시스템을 효율화함으로써 인력과 자본 중심에서 혁신과 기술 중심의 성장 경로로 재진입할 수 있도록 하는 것이다. 경제 시스템의 효율화와 분배구조의 개선이라는 두 마리 토끼를 잡을 수 있는 근본적이고 새로운 차원의 변화가 필요한 시점인 것이다.

변화의 대안으로서 1960년대에 미국에서 제안되어 오랜 기간 동안 많은 사람에게 논의돼왔던 부(負)의 소득세(Negative Income Tax) 제도를 제시하고자 한다. 이 장에서는 우선 우리나라 경제 여건의 변화와 그 변화가 주는 함의를 살펴본 연후에, 해결책으로 부의 소득세 제도의 도입 방안과 구체적인 모형, 그리고 재원 마련 대책을 제시할 것이다.

2
—

소득과 부의 불균형,
부의 소득세의 기본 토양

우리 경제는 인구구조, 소득과 부의 분배에 있어서 많은 변화가 있어 왔다. 성장의 엔진인 인구는 점차 고령화되어 가고 있고, 소득과 자산의 분배 역시 불공평의 정도가 좀체 개선되지 않고 있다. 이 절에서는 우리 경제의 문제점을 좀 더 깊숙이 들여다보면서 일정 소득 이하 계층을 대상으로 하는 성장형 복지제도, 부의 소득세가 필요한 배경을 함께 살펴보자.

인구구조 및 근로 형태의 변화

2020년 기준 우리나라의 인구는 총 5,178만 명이다. 그중 생산가능인구는 3,735만 8,000명으로 전 인구의 72.1%이고 65세 이상 고령인구

[표 2-1] 중장기 인구 변화 추이

(단위: 천 명, %)

	2020	2030	2040	2050	2060
총인구	51,781	51,927	50,855	47,745	42,838
15~64세	37,358(72.1)	33,947(65.4)	28,649(56.3)	24,487(51.3)	20,578(48.0)
65세 이상	8,125(15.7)	12,980(25.0)	17,224(33.9)	19,007(39.8)	18,815(43.9)
평균연령	42.8	33.1	41.7	45.4	56.4

자료: 통계청, 인구현황(추계인구 2021)

는 812만 5,000명으로 15.7%를 차지하고 있다. 지난 30여 년간 진행돼 온 저출산의 영향으로 2021년부터 인구 감소가 시작된다. 통계청의 인구 전망에 따르면 2060년에는 총인구 4,283만 7,000명, 생산가능인구 2,057만 8,000명으로 급격하게 감소하는 반면 65세 이상 고령인구는 1,881만 5,000명으로 전 인구의 43.9%까지 올라가게 된다. 이러한 인구 구조의 변화는 우리 경제의 성장 잠재력을 급격하게 잠식하는 한편,[1] 노령인구 비중의 급증에 따른 사회복지비용이 크게 늘어나게 될 것임을 시사한다.

우리 국민의 경제활동 현황을 좀 더 구체적으로 살펴보자. 2020년 기준 총인구 5,178만 1,000명 중 15세 이상 인구는 4,491만 6,000명으로 86.7% 수준이다. 그중 경제활동인구는 2,766만 1,000명으로 경제활동 참가율이 61.6%이며, 비경제활동인구[2]는 1,725만 5,000명이다. 2022년부터는 경제활동인구도 감소로 전환되고, 감소폭도 지속적으로 확대될

1 　잠재성장률(예산정책처, 2020.6): 2025년(2.54%)→2030년(2.13%)→2040년(1.48%)→2050년(1.25%)
2 　육아, 가사, 재학·수강, 연로, 심신장애, 기타.

[표 2-2] 경제활동인구 현황

(단위: 천 명, %)

	2000	2005	2010	2015	2020
총인구	47,008	48,185	49,554	51,015	51,781
15세 이상 인구	36,192	38,120	40,825	43,239	44,916
경제활동인구	22,151	23,718	24,956	27,153	27,661
남자	13,047	13,876	14,622	15,728	15,838
여자	9,104	9,842	10,335	11,426	11,823
취업자	21,173	22,831	24,033	26,178	26,526
임금 근로자	13,356	15,186	17,189	19,474	20,174
비임금 근로자	7,817	7,645	7,025	6,894	6,352
실업자	978	887	924	976	1,135
비경제활동인구	14,041	14,401	15,868	16,086	17,255
경제활동 참가율	61.2	62.2	61.1	62.8	61.6
남자	73.9	74.3	72.6	73.6	71.6
여자	46.7	48.9	48.6	51.1	51.8

자료: 통계청, 경제활동인구, 인구현황(추계인구 2021)

전망이다.[3]

경제활동인구 중 취업자는 2,766만 1,000명이며, 임금 근로자가 2,017만 4,000명, 비임금 근로자가 635만 2,000명 수준이다. 지난 20년 간의 경제활동 참가율은 61~62% 수준에서 크게 변화가 없는 반면, 여성의 참가율은 2000년 46.7%에서 2020년 51.8%로 점차 늘어나고 있다. 취업자 구성 면에서는 비임금 근로자(자영업자)는 감소하고 임금 근로자는 크게 늘어나고 있다.

노동시장은 대기업과 중소기업, 정규직과 비정규직, 여성과 남성의 임

---

3 고용노동부(2019.12), 2018-2028 중장기 인력수급전망.

[표 2-3] 비정규직 변화 추이

(단위: 천 명, %)

	2016.8	2017.8	2018.8	2019.8	2020.8
임금 근로자	19,743	20,006	20,045	20,559	20,446
정규직	13,262	13,428	13,431	13,078	13,020
비정규직	6,481	6,578	6,614	7,481	7,426
-한시적	3,671	3,725	3,823	4,785	4,608
-시간제	2,488	2,663	2,709	3,156	3,252
-비전형	2,245	2,112	2,071	2,045	2,073
임금 근로자	100.0	100.0	100.0	100.0	100.0
-정규직	67.2	67.1	67.0	63.6	63.7
-비정규직	32.8	32.9	33.0	36.4	36.3

자료: 통계청, 경제활동인구조사 2020

금 격차 등 이중구조의 심화 현상이 나타나고 있다. 2019년 기준 300인 이상 대기업 근로자의 평균임금(직접노동 비용 기준)은 504만 원인 데 비해 10~299인 중소기업 근로자 평균임금은 363만 원으로 72% 수준에 있다. 또한 비정규직의 평균임금은 164만 원으로 정규직의 평균임금 361만 원의 절반에도 미치지 못한다.[4]

비정규직은 근로 방식, 근로시간, 고용의 지속성 등에 있어서 정규 근로자가 아닌 근로자로서 한시적 근로자, 시간제 근로자, 비전형 근로자로 구분된다. 한시적 근로자는 고용계약 기간이 있는 기간제 근로자와 계약이 반복·갱신되며 근로자 의사와 상관없이 해고가 가능한 비기간제 근로자로 구분된다. 시간제 근로자는 일주일에 36시간 미만 일하는 아르바이트 근무자를 말하며, 비전형 근로자는 파견, 용역, 재택, 일일 근로자

---

4   통계청, 노동비용, 고용 형태별 임금 및 근로시간.

[표 2-4] 근로 형태별 사회보험 가입률

(단위: %)

		임금 근로자	정규직	비정규직			
				합계	한시적	시간제	비전형
국민연금	2020.8	69.8	88.0	37.8	50.5	20.5	17.2
	2015.8	67.5	82.1	37.0	54.6	13.4	21.0
	2010.8	65.1	78.5	38.1	58.7	9.3	22.2
고용보험	2020.8	72.6	89.2	46.1	60.0	27.8	27.0
	2015.8	68.7	82.4	42.6	60.6	19.0	29.0
	2010.8	63.4	75.7	41.0	62.0	10.7	28.5

자료: 통계청, 근로 형태별 사회보험 가입자 비율 및 증감

등을 말한다. 비정규직 비율은 2019년 큰 폭으로 증가했으며 한시적 근로와 시간제 근로 형태가 증가한 데 기인하고 있다.

비정규직의 사회보험 가입률은 정규직의 절반 수준으로, 산업구조의 변화로 플랫폼 노동자 증가 등이 예상되는 상황에서 좀체 개선되지 않고 있다. 임금 근로자의 국민연금 가입률은 69.8%, 고용보험 가입률은 72.6%로서 점차 높아지고 있으나, 비정규직(특히 시간제·비전형 근로)은 정규직의 절반 수준에도 미치지 못할 뿐 아니라 가입률이 정체되어 있다.

플랫폼 경제에서는 고용되어 있는 사람이 노동자가 아니라 자영업자 또는 이용자로 분류되기 때문에 사회보장제도의 적용을 받기가 어려워지게 된다. 이로 인해 근로 시기의 삶의 불안정이 노후 빈곤으로 이어지는 이중 차별의 문제에 직면하게 될 가능성이 있다.

앞으로의 노동시장 전망은 인력 공급의 제약과 인력 수요의 변화가 예상된다. 저출산·고령화의 영향으로 경제활동인구가 감소하면서 인력 부족이 예상되는 가운데 기술 진보에 따라 산업 및 직업의 구조 개편이 가시화될 것이다. 제조업, 건설업, 내수 서비스업 등의 전통적인 부문은 고

용 증가세가 둔화되거나 심지어 감소될 수 있는 반면, ICT 분야에서 전반적으로 인력 수요가 크게 증가할 것이다.[5]

사회보장제도는 은퇴 연령층 보호 또는 일부의 빈곤층을 근로 능력과 무관하게 보호하는 데 초점을 두고 있으나 사회보험의 사각지대 상존, 엄격한 적용 기준에 따른 기초생활보장제도의 포괄성에 한계가 있다. OECD 국가 중 유별나게 높은 은퇴 연령층의 빈곤을 해결하기 위한 정책적인 노력이 필요한 것이다. 아울러 일자리 불안정과 저임금 등으로 안정적 생활을 영위하기 어려운 근로 연령층에 대해서도 소득보장의 필요성이 있다.

소득 분배 현황

소득 분배 수준을 나타내는 지표는 다양하다. 가장 대표적인 지표는 지니계수인데 시장소득 및 처분가능소득 기준 지니계수는 각각 0.402와 0.345로 2010년대 이후 다소 개선되는 모습을 보이고 있다.

소득 분배 수준을 미국, 프랑스 등 주요 선진국과 비교하면 시장소득 기준으로는 상대적으로 양호한 편이나, 처분가능소득 기준으로는 미흡한 수준이다.[6] 시장소득에 비해 처분가능소득에 의한 분배 수준이 미흡한 이유는 연금의 미성숙 등으로 인한 조세 및 재정을 통한 재분배가 낮은

---

5 한국고용정보원, 2018-2028 중장기인력수급전망, 86쪽.
6 시장소득(2017): 한국(0.406), 미국(0.505), 영국(0.506), 독일(0.5), 프랑스(0.519), 일본 (0.504)
   처분가능소득(2017): 한국(0.354), 미국(0.39), 영국(0.357), 독일(0.289), 프랑스(0.292), 일본(0.339)

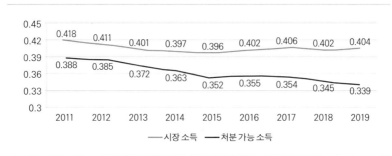

[그림 2-1] 지니계수 추이

자료: 통계청

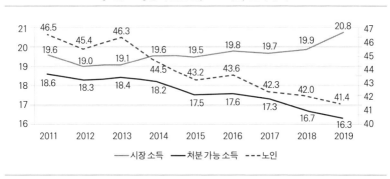

[그림 2-2] 상대 빈곤율(50% 기준) 변화 추이

자료: 통계청

데 기인한다.

　소득 양극화의 또 다른 측면으로 저소득 계층의 빈곤율 개선에 어려움이 있다. 저소득 계층의 빈곤율을 측정하는 단위로는 상대적 빈곤율이라 하여 중위소득의 50% 이하 저소득 계층이 전체 인구 중 차지하는 비중을 비교한다. 2019년 상대적 빈곤율은 20.8%(시장소득 기준) 수준으로 지난 10여 년간 조금씩 증가하는 추세에 있다. 공적연금 등 이전소득의 확대에 힘입어 처분가능소득 기준으로는 상대적 빈곤율이 점차 줄어들

[표 2-5] 주요 선진국의 빈곤율 개선 효과(2015)

(단위: %)

	한국	캐나다	프랑스	독일	이탈리아	일본	영국	미국
시장소득 빈곤율(a)	19.5	25.3	36.4	33.5	35.0	33.0	29.8	26.7
처분가능소득 빈곤율(b)	17.5	14.2	8.1	10.1	14.4	15.7	10.9	16.8
빈곤 개선율[(a-b)/a×100]	10.3	43.9	77.7	69.9	58.9	52.4	63.4	37.1

자료: OECD Income Distribution and Poverty(2021.1.31.)

고 있으나 여전히 16.3% 수준으로 높은 편에 있다. 특히 국민연금의 미성숙으로 인한 노인 빈곤과 자영사업자 등 근로 계층의 빈곤이 두드러지는 현상이 나타나고 있다.

프랑스, 독일 등 주요 선진국과 비교하면 우리나라의 빈곤율은 상대적으로 높은 반면 빈곤 개선율은 10.3%로 현저히 낮은 편이다. 빈곤율의 개선 정도는 향후 공적연금이 성숙되면서 어느 정도 나아질 것으로 보이나, 저소득층이 받는 급여 수준이 높지 않고 수급률 또한 낮아[7] 당분간 그 효과는 크지 않을 것으로 예상된다. 이러한 점은 소득 분배의 개선이 국민 전 계층에 걸쳐 이루어지는 것이 바람직하지만, 특히 빈곤 계층의 소득보장에 정책의 우선순위를 두어야 함을 시사하고 있다.

자산 분배 현황

2019년 기준 가구의 평균자산은 약 4억 3,000만 원이다. 그중 실물자산이 3억 3,000만 원으로 자산의 75%를 차지하며 금융자산이 1억

---

7   65세 이상 국민연금 수급률(%): 41.0(2020)→50.2(2030)→65.1(2040)→80.6(2050)

[표 2-6] 순자산 5분위별 자산금액 및 구성

(단위: 만 원)

	자산자산	금융자산	실물자산	구성비
전체	43,191	10,570	32,621	75.5
1분위	3,252	1,954	1,299	39.9
2분위	12,940	5,382	7,558	58.4
3분위	26,417	7,739	18,678	70.7
4분위	46,225	10,994	35,231	76.2
5분위	127,111	26,781	100,330	78.9

자료: 통계청, 가계금융복지조사 2019

600만 원으로 25%를 차지한다. 실물자산의 비중은 상위 계층으로 올라갈수록 높아진다. 자가 주택을 포함한 부동산의 보유 비중이 높아지는 까닭이다. 하위 계층에서는 전월세 비중이 높은 탓에 금융자산 비중이 높다.

소득 분배의 지표로서 지니계수를 보았듯이 자산 분배의 수준을 측정하는 지표로서 자산 지니계수를 살펴볼 수 있다. IMF가 26개 선진국과 개도국을 대상으로 측정한 자산 분배 지니계수(The Gini coefficient of wealth)는 0.68로서 소득 분배 지니계수 0.36에 비해 현저히 높은 수준이다.[8] IMF 자료에는 한국이 포함되어 있지 않아 직접적인 비교는 할 수 없지만, 다른 기관에서 발표한 한국의 자산 분배 지니계수는 0.67(Global wealth report 2018)[9]로서 다른 나라에 비해 크게 높은 수준은 아닌 것으

---

8   IMF (2013), Fiscal Policy and Income Inequality, IMF Policy Paper, International Monetary Fund, p.11.
9   Swiss Credit에 의해 제시된 수치. IMF와 산출 근거가 달라 단순히 수치를 비교하여 높낮이를 평가하는 것은 오류를 낳을 가능성이 있다.

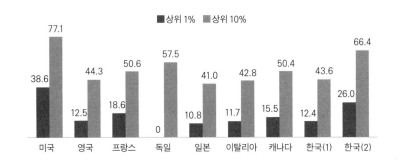

[그림 2-3] 주요국의 상위 1%, 10% 자산 집중도

주1. 한국(1): 통계청 자료, 한국(2): 김낙년
주2. 미국(2016), 영국(2008), 프랑스(2014), 독일(2012), 일본(2014), 이탈리아(2014), 캐나다(2005) 자료임
자료: Swiss Credit, Global wealth report, 2018

로 추정해볼 수 있다.

또 다른 지표인 자산 보유의 집중도를 활용해서 국가별로 비교해보면 상위 1%와 상위 10%에 의한 자산 소유 비중은 미국이 가장 높고 독일, 프랑스 순이다.[10] 우리나라는 통계청 자료에 의하면 비교적 양호한 수준으로 보이나, 상당히 집중도가 높은 것으로 나오는 연구 자료(김낙년, 2015)도 있어 판단에 어려움이 있다. 그럼에도 통계청 자료가 대표성을 지닌 자료라는 점을 감안한다면 미국 등 주요 선진국보다는 다소 양호한 수준이라 보아도 될 것이다.

---

10 김낙회, 세금의 모든 것, p.313에서 인용.

사회보장제도, 무엇이 문제인가

사회보장제도는 다양성과 중첩성을 특징으로 한다. 복지 수요에 개별적으로 세밀하게 대응하는 장점을 지니고 있는 반면에, 제도 운용이 복잡하고 비용이 많이 드는 구조를 지니고 있다. 더 나아가 고령화 등 경제 여건의 변화로 멀지 않은 장래에 막대한 규모의 복지 지출이 요구되고 있다. 이 절에서는 사회보장제도의 주요 내용과 함께 어떤 변화가 필요한지를 알아보기로 하자.

사회보장제도 현황[11]

사회보장제도는 국민의 기본 생활 보장, 소득 분배를 통한 불평등 완화, 취약 계층 지원을 통한 사회적 연대감을 제고하는 데 목적을 두고

[표 2-7] 한국 사회보장제도의 구조와 특징

유형	제도명		주요 기능	보장 범위	재원 조달
사회보험	공적연금		노후대비(미래)	전 국민(직장·지역)	기여(임금·소득기반)
	건강보험		건강보장	전 국민(직장·지역)	기여(임금·소득기반)
	고용보험		소득보장(실직) 고용지원	전임금 근로자자영업자 (임의)	기여(임금기반)
	산재보험		소득보장(산재) 재활지원	전임금 근로자자영업자 (임의)	기여(임금기반)
	노인요양보험		요양보장(돌봄)	선별적	기여(건강보험)
사회수당	기초연금		소득보장(노인)	준보편적(70%)	조세
	아동수당		소득보장(아동)	준보편적(90%)	조세
사회부조	기초보장		소득보장(빈곤)	매우 선별적 (엄격한 선정기준)	조세
	자립지원		소득보장 (근로빈곤)	매우 선별적 (수급자 중심)	조세
사회 서비스	고용지원		취업지원직업훈련	프로그램별 상이 선별적	조세
	교육복지		교육 서비스	보편적·선별적	조세
	주거복지		주거 서비스	선별적	조세
	보건의료		의료 서비스	선별적	조세
	복지서비스	노인	돌봄·생활 서비스	선별적	조세
		장애인	돌봄·생활 서비스	선별적	조세
		아동	돌봄 서비스	보편적(보육)	조세
		가족	지원 서비스	선별적	조세
조세정책	근로장려세제		근로유인소득지원	선별적(저소득층)	조세환급
	아동장려세제		소득지원	선별적(저소득층)	조세환급

자료: 김미곤 외(2018), 한국의 사회보장제도.

있다. 사회보장제도는 크게 사회보험(비용 부담 가입자 대상), 사회수당(해당 인구집단 전체 대상), 사회부조(빈곤층이나 취약 계층 대상), 사회 서비스로 구

---

11 사회보장제도 현황의 주된 내용은 김미곤 외, 한국의 사회보장제도(84-87쪽)에서 대부분 인용했다.

[표 2-8] 중앙정부의 사회복지·보건 분야 재정 규모(2016~2020)

(단위: 억 원)

구분	2016	2018	2020	비중	연평균 증가율
정부 총지출(A)	3,952,303	4,326,736	5,310,996	–	7.7
사회복지·보건(B)	1,238,573	1,457,368	1,854,349		10.6
비중((B/A)	31.1	33.7	34.9		2.9
사회복지(소계)	1,130,972	1,346,355	1,706,820	92.0	10.8
기초생활보장	100,786	110,805	151,901	8.2	10.8
취약계층지원	23,944	27,157	39,590	2.1	13.4
공적연금	427,062	478,007	554,491	29.9	6.7
보훈	48,181	55,256	57,293	3.1	4.4
주택	194,367	238,703	297,314	16.0	11.2
사회복지일반	7,921	11,268	13,942	0.8	15.2
아동·보육	56,128	64,974	95,937	5.2	14.3
노인	92,531	110,607	167,605	9.0	16.0
여성·가족·청소년	6,059	7,371	10,941	0.6	15.9
고용노동일반	3,753	4,548	5,131	0.3	8.1
고용	112,183	171,014	235,542	12.7	20.4
노동	58,057	66,645	77,133	4.2	7.4
보건(소계)	107,601	111,015	147,529	8.0	8.2
보건의료	22,946	24,129	37,372	2.0	13.0
건강보험	80,454	82,167	104,612	5.6	6.8
식품·의약·안전	4,201	4,719	5,545	0.3	7.2

자료: 국회예산정책처(2020.6), 사회보장정책 분석

분할 수 있다. 사회보장제도 중 가장 포괄적이고 가장 지출 비중이 큰 제도는 사회보험제도인데 공적연금과 고용보험, 산재보험, 건강보험, 노인장기요양보험으로 구성되어 있다.

사회수당제도는 2010년대 이후 본격적으로 도입되었으며 기초연금과

아동수당이 대표적이다. 기초연금은 전체 노인소득 하위 70%, 아동수당은 전체 아동의 90%에게 지급되며, 재원은 전액 조세로 조달된다.

사회부조제도는 저소득 계층을 대상으로 일정 요건을 갖춘 대상자에 한해 지원되는 잔여적 복지제도로서 재원은 조세로 조달된다.

대표적인 사회부조제도인 기초생활보장제도는 가구 중위소득의 30~50% 이하 저소득 가구를 대상으로 생계·주거·교육·해산·장제·의료급여 등이 지원된다. 생계급여는 중위소득의 30%, 의료급여는 40%, 주거급여는 45%, 교육급여는 50% 수준까지 지원된다.

사회 서비스는 대부분 조세를 기반으로 하여 제공되는 서비스이다. 복지, 고용, 주거, 교육, 의료 등 다양한 분야에서의 서비스를 포괄하며 대부분 선별적으로 제공된다.

그 외에 근로장려세제와 같이 조세제도를 활용한 지원제도도 있다. 이 제도는 미국의 EITC를 원형으로 2009년 도입한 제도인데 일정 소득 이하의 가구주에게 소득에 따라 근로장려금을 지급한다.

2020년 기준 사회보장 지출 규모는 185.4조 원으로 정부 총지출의 34.9%를 점유하고 있다. 부문별로 보면 사회복지 분야가 92%, 보건 분야가 8%로 사회복지 분야 지출이 대부분을 차지하고 있다. 사회복지 분야에서는 공적연금, 주택, 고용, 노인, 기초생활보장 순으로 지출 비중이 높다. 사회보장 지출은 매년 빠른 증가 추세를 보이고 있으며, 2016~2020년간 연평균 증가율 10.6%로 같은 기간 정부 총지출의 연평균 증가율 7.7%보다 높은 수준을 보이고 있다. 분야별로는 고용 분야(20.4%) 및 노인 분야(16.0%) 등에서 지출이 크게 늘어나고 있다.

사회보장제도 평가

우리나라의 사회보장제도는 사회보장 역사가 오래된 선진국과 비교해도 제도적으로는 손색이 없을 만큼 정비가 되었으나 운용 과정에서는 여전히 문제점을 안고 있다.

우선 사회복지제도 간의 제도적인 정합성 부족으로 인한 중복 지원의 문제이다. 예를 들어 기초연금제도는 국민연금이 성숙되지 않고 기초생활보장제도가 제 역할을 다하지 못하는 상황에서 노인 빈곤 문제를 해결하고자 도입되었다. 그 결과 사회수당적 성격의 기초연금제도와 사회보험적 성격의 국민연금, 공적부조 성격의 기초생활보장제도 간의 관계 설정이 명확하지 않고 중복되는 등의 문제가 있다.

복지제도와 조세지원제도의 중복 문제도 있다. 조세 분야에서의 대표적인 제도로 EITC와 CTC 제도가 있는데 기초생활보장제도나 아동수당제도와 중복되고 있다.

두 번째로 사회보장제도의 사각지대가 상존하는 문제이다. 대표적으로 국민연금은 1988년부터 도입되어 30년 이상 운용되고 있으나 낮은 사회보험가입[12] 등으로 인해 연금 수급자가 크게 늘어나지 않고 있다. 국민연금공단(2018)에 따르면 65세 이상 인구 중 59.2%는 여전히 국민연금을 받지 못하고 있다. 그 결과 노인 빈곤율(처분가능소득 기준)은 41.4%(2019년)로 OECD 회원국 가운데서도 압도적으로 높은 수준이다. 새로운 형태의 플랫폼 노동(다수의 사용자-무소속 다수 근로자 간의 경쟁)이 증가하게 되면서 연금·고용·산재보험의 사각지대가 더욱 확대될 것으로

---

12 국민연금 가입률(임금 근로자, 2020.8): 69.8%(정규직 88.0%, 비정규직 37.8%)

[표 2-9] GDP 대비 공공사회 지출 비중 전망

(단위: %)

	2018	2020	2030	2040	2050	2060
공공사회복지 지출	11.1	12.1	16.3	20.8	25.3	28.6
일반재정 분야	4.2	4.4	4.9	5.1	5.0	4.8
사회보험 분야	6.9	7.7	11.4	15.8	20.3	23.8

자료: 보건복지부(2019.7), 제3차 중장기사회보장재정추계

전망되고 있는 점도 우려된다.

세 번째로 복지 전달 과정에서 비효율과 도덕적 해이 등의 문제 역시 지속되고 있다. 개인의 다양한 복지 수요에 대응하기 위해 복지제도가 다층적으로 촘촘하게 구성되어 있다 보니 오히려 국민 개개인에게 어떤 내용의 복지가 어느 정도로 제공되고 있는지를 좀체 알기 어렵다. 정부도 복지 업무의 분산으로 수혜 국민의 분포와 수혜 내역에 대한 전반적인 현황을 파악하지 못하고 있다. 예를 들어 아동에 대한 복지제도는 현금 지원으로서 아동수당, 장애아동수당 및 연금 등이 있고, 기타 복지지원제도로 장애인 돌봄 지원 등이 있으며, 조세 지원으로서 CTC(자녀장려세제), 자녀세액공제, 인적공제 등 다양하다. 복지 수급자 입장에서 이렇게 다양한 복지제도 중 어느 복지제도를 적용받을 수 있는지, 또한 전달자 입장에서도 어느 복지제도를 적용해야 하는 것인지 혼란스럽다. 제도가 중복 적용되는 경우가 많아 하나의 급여에서 배제되면 다른 급여에서도 배제되는 결과, 일단 복지급여의 틀 속에 들어가게 되면 나오지 않으려는 도덕적 해이 현상이 강하게 일어나고 있다. 제도가 투명하지도, 명확하지도 않으니 복지 전달 과정에서 비효율과 혼란이 일어나고 있는 것이다. 복지 지출에 대한 국민적 통제가 제대로 이루어지지 않고 있는 이유이기도 하다.

[표 2-10] 주요 선진국의 사회복지 지출 비중(GDP 대비)[13]

(단위: %)

	2011	2013	2015	2017
한국	10.2	11.3	12.3	12.6
캐나다	20.8	21.0	22.4	23.1
프랑스	30.9	31.6	31.6	31.2
독일	24.7	24.9	25.0	25.2
이탈리아	24.1	25.0	25.2	24.7
일본	24.7	24.4	23.9	23.8
영국	26.7	25.9	24.3	23.3
미국	29.3	29.0	29.4	29.6
OECD평균	20.8	21.1	20.9	20.7

자료: OECD Social Expenditure(2021.1.31.) 발췌

마지막으로, 인구 고령화에 따라 나타나게 될 재정적 부담의 증가 문제이다. 우리나라의 사회복지 지출 규모는 2018년 GDP 대비 11.1%에서 2050년에는 25.3%, 2060년에는 28.6%로 급격하게 증가하게 될 것으로 전망된다. 물론 복지 비중의 증가에는 고령화 요인 외에도 사각지대 해소 차원에서의 수급요건 완화 등 복지를 확대하는 정책도 주된 요인이 되고 있다.

가족 중심의 전통적인 복지 전담 기능이 약화되면서 국가에의 복지 의존도가 점차 높아지고 있고, 이에 따라 늘어나는 복지 수요에 대응하기 위한 복지 지출 증가는 불가피하다. 그렇지만 과도한 복지 지출 확대는 사회보험 재정의 지속 가능성에 의문을 제기하는 동시에 국가재정에도 커다란 부담이 될 소지가 있다.

---

13 OECD의 사회 지출(SOCX: social expenditure) 통계는 보건복지부에서 발표하는 사회 지출과 인식 기준이 달라 통계수치에 차이가 있다.

우리보다 고령사회에 먼저 진입한 OECD 국가들은 대부분 사회복지 지출 비중을 증가시킴과 동시에 국민 부담 수준을 늘려왔다. 복지 확대를 위해 사회복지 지출 수준을 OECD 평균 정도로 높이려면 국민 부담을 그만큼 높여야 함을 시사한다.

그러나 복지 지출 확대와 국민 부담 증가에 앞서 중요한 것은 복지 지출에 대한 국민적 공감대의 형성이다. 소득 분배 차원의 복지 지출을 얼마나, 어느 계층을 대상으로 늘릴 것인지, 그리고 재원 조달은 어떠한 방법을 할 것인지 등에 대해 충분한 논의가 선행되어야 한다.

사회복지 강화 등을 통한 소득 재분배 정책은 소득 불평등 그 자체도 중요하지만, 사회 구성원의 소득 불평등에 대한 인식 수준에도 영향을 받게 된다. 우리 국민들은 소득 창출과 부의 축적에서는 경쟁과 시장의 보상 원리가 더 충실하게 작동하길 기대하고, 동시에 국가 전체로는 재분배 기능이 보다 강화되길 기대하고 있다.[14]

즉 근로에 대한 정당한 보상과 동시에 이유 없는 복지지원에 대한 반발 심리가 상존하고 있는 것이다. 이러한 국민 여론을 고려할 때 국민부담을 늘려나가기에 앞서 복지체계를 전반적으로 개혁해나가면서도 성장동력을 살려나갈 수 있는 방안을 모색하는 것이 우선될 필요가 있다.

---

14 황수경(2019), 한국의 재분배선호와 정책결정, KDI.

4

부의 소득세 도입 방안

부의 소득세 제도 개요

부의 소득세는 소득이 없는 국민에게 보조금을 지급함으로써 최저소득을 보장하되, 소득이 늘어나면 보조금이 줄어들도록 함으로써 저소득 계층에게만 세금의 형태로 보조금을 지급하는 제도이다.

부의 소득세는 미국의 경제학자 밀턴 프리드먼이 1962년 자신의 책(*Capitalism and Freedom*)에서 제안한 것으로 알려져 있다. 그 철학적인 배경에는 시장경제와 자유주의를 중시하면서도 인간의 기본적인 생존권을 보장하려는 휴머니즘이 깔려 있다. 다양한 복지제도 대신 소득세의 단일 시스템을 통해 전 국민에게 최소 수준의 소득을 보장함으로써 사회보장을 실현하자는 것이다.

프리드먼이 제기한 부의 소득세 모형은 단순하게 일률과세(flat tax)

[표 2-11] 소득세의 계산 사례

소득금액	소득공제	과세표준	소득세율	소득세	실효세율
0	1,000	-1,000	50%	-500	-
500	1,000	-500	50%	-250	-50%
1,000	1,000	0	50%	0	0%
2,000	1,000	1,000	50%	500	25%
5,000	1,000	4,000	50%	2,000	40%
10,000	1,000	9,000	50%	4,500	45%

와 사회배당(social dividend)이 결합된 형태이다. 50%의 단일 소득세율로 소득세의 납부와 환급을 시행하는 것인데, 세 부담의 누진성을 확보할 수 있어 소득 재분배 효과가 있다는 것이다. 소득세의 계산 사례를 가지고 살펴보자. 소득세율을 50%, 소득공제를 1,000만 원으로 한다면 소득이 0원인 경우 500만 원을 환급하며, 소득이 500만 원인 경우 250만 원을 환급하고, 소득이 1,000만 원이 되면 환급액이 0원이 된다. 소득이 2,000만 원일 때에는 500만 원의 세금을 내야 하고 소득이 1억 원이 되면 4,500만 원의 세금을 내게 된다.

부의 소득세는 여러 가지 장점을 지니고 있다.

첫째, 부의 소득세는 상당한 수준의 재분배 효과를 가져올 수 있다. 앞에서 설명한 것처럼 일정 소득 이하 저소득층에게는 부의 소득세를 지급함으로써 현재보다 소득이 늘어나게 되고, 고소득층에게는 현재와 같거나 더 많은 소득세를 부과함으로써 실제 소득이 작아지는 결과 재분배 효과가 더 커질 수 있는 것이다.

둘째, 부의 소득세 도입으로 소득보장 목적의 다양한 사회보장제도를 정비할 수 있으며, 단일제도 운용으로 형평성을 확보하는 동시에 경제적 효율성을 제고할 수도 있다. 아울러 다양한 복지제도의 중복 적용으로 인한 부정적 유인 효과를 해소할 수 있는 장점도 있다.[15] 결과적으로 국민 각자가 얼마의 소득금액이 지원되고 있는지를 명확히 알 수 있게 되어 제도 운용이 투명해지고, 기준이 단순해짐으로써 사회적 통제가 가능하게 된다.

셋째, 최저임금제와 비교할 때 부의 소득세는 노동시장 진입을 용이하게 하는 장점이 있다. 최저임금제는 노동자의 소득을 일정 수준 보장하는 긍정적인 측면이 있으나 노동시장 진입장벽을 높이는 등의 부작용도 가지고 있다. 반면 부의 소득세는 수급자가 일을 통해 소득을 벌게 되면 그 벌어들인 소득의 일정 비율만 급여에서 감해지므로 일을 하면 할수록 수급자의 실질소득은 증가하게 된다. 따라서 수급자의 노동시장 진입을 원천적으로 차단하지는 않는다.

끝으로, 부의 소득세는 수급자의 낙인감을 줄인다. 공적부조제도는 수급자 선정 및 급여액 산정을 위해 자산 조사를 실시하는 등 낙인감을 주는 반면, 부의 소득세는 적용 범위가 넓고 적용 요건도 소득 기준으로 단순해서 부정적인 인식이 적다.

최근 우리 사회에서 공정이 사회적 화두로 자리 잡고 있다. 공정에 대한 시각은 다양하지만 '공정한 경쟁과 성과에 따른 정당한 보상'이 핵심이라 할 수 있다. 좀 더 풀어보면 경쟁은 자유롭게 그리고 공정하게 하되, 경제활동을 통해 벌어들인 소득과 부가 사회의 특정 계층에게 지나치게 쏠리지 않고 모든 구성원에게 적절하게 배분될 수 있도록 하자는 것이다. 그 생각의 근저에는 사회의 가장 어려운 계층의 경우에도 인간의 존엄성

---

15 영국에서는 다양한 복지제도를 중복 적용한 결과, 경우에 따라서는 수급 계층의 소득이 1 증가할 때 복지 지급액이 1 이상 감소하게 되는 복지 함정의 문제가 있었다. 이러한 문제를 해결하고자 여러 개의 복지제도를 하나로 통합한 Universal Credit 제도를 운용하고 있다.

을 확보할 수 있는 최소한의 소득을 보장받아야 한다는 것이 깔려 있다.

부의 소득세는 사람들로 하여금 기본적인 재화나 서비스를 영위할 수 있도록 함으로써 최소한의 존엄을 지킬 수 있도록 도와준다. 제도 운용도 간편하다. 그럼에도 부의 소득세를 도입하여 운용하고 있는 국가는 아직까지 없다. 부의 소득세를 원용한 근로장려세제(EITC)가 일부 국가에서 시행되고 있을 뿐이다.

부의 소득세가 가지고 있는 여러 가지 장점에도 불구하고 현실적인 장벽이 가로막고 있는 것이다. 부의 소득세를 도입하려면 막대한 재원이 필요할 뿐 아니라 복지제도의 근본적인 변혁을 추진해야 하기에 커다란 정치적 부담을 감수해야 한다. 복지제도의 전환 과정에서 수많은 이해관계자의 저항에 부딪치게 될 것임은 불을 보듯 뻔한 일이다. 부의 소득세 도입을 통한 복지 개혁은 행정 수요를 절감함으로써 정부 부문의 조직과 인력 수요를 줄이게 된다. 이 역시 정치적으로는 유리한 변화가 아니다. 이러한 점이 많은 나라에서 부의 소득세 도입을 주저하게 만드는 요인이 되고 있다.

타국의 시행 사례

미국과 캐나다에서의 부의 소득세 실험[16]

미국과 캐나다에서는 1968년부터 1980년까지 부의 소득세 실험이 다섯 번에 걸쳐 실시되었다. 미국에서는 세 번의 도시 실험과 하나의 농촌

---

16 유영성 외, 모두의 경제적 자유를 위한 기본소득(303-305쪽)에서 주로 인용.

실험으로 구성된 네 번의 실험이, 캐나다에서는 마니토바주에서 1975년부터 1978년까지 3년에 걸쳐 부의 소득세 실험이 있었다.

첫 번째 실험은 1968년부터 1972년까지 3년간 실시된 뉴저지 등급별 노동유인 실험이다. 빈곤선의 150% 이하 가구를 대상으로 하여 50%, 75%, 100%, 125%의 네 개 집단으로 구분하여 소득보장 실험을 했다.

두 번째 실험은 1970부터 1972년까지 3년간 아이오와주와 노스캐롤라이나주의 농촌 지역에서 2인 가구와 여성가장 1인 가구 중 빈곤선의 150% 이하 총 809가구에 대해 실시되었다.

세 번째 실험은 워싱턴주의 시애틀 시와 콜로라도주의 덴버 시에서 실시된 시애틀-덴버 소득유지 실험이다. 4,800가구를 대상으로 1970년부터 3년, 5년, 20년의 세 집단으로 구분하여 실시되었으며, 자격 요건과 보장 수준도 다른 실험에 비해 매우 높았다.

마지막 실험인 게리 실험은 인디애나주의 게리 시에서 1971년부터 3년간 실시되었는데, 흑인만을 대상으로 2인 가구와 1인 가구를 합하여 총 1,780가구가 대상이었다.

캐나다의 마니토바주에서 실시된 실험은 58세 이하 가구주를 대상으로 1975년부터 3년간 실시되었으며 소득 요건은 4인 가구 기준 1만 3,000캐나다달러 이하의 가구였다.

부의 소득세의 실험은 노동유인 효과, 비노동시장 효과의 유무를 관찰하는 데 주목적이 있었다. 노동유인 효과 면에서는 일부 노동시간의 감소 현상이 나타났다. 남편의 경우 최소 0.5%에서 최대 9%, 아내의 경우 0~25%, 여성 가구주의 경우 7~30%의 노동시간 감소가 있었던 것으로 분석되고 있다. 노동시간 감소 외에 다른 삶의 질에 관한 실험 결과는 양호했다. 실험집단 아이들의 초등학교 출석 증가, 시험성적 증가 등이 관찰

[표 2-12] 미국과 캐나다의 부의 소득세 실험

	자료수집 기간	표본규모 최초(최종)	표본의 특징	보장 수준[1]	한계 세율[2]
뉴저지 실험 (뉴저지 · 펜실베이니아)	1968~1972	1,216 (983)	도시지역 흑인, 백인, 히스패닉 인종 18~58세 남성 가구주의 양부모 가구, 빈곤선의 150% 이하 소득		
농촌실험 (아이오와 · 노스캐롤라이나)	1970~1972	809 (729)	농촌지역의 양부모 가구와 여성 가구주 가구, 빈곤선의 150% 이하 소득	0.5 0.75 1.48	0.3 0.5 0.7
시애틀-덴버 실험 (워싱턴 · 콜로라도)	1970~1976 1980	4,800	흑인, 백인, 히스패닉, 한 명이상 가구원이 있는 한 부모 가구(11,000달러 이하), 양 부모 가구(13,000달러 이하)	0.75 1.26 1.48	0.5 0.7 $0.7 \sim 0.25y$[3] $0.8 \sim 0.25y$
게리실험 (인디애나)	1971~1974	1,79 (967)	흑인 18~58세의 여성 가구주 우선, 빈곤선의 240% 이하 소득	0.75 1.00	0.40.6
민컴 (캐나다 마니토바)	1975~1978	1,300	58세 이하 가구주, 4인 기준 13,000캐나다달러 이하 소득	3,800 4,800 5,800	0.35 0.5 0.75

주1: 부의 소득세 외에 아무런 소득이 없을 경우 보장되는 소득수준으로 빈곤선의 배수를 나타냄
주2: 소득이 증가함에 따라 부의 소득세가 감소하는 비율
주3: y는 가구소득을 의미
자료: 유영성 외(2020), 모두의 경제적 자유를 위한 기본소득, 302쪽

되었고, 저체중아 출산의 감소, 주택 소유 증가, 가계부채 감소, 식량소비 증가, 영양 개선, 병원 입원 감소 등의 긍정적 효과가 관찰되었다.

영국의 사회보장제도 통합(Universal Credit)

영국에서는 2013년에 대대적인 사회보장제도의 개혁이 있었다.
6개 사회복지제도[17]를 Universal Credit(보편적 세액공제)이라는 하나의

---

17 Working Tax Credit, Child Tax Credit, Housing Benefit, Income Support, income-based Jobseeker's Allowance and income-related Employment and Support Allowance

복지제도로 통합하여 운용하는 것이 개혁의 골자이다. 기존 사회복지제도는 복잡하고 다양한 지원 방식으로 낮은 근로유인 효과, 제도 복잡성 및 행정비용의 과다, 복지비용과 빈곤 증가의 악순환을 초래한다는 비판을 받아왔다. 사회보장제도의 통합을 통해 단순하면서도 일관된 복지 지원을 제공함으로써 효율적이고 안정적인 복지 지원을 강구하려는 것이 제도 개혁의 주 목적이었다.

Universal Credit은 기본 공제와 추가 급여(아이, 장애, 주택과 보호자)로 구성되어 있는데 급여 대상으로 선정되면 소득금액에 따라 매월 일정 금액을 지원하게 된다. 제도가 단순하여 수혜 계층은 자격 해당 여부, 소득 변화에 따른 급여의 변화를 쉽게 인식할 수 있다.

2013년 4월 1일 영국의 애스턴 지역에서 최초 시행했으며, 당초에는 2017년까지 전국적으로 확대 시행하는 것을 목표로 했으나 행정상의 문제 등을 이유로 2023년 말로 연기되었다. 사회보험 개혁을 추진하고 있는 근로연금부(Department for Work and Pensions)에 따르면 제도 개편으로 저소득 계층의 소득 증가 효과, 행정비용의 절감, 그리고 수혜 계층의 건강과 복지 증가, 교육 성취도 개선, 범죄 및 반사회적 행동 감소 등의 긍정적인 효과가 있을 것으로 기대하고 있다.

부의 소득세 도입 모형

부의 소득세는 일정 소득금액 이하의 저소득자에게 세금의 형태로 급여('NIT 급여'라 칭한다)를 지급하되, 소득금액이 증가하면 지급액을 줄여나가는 제도이다. 그림에서 보듯이 소득이 전혀 없는 계층은 NIT 급여를

[그림 2-4] 기본 모형

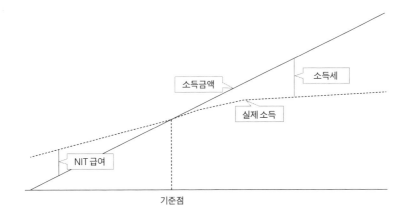

전액 받게 되며, 기준점 이하의 저소득층은 소득이 증가함에 따라 지급받는 NIT 급여가 감소하게 되어 기준점에서는 0이 된다. 소득이 기준점을 넘는 계층은 초과 소득에 대해 세금을 내게 된다.

그 결과 실제 소득은 그림에서 점선으로 표시된 것처럼 변화된다. 기준점 이하 소득 계층에서는 본인이 벌어들인 소득에 지급받는 NIT 급여를 더한 것이 실제 소득이 되며, 반대로 기준점을 넘는 소득 계층은 본인이 벌어들인 소득에서 세금을 공제한 금액이 실제 소득이 되는 것이다. NIT를 통해 소득의 재분배가 자연스럽게 일어나고 있음을 알 수 있다.

부의 소득세가 도입되면 저소득 계층에 대한 소득보장이 이루어지는 만큼 소득보장을 목적으로 하는 기존의 사회보장제도는 흡수통합할 필요가 있다. 예를 들면 고용·산재보험에서의 소득보장 목적의 현금 지급, 사회수당(기초연금, 아동수당 등), 사회부조(기초생보-생계급여) 등이 대상이 될 것이다.

부의 소득세를 설계함에 있어서 가장 중요한 사항은 ① 누구에게, ② 얼마의 소득을, ③ 어떻게 지급하느냐의 문제이다.

지급 대상

지급 대상은 전 국민에게 개인별로 적용함을 원칙으로 한다. 연령 기준에 따라 일부 국민에게만 지급하는 방안도 가능하나 국민에게 최소한의 기본소득을 보장한다는 가치를 지향하는 이념적 특성상 전체 국민을 대상으로 하는 것이 바람직하다. 지급 단위를 어떻게 할 것인가는 매우 중요한 문제이다. 우선, 가구 단위로 지급 수준을 결정하는 방안은 기초생활보장제도나 EITC 등 각종 복지지원제도가 가구 단위로 제공되고 있다는 점에서 기존 제도와의 정합성을 확보할 수 있다. 또한 가구가 경제적 공동체로서 생활을 영위하는 기초 단위인 점에서 가구 단위로 지급 수준을 결정하는 것이 보다 공평할 수도 있다.[18] 반면 가구 단위 지급 방식은 가족해체나 도덕적인 문제를 낳을 수도 있다. 수급 요건을 갖추기 위해 소득이 있는 가구주와 가구원이 형식적으로 분리하거나 위장이혼을 하는 등의 부작용이 예상된다.

개인별 급여 방식은 제도 운영이 용이[19]하고, 인별 과세 방식을 취하고 있는 현행 소득세 제도의 변화 없이 그대로 적용할 수 있다. 개인별 특성에 맞게 지원 수준이 결정되므로 개인의 경제적 자유와 최소한의 생존권을 보장[20]한다는 이념에도 부합한다. 이 모델에서는 개인 단위로 지급 수

---

18 예를 들어 개인별 지급은 가구별로는 동일한 소득수준임에도 가구 구성원의 소득 여하에 따라 지급액이 달라지는 문제가 있다.

19 부의 소득세는 매월 지급하는 형식을 취할 필요가 있는데, 가구의 소득을 매월 합산하는 방식은 아무래도 복잡하고 행정비용이 많이 들게 될 것이다.

20 영국에서는 2013년부터 기존의 6개 복지제도를 통합하여 Universal Credit이라는 단일의 지원제도로 운영하고 있는데, 가구별로 급여를 지급하는 형태로 시행한 결과 가구원이 가구주에게 종속된다는 비판이 제기되고 있다.

준을 결정하는 방식을 제안한다.

지급 금액

NIT 급여액을 얼마로 할 것인가의 문제는 최저 보장소득을 얼마로 할 것인지, 어느 소득 구간에서 급여 지급을 중단할 것인지와 연계되어 있다. 기초생활보장대상자의 경우 중위소득의 60% 이하 소득가구를 대상으로 하여 중위소득의 30% 수준을 한도로 현금 지급이 되고 있다.

기초생활보장제도를 흡수통합하는 차원에서 대상소득 및 NIT 급여액을 동일하게 적용한다. 2021년 현재 1인 가구 중위소득은 월 182만 8,000원임을 감안할 때 최저 보장소득은 약 월50만 원이 될 것이다. 재원의 한계를 감안하여 18세 이하 연령층에 대하여는 최저 보장소득을 월 30만 원으로 조정한다. 대부분 부모와 함께 생활하고 있는 점을 감안하면 성년층과 동일한 수준으로 지급할 필요는 없을 것으로 보인다.

소득이 점차 증가하게 됨에 따라 NIT 급여액을 줄여나가면서 월소득이 100만 원(중위소득의 약 60% 구간)에서 지급을 중단한다. 이렇게 되면 부의 소득세율은 50%가 된다.[21] 중위소득의 60% 이상 구간부터는 현재의 소득세율을 적용하면 된다.

소득세 계산 산식은 다음과 같다.

소득세 = 과세표준(소득금액 - 1,200만 원) × 세율
 * 세율: ① 소득금액 1,200만 원 50%, ② 1,200만 원 초과 15~45%

---

21 최종적으로 부의 소득금액 지급액에서 국민연금의 소득 분배 목적 지급분은 중복 지원을 배제하는 차원에서 공제한다.

[표 2-13] 소득 구간별 소득세

①연소득	②NIT	③소득세	④납부금액	⑤실소득(①-④)
0원	△600만 원[1]	–	△600만 원	600만 원
600만 원	△300만 원	–	△300만 원	900만 원
1,200만 원	0	–	0원	1,200만 원
4,600만 원	–	510만 원[2]	510만 원	4,190만 원
8,800만 원	–	1,518만 원[3]	1,518만 원	7,282만 원
15,000만 원	–	3,006만 원	3,006만 원	11,994만 원
30,000만 원	–	8,256만 원	8,256만 원	21,744만 원
50,000만 원	–	16,256만 원	16,256만 원	33,744만 원

주1. 계산 사례: △1,200만 원(0-1,200) × 50%
주2. 계산 사례: 3,400만 원(4,600-1,200) × 15%
주3. 계산 사례: 510만 원 + 4,200만 원(8,800-4,600) × 24%

소득 구간별로 NIT 급여액을 계산해보자. 우선 소득이 전혀 없는 사람은 연간 600만 원(월 50만 원)의 금액을 국가로부터 받게 된다. 소득이 연간 600만 원인 경우에는 국가로부터 받는 금액은 300만 원(월 25만 원)이 되며 소득이 1,200만 원이 되면 국가로부터 받을 금액은 없게 된다. 반면 소득이 1,200만 원을 넘어가면 정해진 세율에 따라 소득세를 내게 된다.

이제까지는 개인별로 세금을 계산한 결과인데 가구별로 확대해서 계산해보면 NIT 지급액이 상당히 많음을 알 수 있다. 소득이 전혀 없는 3인 가구를 생각해보자. 1인당 월 50만 원씩 월 150만 원을 국가로부터 받게 되는데 이 정도 금액이면 최소한의 생계는 유지할 수 있을 것이다. 2014년 국가로부터 긴급구난을 받지 못한 채 숨져간 송파 세 모녀와 같이 전혀 소득이 없는 경우에도 국가로부터 월 150만 원을 지급받았다면 최소한의 생활은 영위할 수 있었을 것이고, 그러한 불상사는 없었을 수도 있다.

지급 방법

지급 방법은 국세청에서 매월 지급하는 방식을 택하는 것이 바람직하겠다.[22] 부의 소득세도 일종의 복지제도로 볼 수 있는 만큼 현재의 복지 관련 조직을 활용하여 지급하는 것도 하나의 방안이 될 수 있겠으나, 행정비용을 줄인다는 측면에서 보면 국세청에서 직접 지급하는 것이 보다 효율적인 것으로 보인다.

지급 주기는 현금 급여성 복지제도와 마찬가지로 매월 지급하고 1년에 한 번 정산하도록 하는 것이 필요하다. NIT 급여액을 매월 지급하기 위해서는 국세청이 소득을 확인하는 과정에서 다소의 행정 부담은 있을 것이다. 그러나 앞서 언급한 바와 같이 원천징수제도를 활용하면 대부분의 소득(이자, 배당, 근로, 연금, 기타, 퇴직소득)은 실시간으로 파악이 될 수 있다.[23] 사업소득이나 양도소득과 같은 형태의 소득은 거래 시점에서 원천징수를 하지 않으므로 실시간으로 소득을 파악하기는 어려울 수도 있다. 일단은 수급자의 신청을 통해 지급 여부를 결정하는 과정에서 과세 관청이 보유하고 있는 각종 재산 자료나 사업신고 자료 등을 활용하여 소득수준을 간접적으로 확인할 수 있을 것이다. 확인되는 소득을 바탕으로 매월 지급액을 결정하여 지급하되, 연말에 확인되는 소득을 바탕으로 최종적으로 지급금액을 확정하고 추가지급을 하거나 환급액을 회수하는 방법을 취하는 것이다.

---

22 지방소득세는 지방자치단체에서 지급한다.
23 정부는 2023년까지 실시간 소득 파악 시스템 구축을 목표로 기획재정부(조세-고용보험 소득정보 연계 추진 태스크포스)와 국세청(소득자료관리준비단)에 조직을 신설하는 등 소득 파악 인프라 구축에 나섰다.

부의 소득세 지원 대상 및 소요 재원

부의 소득세 지원 대상을 유형별로 살펴보자. 전액을 지원받는 대상은 육아 또는 가사를 담당하는 사람, 학생, 노인, 장애인 등 주로 비경제활동인구가 된다.

경제활동인구 중에 소득이 없거나 소득이 적어서 소득세를 내지 않는 무급 종사자 등 저소득층을 포함하면 약 1,910만 명이 월 50만 원씩 지급받는 대상이 될 것이다. 소득금액이 1,200만 원 이하인 소득 계층은 최대 월 50만 원에서 0원까지 받게 되는데 그 인원은 약 730만 명이 될 것이다. 소득금액이 1,200만 원을 넘는 소득계층은 약 2,320만 명 정도로 추산되며 간접적으로 부의 소득세 혜택을 보게 된다. 1인당 1,200만 원까지 소득공제를 받을 수 있도록 설계되므로 소득세가 약 72만 원 적어지는 혜택이 주어지게 된다.

부의 소득세 도입에 따라 현행 소득세 제도 중 기본공제(인적공제, 추가공제)나 근로소득공제(소득금액에 따라 소득금액의 2~70%를 공제)와 같은 혜택은 중복지원의 소지도 있고 재원 절감 차원에서 폐지하는 것으로 했다.[24] 이렇게 설계할 경우 부의 소득세 도입에는 약 130조 원 정도의 막대한 재원이 소요된다.[25]

현실적으로 중요한 것은 이 많은 재원을 어떻게 마련할 것인가의 문제이다. 현재의 조세제도와 재정 지출에 대한 세부 내역을 살펴본 결과,

---

24 기본공제는 폐지하고 근로소득공제는 2분의 1로 축소하는 방안도 검토 가능하다. 이 경우 대상 인원 및 소요 재원에 변화가 있다(134쪽 '부의 소득세 재원 추산' 참조).
25 우리나라의 복지 지출 규모는 GDP의 12% 수준인데 OECD 국가 평균인 GDP의 20% 내외 수준까지 복지 지출을 늘린다면 약 150조 원 정도의 추가 여력이 있다고 할 수 있다.

소요 재원의 상당 부분은 조세 개혁과 재정 개혁을 통해 조달이 가능하다. 뒤에서 상세히 다루겠지만 크게 보면 약 120조 원+ϼ의 재원이 마련될 수 있을 것으로 보인다. 따라서 사회 전반에 걸친 제도 개혁을 통해 경제가 성장함으로써 자연적으로 증가되는 세입을 예상한다면 대규모의 증세 없이도 어느 정도 제도 도입이 가능하다. 물론 2020년 기준 통합재정수지 적자 규모가 GDP 대비 4% 수준인 점을 감안한다면 재정 건전성을 회복하기 위해서는 일정 부분 증세 조치를 병행할 수도 있을 것이다.

유사 제도와의 비교

기본소득제와의 비교

기본소득이란 모든 사람에게 개인 단위로, 무조건적으로 자산 조사나 노동 요구 없이 정기적으로 지급하는 소득으로 정의할 수 있다. 기본소득의 특성은 보편성, 무조건성, 개별성에 두고 있으며 개인주의, 자유주의의 이념적 토대를 가지고 있다.

판 파레이스(Van Parijs)에 의해 처음으로 제안되었으며, 유럽에서 기본소득의 아이디어가 생성, 미국 등 주요 국가로 확산되었다. 미국(알래스카 주), 캐나다, 핀란드 등에서 기본소득제를 실험적으로 시행했으나 대부분 중단했고, 현재 알래스카에서만 실시하고 있다.

그 후 30년 동안 대중의 주목을 끌지 못하던 기본소득제가 2016년 스위스의 국민투표를 계기로 다시 대중의 관심사로 떠오르고 있다. 스위스의 기본소득제는 매달 모든 성인에게 2,500스위스프랑(약 300만 원), 어린

[표 2-14] 주요 국가의 기본소득 운용 사례

국가,지역	기간	내용
미국 알래스카주	1982년~	-1982년부터 원유 수입으로 조성한 알래스카 영구 기금으로 모든 주민들 대상 연 1,200달러 지급
핀란드	2017년 1월~ 2019년 1월	-2년간 실업자 중 무작위로 2,000명 선발, 월 560유로(약 70만 원) 지급 -수급자들의 노동시장 참여 효과가 없어 정부가 실패 인정
캐나다 온타리오주	2017년 7월~ 2018년 8월	-저소득층 4,000명에게 월 1,320캐나다달러(약 119만 원) 지급하는 실험을 3년간 계획, 재원 부족으로 1년 만에 중단
스위스	2016년 6월	-18세 이상 성인에게 월 2,500스위스프랑(약 300만 원 지급 기본소득안 국민투표) * 어린이와 청소년: 650스위스프랑(78만 원) -세금 인상, 이민자 대거 유입 가능성 등으로 투표자의 76.7%가 반대해 부결

자료: 최한수(2017), 각국의 기본소득 실험이 한국에 주는 정책적 시사점

이·청소년에게 650스위스프랑(약 78만 원)을 지급하는 방식이었다.[26] 국민투표 결과 유권자의 76.7%가 반대하여 부결되었다고 한다.

우리나라에서도 정치권(이재명 경기도지사)에서의 제안을 계기로 기본소득에 대한 논의가 활발하게 이루어지고 있다. 그의 제안은 국민 모두에게 1인당 월 50만 원 내지 60만 원 정도의 기본소득을 지급하는 것이다. 그러나 막대한 재원을 조달하는 어려움을 고려하여 단기적으로는 월 5만 원 정도를 지급하고 연차적으로 늘려나감으로써 재원 문제를 해결하겠다는 것이다. 물론 현재의 복지제도는 크게 손대지 않는다. 이러한 기본소득제는 매우 이상적인 세상을 그리고 있으나 재원 조달의 문제, 기존의 복지제도를 그대로 두는 결과 과잉복지의 결함을 안고 있다.

기본소득제와 부의 소득세의 비교를 통해 양 제도의 차이점을 살펴보자. 우선 기본소득제나 부의 소득세는 국민 개개인에게 일정 수준의 기

---

26 국회입법조사처(2020.3), 재난기본소득의 논의와 주요쟁점.

본소득을 보장하자는 데에서는 일치한다. 소득이 전혀 없는 국민에게는 똑같이 일정 소득을 보장하는 것이기 때문이다.

근본적인 차이는 기본소득제가 '모든 국민에게' 똑같이 기본소득을 지급하는 것인 반면, 부의 소득세는 '일정 소득 이하 국민'에게만 기본소득을 지급하는 것이다. 지급액도 소득에 따라 달리 지급된다. 지급액을 소득금액이 증가함에 따라 점차 감소하도록 함으로써 개인의 생계유지에 필요한 최소한의 소득만을 지급한다. 능력이 없는 국민에게는 기본소득을 보장하되, 능력이 있는 국민은 국가의 도움 없이 스스로 생활하라는 것이다. 전 국민에게 보편적 복지를 추구하는 기본소득과 저소득층을 대상으로 선별적 복지를 추구하는 부의 소득세는 이 점에서 커다란 차이를 보이고 있다.

이념적인 차이에 더해 현실적으로 부의 소득세는 재원의 규모 면에서 상대적으로 적은 금액으로 제도 운용이 가능하다. 한정된 재원을 가지고 어려운 계층에게 집중적으로 지원함으로써 재정 운용의 효율성을 제고할 수 있는 만큼 실현 가능성 면에서는 부의 소득세가 한발 앞서 있다고 할 수 있다. 물론 모든 국민에게 일률적으로 기본소득을 지급하는 방안은 행정 부담 면에서 부의 소득세에 비해 간편하다고 할 수 있다.

또한 이재명 지사가 제안하는 기본소득제는 기존의 복지제도를 그대로 둔 채 단계적으로 확대해나가는 정책 기조를 가지고 있다. 그런데 이러한 정책 기조는 중대한 문제가 있다. 현재의 복지제도와 기본소득제를 병행하는 경우에는 복지제도의 통폐합에 대한 국민적인 저항감을 일단 피할 수 있으나, 궁극적으로 기본소득제가 당초 구상대로 확대되는 시점에서 복지제도를 통폐합하는 일은 불가능할 것으로 보인다.

생각해보라. 기존의 복지에 더해 기본소득을 받던 국민이 어느 날 갑

자기 복지제도를 줄이거나 없앤다고 할 때 선뜻 동의할 수 있을 것인지 말이다.

기존의 복지제도에서 지급되는 금액과 비슷한 수준의 금액을 지급하는 조건으로 복지제도를 정비하는 방안과 기존의 복지금액에 기본소득을 더해 지급하다가 복지금액을 어느 날 줄이겠다고 하는 방안 중 어떤 것이 더 실현 가능한가는 자세히 논의하지 않아도 쉽게 알 수 있는 일이다.[27]

근로장려세제와의 비교

근로장려세제(EITC: Earned Income Tax Credit)는 근로소득 또는 사업소득이 있는 저소득 가구를 대상으로 소득에 연계하여 근로장려금을 지급하는 환급형 세액공제제도이다. 이 제도는 미국에서 1975년에 처음 시행되었다. 그 이후 영국, 프랑스 등 선진국에서 순차적으로 도입되었으며 우리나라는 2008년에 도입되었다.

현재 우리나라에서 시행되고 있는 EITC는 다음과 같다. 적용 대상은 중위소득의 65%(유자녀 가구)에서 최대 100%(단독가구 기준)까지 포함된다. 신청 자격은 근로·사업·종교인 소득이 있는 가구로서 일정 소득·재산 요건을 모두 충족하는 가구이다. 최대 지급액은 150만 원(단독 가구), 260만 원(홑벌이 가구), 300만 원(맞벌이 가구)이다. 지급 주기는 상하반기 각 1회씩 연 2회 지급된다.

근로장려세제와 부의 소득세는 소득금액이 일정한 금액 이하인 소득자에게 제한적으로 보조금을 지급한다는 점에서는 일치한다. 차이점은

---

27 이재명 지사의 기본소득 구상안에서 구체적인 복지제도의 정비 방안에 대해 언급되어 있지 않아서, 향후 어떤 형태의 복지제도를 가져갈지에 대하여는 명확하지 않다.

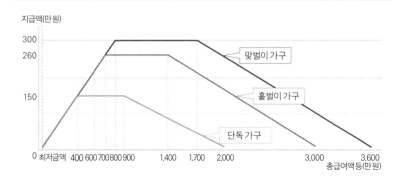

[그림 2-5] 근로장려세제 기본 모형

자료: 국세청 홈페이지

크게 기본소득의 보장 및 지급 단위에서 나타난다. 근로장려세제는 기본소득을 보장하지 않고 소득금액이 늘어나면 지급되는 보조금도 일정 구간까지는 늘어나는 반면, 부의 소득세는 기본소득을 보장하되 소득금액이 늘어나면 보조금이 줄어든다는 것이다. 지급 단위에 있어서도 근로장려세제는 가구 단위로 지급하는 반면, 부의 소득세는 개인 단위로 지급한다는 점에서 다르다. 결과적으로 재원 규모 면에서 부의 소득세는 근로장려세제에 비해 막대한 재원이 소요되는 대형 복지제도라 할 수 있다.

안심소득제와의 비교

박기성·변양규(2017)는 중위소득 이하의 소득을 가진 가구에 대해 소득수준에 따라 지원금을 달리하는 한국형 안심소득제를 제안했다. 제안 내용의 골자를 소개하면, 예를 들어 4인 가구 기준으로 연간 5,000만 원 미만인 가구에게 기준소득 5,000만 원과 인정소득 사이 차이의 40%를 지급하는 것이다. 가령 가구소득이 전혀 없는 경우에는 2,000만 원을 지급받게 되며, 가구소득이 3,000만 원이면 800만 원을 안심소득으로 지급받아 가구소득이 3,800만 원이 된다.

안심소득의 지급액은 연간 1가구당 평균 456만 원, 1인당 169만 원을 지원하는데 전체 가구 1,734만 가구 중 47.3%에 해당하는 약 818만 가구가 지원을 받을 수 있으며, 인구 기준으로는 약 48.3%에 달하는 2,212만 명이 된다. 추정 결과 총지원액은 약 37.3조 원의 재원이 필요한 것으로 제시되었다. 안심소득제의 도입과 함께 기초생활보장제도의 생계, 주거, 자활급여 및 국세청의 근로·자녀 장려금 등 각종 사회 수혜금을 대체하는 것으로 설계할 경우 약 24.8조 원의 예산이 소요된다고 전망하고 있다.

안심소득제는 특정 가구의 소득이 가구 규모를 감안하여 결정된 일정 수준 이하일 경우 그 격차의 일정 부분을 지원하는 것으로, 부의 소득세와 지향하는 바가 같다. 지급 단위를 개인으로 하느냐, 아니면 가구 단위로 하느냐의 차이일 뿐 제도 운용에는 크게 차이가 없는 것이다. 안심소득제는 경제적 동일체라 할 수 있는 가구 단위로 소득금액을 계산함으로써 가구별로 형평을 이루는 데는 더 우월하다. 그럼에도 부의 소득세에 비해 안심소득제는 일정 부분 한계를 지니고 있다.

부의 소득세는 제도 운영이 용이하고, 개인별 과세 방식을 취하고 있는 현행 소득세 제도의 변화 없이 그대로 적용할 수 있다. 개인별 특성에 맞게 지원 수준이 결정되므로 개인의 경제적 자유와 최소한의 생존권을 보장할 수 있다.

이에 비해 안심소득제는 가구 단위 지급 방식을 채택하고 있어 현행 소득세와 별도로 안심소득제도를 운용해야 하는 결과 제도 운용이 다소 복잡할 수 있으며, 가족해체나 도덕적인 문제를 낳을 수도 있다. 예를 들면 수급 요건을 갖추기 위해 소득이 있는 가구주와 가구원이 형식적으로 분리하거나 위장이혼을 하는 등의 부작용도 우려된다.

또한 기존의 복지제도를 크게 손대지 않는 만큼 현실적으로 수용성이 높은 장점은 있으나, 복지제도를 근본적으로 개혁하는 데 한계가 있다. 밀턴 프리드먼이 부의 소득세를 제기한 배경에는 저소득 계층에 대한 소득보장은 두텁게 하되, 복지제도를 단순화함으로써 효율성을 높이려는 데 주 목적이 있었다. 안심소득제는 그 지향하는 지점이 멀리 떨어져 있다고 볼 수 있다.

부의 소득세 도입 시 보완 또는 추가 논의가 필요한 과제

소득 파악 문제

부의 소득세를 정상적으로 운용하기 위해서는 소득을 정확하게 파악하는 일이 무엇보다 중요하다. 소득 파악이 제대로 되지 않으면 부적절한 지급이 되어 재원 낭비와 함께 불공평의 문제를 야기할 수 있기 때문이다.

소득은 크게 노동소득과 자산소득으로 구분된다. 대표적으로 근로소득이 노동소득에 해당된다면, 이자·배당·양도소득은 자산소득에 해당된다. 이에 비해 사업소득이나 연금소득은 노동과 자산이 결합되어 나타나는 소득이라 할 수 있다.

현행 소득세법에서는 소득 유형별로 과세 방식을 달리하고 있다.[28] 이

---

28 이자·배당·사업·근로·연금·기타소득은 종합과세하며, 퇴직소득과 양도소득은 분류과세한다.

자나 배당, 근로, 연금, 기타소득은 매 지급 시 세금을 원천징수한 후 연간 소득을 합산하여 종합과세한다. 사업소득도 보험 모집원의 집금수당과 같은 유형의 소득은 원천징수 후 종합과세한다. 원천징수제도를 활용하면 대부분의 소득을 실시간으로 파악하는 것이 가능하다.

소득 파악이 안 되거나 파악이 되더라도 과세 관청이 확인하기까지는 다소 시간이 걸리는 소득도 있다. 사업소득과 양도소득이 대표적이다. 예를 들어 부동산을 양도하는 경우에는 양도소득이 발생하게 된다. 부동산은 실거래 관행이 정착되어 있는 만큼 소득 파악에 어려움은 없으나, 일정 시간이 경과한 후에 신고하는 결과 소득을 실시간으로 파악하는 데는 한계가 있다.

현실적으로 가장 어려운 부분은 농민, 소규모 자영업자, 그리고 특수직 고용자 등 소득 파악의 사각지대에 있는 직종이다. 2020년부터 정부는 특수직 고용자에 대한 사회보험 가입 확대를 위해 소득 파악을 위한 제도 개선을 추진 중에 있다. 단기간에 완벽한 제도를 만들기는 어렵지만, 시간을 두고 이들 업종에 대한 소득 파악 방안을 마련해나간다면 소득 파악의 사각지대가 크게 줄어들게 될 것이다. 소득 파악 인프라의 확충과 함께 과세 관청의 행정적인 노력이 요구된다.

근로의욕 저하 문제

부의 소득세는 저소득층의 근로의욕을 저하시킬 수 있는 우려가 있다. 미국의 실험에서도 부분적으로 확인되었듯이 수급자의 노동시간 저하의 문제가 나타날 수 있는 것이다(85쪽 '타국의 시행 사례' 참조).

경제학자들은 소득이 근로에 미치는 영향을 소득효과와 대체효과로 설명한다. 소득효과는 소득의 변화에 따라 근로의 변화가 일어나는 효과이다. 매월 100만 원을 벌어서 생활하는 사람이 있다고 하자. 이 사람이 NIT 급여를 50만 원 받는다고 하면 50만 원만 벌어도 종전과 같은 생활을 영위할 수 있으므로 근로를 줄이려 할 수 있다. 이것이 소득효과이다. 소득의 증가는 대체로 근로의욕을 저하시키고 반대로 소득의 감소는 근로의욕을 불러일으킨다. 부의 소득세는 소득의 증가를 가져오게 되므로 근로의욕을 저하시키게 된다.

대체효과는 세금이 노동과 여가의 상대적 가치에 영향을 주는 효과이다. 소득이 증가하면 NIT 급여액은 절반으로 줄어들게 된다. 바꾸어 말하면 실질소득이 절반만 늘어나게 되는데 경제학적으로는 한계세율이 50%라고 한다. 한계세율에 따라 노동과 여가의 상대적 가치가 변화하는 것이 대체효과이다. 한계세율이 높을수록 노동에 비해 여가의 상대적 가치가 높아질 것이다. 즉 일을 하기보다는 여가를 즐기려 할 가능성이 점차 높아지게 된다는 의미다.

부의 소득세는 소득효과 면에서 당연히 근로에 부정적이다. 대체효과 역시 수급자들의 행태 변화에 따라 달라질 수는 있으나 50%의 한계세율은 결코 낮다고 볼 수는 없다. 결론적으로 부의 소득세는 근로의욕에 부정적 영향을 준다고 보아야 할 것이다.

그러나 현재의 복지제도와 비교해보면 상대적으로 근로의욕의 저하 문제는 덜하다고 볼 수 있다. 기초생활보장제도를 예를 들어보자. 기초생활보장제도는 가구별로 중위소득의 30% 수준까지 소득을 보장한다. 중위소득 30%에 미달하게 되면 그 차액을 생계급여로 지급하는 방식이다.

이 방식의 단점은 소득이 늘어나더라도 생계급여가 그만큼 줄어들어 실질소득이 전혀 증가하지 않는다는 것이다. 즉 한계세율이 100%인 셈이라서 근로유인이 전혀 없는 문제점이 있다.[29] 부의 소득세는 한계세율이 50%인 만큼 기초생활보장제도에 비해 근로의욕 저하 효과가 상대적으로 덜하다고 할 수 있다.

두 번째로, 미국의 실험 결과에 대해서도 수급자의 노동시간 저하의 문제가 나타났는데 이는 어느 정도 용인될 수준의 것이었다는 평가도 있다. 실험 결과는 표본 특성상 다소 과장되게 나타날 개연성이 있고, 실제 전국적 프로그램으로 확대했을 때에는 실험 결과에 비해 노동시간 감소가 적어서 무시할 수 있는 수준이라는 것이다.

정리하자면 부의 소득세는 일정 부분 근로에 부정적인 영향을 줄 수 있다. 하지만 이러한 영향은 모든 복지제도가 가지고 있다. 오히려 최근 들어 아무리 원해도 일자리를 제대로 구하지 못하는 경우가 점점 더 많아지는 것이 현실이라면 근로에 일부 부정적인 효과가 있다고 하더라도 필요한 복지 지출은 과감하게 늘릴 필요가 있다고 할 것이다.

부유한 계층에 대한 지원 문제

부의 소득세는 가구별 소득을 기준으로 시행할 수도 있고 개인별 소득을 기준으로 시행할 수도 있다. 여기서는 개인별 소득을 기준으로 시행하는 방안을 제시하고 있다. 개인별로 할 경우 재벌집 자녀들에게도 NIT 급여가 지급될 수 있으므로 형평에 어긋난다는 비판이 있을 수 있다. 그럼에도 개인별 소득을 기준으로 하는 이유는 다음과 같은 장점이 있기 때문이다.

무엇보다 개인별로 해야 결혼과 출산, 가족 구성에 대해 긍정적인 효

---

29 이러한 문제점을 보완하기 위해 근로소득공제제도를 두고 있으나, 공제율이 30%에 불과하여 근로유인 효과는 미미하다.

과가 나타난다. 부의 소득세는 대한민국 5,000만 국민을 대상으로 하는 제도이다. 구성원들은 다양한 형태로 부의 소득세에 반응하게 될 것이다. 특히 기준소득의 경계구간 근처에 있는 소득 계층에서는 NIT 급여를 지급받기 위한 노력을 더 할 가능성이 있다. 월소득이 200만 원인 가장 1인과 소득이 없는 배우자, 그리고 자녀 2인이 있는 가정을 예를 들어보자. 가구 단위로 지급을 결정하게 된다면 어떤 행태가 나타나게 될까? 아마 형식적으로 가구를 분리하거나[30] 가장이 근로를 포기하는 등의 현상이 나타날 가능성이 많다.[31]

반대로 개인별 소득을 기준으로 할 경우에는 그럴 필요가 없다. 오히려 가족이 많을수록 NIT 급여가 많아지므로 결혼과 출산이 유리하다. 부의 소득세 도입으로 가족이 형식적이나마 해체되는 결과가 되는 것은 절대로 일어나서는 안 된다. 결혼과 출산에 유리하게 만드는 것이 무엇보다 중요할 수 있다.

둘째, 우리나라 소득세 체계는 개인별로 되어 있으므로 부의 소득세도 개인별로 도입해야 제도 간 충돌이 없다. 부의 소득세만 가구 기준으로 할 경우에는 제도를 전면적으로 고쳐야 하고 큰 혼선이 발생할 수 있다. 예를 들어 개인별 기준으로 부의 소득세를 도입할 경우 인적공제를 폐지해도 큰 문제가 없다. 인적공제가 폐지되더라도 소득이 부족한 가구 구성

---

30 소득이 없는 배우자와 자식, 그리고 소득이 있는 배우자가 형식적으로 가구 분리를 하고 소득이 없는 배우자와 자식 명의로 NIT 급여를 받으면서 실제 생활은 함께 하는 것이다. NIT 급여액이 1인당 월 50만 원이라면 2명의 자식과 배우자는 총 150만 원을 받을 수 있고, 가장의 소득 200만 원과 NIT 급여 150만 원을 합하게 되면 350만 원의 월소득이 예상되는 만큼 충분히 가능성이 있는 시나리오이다.

31 가장의 소득 200만 원은 전체 가구의 NIT 급여액 200만 원과 같다. 가장이 일을 하든 하지 않든 가구의 소득이 같다면 가장은 일을 하지 않거나 소득을 숨기려 할 가능성이 높아진다. 결과적으로 전체 사회 구성원의 근로의욕을 현저히 저하시키거나 경제활동이 지하 경제화하는 방향으로 움직일 가능성이 많아지게 된다.

원 모두가 바로 NIT 급여 대상이 되기 때문이다. 부의 소득세가 인적공제를 바로 대체하게 된다는 것이다. 하지만 만약 부의 소득세를 가구 기준으로 도입한다면 인적공제를 폐지하는 것이 매우 복잡해진다. 가장의 소득수준에 따라 소득이 부족한 가구 구성원이 NIT 급여 대상이 될 수도 있고 그렇지 않을 수도 있기 때문이다.

또 하나, 고민되는 문제는 고액 재산가에 대한 NIT 급여 지급이다. 현행 복지제도는 상당 부분 가구의 소득(소득 인정액 포함)을 기준으로 복지급여를 결정하므로 재산 유무가 영향을 주게 된다. 반면 부의 소득세 모형에서는 재산 유무는 NIT 급여에 영향을 주지 않는다. 따라서 재산이 많더라도 소득이 없다면 NIT 급여를 받을 수 있게 되는데 '왜 부자들에게 NIT 급여를 지급해야 하는가?' 하는 의문이 제기될 것이다.

그러나 생각해보자.

우선 소득과 재산은 다르다. 소득이 플로우의 개념이라면 재산은 스톡의 개념이고 그 형태도 예금부터 부동산까지 다양하다. 재산이 아무리 많아도 소득이 없다면 당장의 생활을 영위하기 어려워질 수도 있다. 부의 소득세에서 소득만을 기준으로 판단하려는 이유가 여기에 있다. 개인의 소득보장을 기본으로 하는 정책 목적상 굳이 재산 유무를 따지지 말자는 것이다.

두 번째로 현실적인 문제이다. 현행 복지제도에서는 소득 인정액이라는 장치를 통해 자산을 소득으로 환산하여 복지급여를 결정하고 있다.[32] 소득 인정액은 엄밀히 말하면 소득은 아니다. 소득 인정액으로 인해 생활을 영위할 수 있는 소득이 전혀 없음에도 생계급여를 받지 못한다는

---

32 소득 인정액 환산율은 재산의 형태에 따라 네 가지로 나뉜다. 주거용 재산(환산율 1.04%), 일반재산(환산율 4.17%), 금융재산(환산율 6.26%), 자동차(환산율 100%)

비판이 제기되기도 한다. 또한 복지급여를 받기 위해 재산을 숨기거나 타인 명의로 돌려놓은 사례도 나타나고 있고, 더 나아가 저소득층의 재산 축적을 기피하는 부작용도 낳게 된다. 이러한 이유로 현행 복지제도에서도 소득 인정액의 기준을 점차 완화해나가고 있음을 반면교사로 삼을 필요가 있다.

[참고1] 부의 소득세 세부 검토 과제

① 지급 단위: 가구 기준 vs. 개인 기준

□ 현행 소득세 과세 단위: 개인 단위

  ○ 개인별로 소득금액을 합산하여 과세하는 방식

  ○ 주요국 사례

    - 개인 단위: 영국, 일본, 캐나다

    - 부부 단위: 미국·독일(부부과세 선택), 프랑스(가구 단위)

□ 가구 단위 방식

  ○ 장점

    - 경제적 공동체인 가구 단위로 소득 지원이 이루어짐으로써 형평성 담보
      (동일 소득가구 동일 소득 지원)

    - 가구 단위 기준을 적용하는 기초생활보장제도 등 기존의 사회보장제도
      와 정합성 유지 가능

  ○ 단점: 개인 단위 과세 방식을 취하고 있는 소득세 제도와 충돌, 소득세 과
    세 방식을 전면 재편해야 하는 문제

□ 개인 단위 방식

  ○ 장점: 소득세 과세 방식의 유지 가능

  ○ 단점: 가구 단위 소득 지원에 비해 불형평 소지(고소득 가구임에도 소득이 없
    는 배우자, 자녀 지원에 대한 비판)

□ 종합 검토: 개인 단위 방식 적용

  ○ 개인별 특성에 맞추어 지원이 결정되므로 개인의 경제적 자유와 최소한의
    생존권 보장에 적합, 아동수당이나 기초연금 등 다양한 사회복지제도를
    흡수 통합하는 데 유리

②-1. 지급 대상: 전 국민 vs. 생산가능인구

□ 전 국민 대상
  ○ 장점
    - 부의 소득세 중심의 소득보장제도 운용 가능
    - 사회보장제도의 상당 부분 흡수
    * 흡수 가능 사회보장제도: 사회보험(고용, 산재), 사회수당(노후, 장애, 아동, 근
      로연령), 사회부조(기초생보-생계)
  ○ 단점: 소요 재원 막대

□ 생산가능인구 대상
  ○ 장점
    - 기존의 제도를 크게 변화시키지 않고 제도 도입 가능
      (15세 미만은 아동수당, CTC와 같은 기존 제도로 지원)
    - 소요 재원이 상대적으로 적음
  ○ 단점: 사회보장 지원 사각지대 상존

□ 종합 검토: 전 국민 대상
  ○ 국민에게 기본소득을 보장하려는 소득지원제도의 취지에 부합

②-2. 지급 대상: 전 세계 대한민국 국민 vs. 국내 거주 국민

□ 전 세계 대한민국 국민
  ○ 장점: 해외 거주자 소득보장을 통해 제도의 보편성 담보
  ○ 단점: 세금을 납부하지 않는 국민(고소득자 포함) 지원 문제

□ 국내 거주 국민
  ○ 장점: 제도 운용이 간편

○ 단점: 보편적 소득보장제도의 기본 취지와 배치

□ 종합 검토: 해외 거주 국민 중 국내 소득세 납부자 포함

○ 소득세를 납부하지 않는 비거주자까지 지원하는 것은 지나침

②-3. 지급 대상: 국내 거주 외국인 포함 vs. 배제

* 대상 인원(2019년 말 현재 177.9만 명)

□ 외국인 포함

○ 장점: 인간 평등의 보편 철학에 부합

○ 단점: 국민의 행복추구권과 사회권 보장의 헌법 가치에 비추어 과도한 지
    원, 재정 부담 과중

□ 외국인 배제

○ 장점: 재정 부담 최소화

○ 단점: 부의 소득세제의 기본 철학(인간 평등)에 흠결
    외국인과 내국인의 이원적인 소득세제 운용

□ 종합 검토: 외국인 배제

○ 현행 사회보장제도에서도 외국인은 적용 대상에서 제외

③ 적용 세목: 소득세(국세) vs. 지방소득세 포함

□ 소득세(국세)에 한정

○ 장점: 지방정부의 재정 부담 최소화

○ 단점: 지방소득세와의 조화 곤란

□ 지방소득세 포함

　○ 장점: 국세와 지방세의 통일적 운용 가능

　○ 단점: 지방정부 재정 부담, 복수 급여체계의 비효율 예상

□ 종합 검토: 지방소득세 포함

　○ 국세인 소득세와 지방소득세의 제도 운용상 정합성을 유지하는 차원에서
　　지방소득세를 포함하여 동일하게 운용

　　예: 월 50만 원 지급(국세 45만 원, 지방세 5만 원)

④-1. 최대 지급액: 중위소득 30%(월 50만 원) vs. 중위소득 15%(월 25만 원)

□ 중위소득 30%

　○ 장점: 기초생활보장제도*와 동일수준 유지 가능

　　* 생계급여: 중위소득 30%, 의료급여: 40%, 주거급여: 45%, 교육급여:
　　　50%

　　** 중위소득(2020): 1인 가구(1,827,000원), 2인 가구(3,088,000원), 3인 가구
　　　(3,984,000원), 4인 가구(4,876,000원)

　○ 단점: 막대한 재정 부담

□ 중위소득 15%(향후 재정 여건에 따라 연차적으로 인상)

　○ 장점: 초기 단계 재정 부담 완화

　○ 단점: 기초생활보장제도와 통합 어려움

□ 종합 검토: 중위소득 30%

　○ 기초생활보장제도(생계급여)와 통합하는 차원에서 중위소득 30% 지급

④-2. 최대 지급액: 18세 이하 연령층 차등지급

□ 최대 지급액의 60%(월 30만 원) 지급
  ○ 장점: 예산 절감 및 부모 의존 상황에서 실질 수요에 맞는 지원
  ○ 단점: 보편 지급 원칙과의 상충

□ 최대 지급액 동일 지급
  ○ 장점: 보편 지급 원칙에 충실
  ○ 단점: 재원 부담

□ 종합 검토: 최대 지급액 60% 지급

⑤ 부의 소득세율: 기본세율과 다른 세율(50%) vs. 동일 세율

□ 기본세율과 다른 세율(50%) 적용, 기준점 초과 소득은 기본세율(15~45%) 적용
  ○ 장점: 적용 대상 최소화 및 재정 부담 축소
  ○ 단점: 세율 체계의 이원화로 제도가 복잡

[표 2-15] 소득 구간별 소득세

①연소득	②NIT	③소득세	④납부금액	⑤실소득(①-④)
0원	△600만 원[1]	-	△600만 원	600만 원
600만 원	△300만 원	-	△300만 원	900만 원
1,200만 원	0	-	0원	1,200만 원
4,600만 원	-	510만 원[2]	510만 원	4,190만 원
8,800만 원	-	1,518만 원[3]	1,518만 원	7,282만 원
15,000만 원	-	3,006만 원	3,006만 원	11,994만 원
30,000만 원	-	8,256만 원	8,256만 원	21,744만 원
50,000만 원	-	16,256만 원	16,256만 원	33,744만 원

주1. 계산 사례: △1,200만 원(0-1,200) × 50%
주2. 계산 사례: 3,400만 원(4,600-1,200) × 15%
주3. 계산 사례: 510만 원 + 4,200만 원(8,800-4,600) × 24%

□ 기본세율과 동일 세율(6~45%) 적용

  ○ 장점: 세율 체계의 일원화로 제도가 단순

  ○ 단점

    - 기준점이 대폭 상향(연 4,675만 원)됨에 따라 적용 대상이 크게 증가하고 재정 부담도 많아짐

    - 기준점 초과 고소득자에게도 기본소득이 보장됨에 따른 과다 지원. 사실상 기본소득과 동일

[표 2-16] 소득 구간별 소득세

① 연소득	② NIT	③ 소득세	④ 납부금액	⑤ 실소득(①-④)
0원	△600만 원	0	△600만 원	600만 원
600만 원	△600만 원	36만 원	△564만 원	1,164만 원
1,200만 원	△600만 원	72만 원[1]	△528만 원	1,728만 원
4,600만 원	△600만 원	582만 원	△18만 원	4,618만 원
4,675만 원	△600만 원	600만 원[2]		
8,800만 원	△600만 원	1,518만 원	1,518만 원	7,282만 원
15,000만 원	△600만 원	3,006만 원	3,006만 원	11,994만 원
30,000만 원	△600만 원	8,256만 원	8,256만 원	21,744만 원
50,000만 원	△600만 원	16,256만 원	16,256만 원	33,744만 원

주1. 계산 사례: 1,200만 원 × 6%
주2. 1,200만 원×6% + 3,400만 원×15% + 75만 원×24%

□ 종합 검토: 기본세율과 다른 세율(50%) 적용

  ○ 적용 대상을 최소화하고, 기준점 초과 소득자에 대한 지원을 최소한(경감세액 72만 원)으로 줄이는 차원에서 50% 세율 적용

⑥-1. 소득의 범위: 모든 소득 포함 vs. 일정 소득으로 제한

☐ 소득은 크게 노동 관련 소득과 자산 관련 소득으로 구분, 노동 관련 소득도 지속성이 있는 소득과 일시적인 소득으로 구분

소득 유형		노동 관련		자산 관련	
		일시적	지속적	일시적	지속적
종합소득	이자소득			○	
	배당소득			○	
	사업소득		○		
	근로소득	○	○		
	연금소득		○		
	기타소득	○		○	
퇴직소득		○			
양도소득	부동산			○	
	금융자산			○	

○ 소득에 따라 합산하여 종합과세하거나 유형별로 분류과세

  * 종합소득·퇴직소득·양도소득: 6~45%, 주식 양도소득: 10~35%

  - 종합과세: 이자·배당·사업·근로·연금·기타소득 등 6개의 소득

  * 이자, 배당, 사적연금, 일용근로소득, 기타소득 중 소액은 원천징수(분리 과세)로 종결

  - 분류과세: 퇴직·양도소득

☐ 모든 소득 포함(연금소득 별도 논의)

  ○ 장점: 모든 소득에 대해 적용함으로써 소득자 간 형평 유지

  ○ 단점: 행정 부담 과중. 일시적인 소득에 대한 소득 파악 시차로 인해 부의 소득세 선 지급 후 추가정산 문제 등 발생

□ 일정 소득(종합소득)으로 제한

　○ 장점: 행정 부담 완화 및 제도 단순화(분류과세 대상은 종합과세 대상과 통합하여 세금 계산 곤란)

　○ 단점: 소득 유형 간 불형평의 문제(부자인 자산소득자에게 부의 소득세가 지급되어 불공평 심화)

□ 종합 검토: 모든 소득 포함

　○ 제도를 단순화하고 최대한 공평을 확보하는 차원에서 모든 소득을 고려 대상에 포함

　○ 양도소득과 같이 국세청이 실시간으로 파악하기 어려운 경우에는 부의 소득세가 선지급되는 문제가 예상되나 추후 지급되는 금액에서 공제함으로써 해결

⑥-2. 소득의 범위: 연금소득 포함 vs. 연금소득 제외

□ 연금과세제도

　○ 연금은 기여금 또는 연금보험료를 불입한 후 정기적으로 일정액의 금전을 지급받는 것, 연금소득에는 기여금과 운용수익이 포함

　○ 연금에는 공적연금과 사적연금으로 구분
　　- 공적연금: 국민연금과 특수직역 연금(공무원·사학·군인연금)
　　- 사적연금: 퇴직연금과 연금저축

　○ 현행 연금세제는 두 가지 형태(EET 방식과 TTE 방식)로 과세
　　- EET 방식: 불입 단계(기여금 공제), 운영 단계(운영수익 면세), 수령 단계(기여금 포함 과세)*
　　　* 연금소득공제(10~100%, 900만 원 한도) 후 종합과세

(1,200만 원 이하 사적연금은 분리과세)

- TTE 방식: 불입 단계(기여금 불공제), 운영 단계(운영수익 과세), 수령 단계

  (비과세)

- 공적연금과 사적연금 중 적격 연금저축은 EET 방식, 기타 사적연금은

  TTE 방식으로 과세

o 부의 소득세 지급 시 EET 방식으로 과세되는 연금소득 중 기여금 상당액

  을 소득으로 인식할 것인지 여부가 쟁점

□ 기여금 상당액도 소득으로 포함

  o 장점: 현행 연금세제와의 정합성 유지 가능, 제도 운용이 단순

  o 단점: 기여금은 소득과는 차이가 있다는 상식과의 충돌

□ 기여금 상당액은 소득에서 제외

  o 장점: 기여금은 소득이 아니라는 상식에 부합

  o 단점: 기여금을 연금소득으로 인식하는 현행 연금세제와 충돌

□ 종합 검토: 기여금 상당액도 소득으로 포함

  o 기여금은 당초 불입 시 소득공제를 받는 대신 수령 단계에서 소득으로 인

  식하는 것. 불입 단계에서 소득의 감소가 있었음

  o 기여금 불입 시 소득 감소로 부의 소득세 지급액 증가도 있음을 감안

⑥-3. 소득의 범위: 비과세 소득의 포함 여부

□ 소득세법상 비과세소득

  o 농업소득 및 농가부업소득

  o 비과세 금융상품 운용수익

  o 파생상품 양도차익

○ 연금소득

  - 공무원연금법에 의한 유족연금, 장애연금, 장해연금, 상이연금, 연계노령
    유족연금 또는 연계퇴직유족연금

  - 산업재해보상법에 의한 각종 연금

  - 국군포로 송환 및 대우 등에 관한 법률에 의한 국군 포로가 받는 연금 등

○ 기타소득: 직무발명보상금

○ 퇴직소득

  - 국민연금법에 의한 반환 일시금·사망 일시금

  - 공무원연금법 등에 의한 요양비·요양 일시금·장해 보상금·사망 조위
    금·사망 보상금 등

○ 양도소득: 8년 자경농지 양도차익, 1세대 1주택 양도소득

□ 종합 검토: NIT 수령 구간(1,200만 원 이하)에서 보조금은 소득으로 인식하되
1,200만 원 초과 금액은 소득세를 부과하지 않음(상세 내용 추가검토 필요)

⑥-4. 예금 등 자산의 소득 인정액 적용 여부: 적용 vs. 제외

□ 기초생활보장제도에서의 예금 등 자산의 소득인정제도

  ○ 국민기초생활보장법상의 수급자 선정 기준은 '소득 인정액'을 활용

    - 소득 인정액 = 소득평가액* + 재산의 소득 환산액**

      * 소득 평가액 = 실제소득 – 가구 특성별 지출비용 – 근로소득공제

      ** 재산의 소득 환산액 = (재산의 종류별 가액 – 기본 재산액 – 부채) × 재산
        의 종류별 소득 환산율

□ 소득 인정액 적용

  ○ 장점: 일정 자산 이상의 부유층에 대한 지원 배제

  ○ 단점: 제도가 복잡해지고 개인별 최저소득보장의 취지와 충돌

□ 소득 인정액 배제

    ○ 장점: 제도 단순 및 집행 용이, 부의 소득세 기본 취지에 부합

    ○ 단점: 부유층 지원이라는 비판

□ 종합 검토: 소득 인정액 배제

    ○ 주요 대상이 은퇴 후 소득이 없는 노인 계층임을 감안할 때 소득 지원의 필요성 충분

    ○ 자산 보유자는 자산의 축적, 운용 및 보유 단계에서 일정 부분 세금 부담을 하고 있음을 감안

⑦-1. 기존 조세 제도의 정비: 소득공제제도

□ 현행 소득공제제도

    ○ 소득공제제도에는 근로소득공제, 인적공제, 특별소득공제, 특별세액공제가 있음

    ○ 근로소득공제: 소득금액에 따라 2~70%를 공제

    ○ 인적공제: 기본공제(1인당 100만 원)와 추가공제(장애인, 경로자 등)

    ○ 특별공제: 연금보험료 공제 등

    ○ 특별세액공제: 자녀세액공제, 의료비·교육비 등 공제

□ 정비 대상 공제항목

    ○ 인적공제: 부의 소득세에서 기본소득을 보장하는 만큼 기본공제와 추가공제 폐지

    ○ 특별세액공제: 부의 소득세에서 자녀에 대하여도 기본소득을 보장하는 만큼 자녀세액공제 폐지, 나머지는 유지

    ○ 근로소득공제와 특별공제

      - 근로소득공제는 특별공제와 이중공제의 측면이 있고, 부의 소득세와도 중복지원의 성격이 있으므로 폐지

- 근로소득공제 폐지는 이중의 재원 절감 효과(소득 증가에 따른 세수증가 효과, 부의 소득세 지급 감소에 따른 세수증가 효과)

⑦-2. 기존 조세제도의 정비: EITC 제도

□ EITC 제도 개요

○ 연간 소득금액 3,600만 원(맞벌이 가구 기준) 미만 가구를 대상으로 연간 300만 원까지 지급

○ 저소득 근로가구의 소득 지원 및 근로의욕 제고 목적

○ 소득금액의 증가에 따라 지급금액이 변화(점증, 평탄, 점감 구간)

○ 2019년 기준 지급 인원(383만 가구) 및 지급 규모(4.3조 원)

[그림 2-6] 근로장려세제 기본 모형

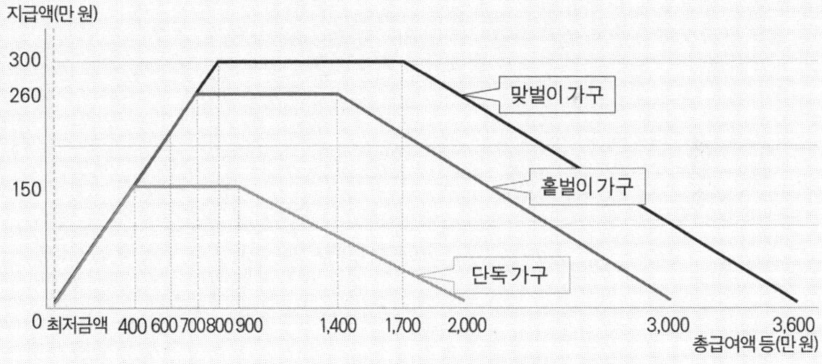

자료: 국세청 홈페이지

□ EITC 유지

○ EITC 제도는 가구 단위 과세 방식이고 지원 대상도 다름

EITC와의 중복지원 방지를 위해 EITC에서 부의 소득세 공제

□ EITC 정비

   ○ 부의 소득세를 통해 기본소득을 보장하는 만큼 추가 지원 불필요. 제도
     단순화 및 재원 절감 차원에서 정비

□ 종합 검토: EITC 정비

   ○ 제도 단순화와 함께 EITC 재원을 부의 소득세 재원으로 활용

⑦-3. 기존 조세제도의 정비: CTC(Child Tax Credit) 제도

□ CTC 제도 개요

   ○ 만 18세 미만 부양 자녀가 있는 연간 소득금액 4,000만 원 미만 가구를
     대상으로 연간 자녀 1인당 70만 원까지 지급

   ○ 저소득 가구의 자녀 양육비 지원 목적

   ○ 소득금액의 증가에 따라 지급금액 변화(평탄, 점감 구간)

   ○ 2019년 기준 지급 인원(85만 가구) 및 지급 규모(7,270억 원)

□ 종합 검토: CTC 제도 정비

[그림 2-7] 자녀세액공제제도 기본 모형

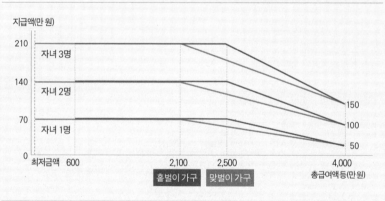

○ 자녀들에게도 부의 소득세를 통해 기본소득이 보장되는 만큼 중복지원 방지 차원에서 제도 폐지

⑧-1. 기타: 소득금액의 파악

□ 기획재정부를 중심으로 비전형 근로자 고용보험 가입 확대 차원에서 소득 파악 작업을 진행 중에 있는 만큼 그 추진 성과 활용

⑧-2. 기타: 사회보장제도와의 조화(별도 논의)

□ 기본 방향
  ○ 기존의 사회보장제도 중 부의 소득세와 유사한 기능을 지닌 다양한 소득 지원제도는 부의 소득세로 통합

□ 통합 대상(예시)
  ○ 사회수당: 기초연금, 아동수당
  ○ 사회부조: 기초생활보장(생계급여)
  ○ 사회 서비스: 노인돌봄, 지역 자율형 서비스, 아동돌봄 서비스 등
  ○ 사회보험: 고용보험(소득보장), 산재보험(소득보장)

[참고2] 부의 소득세 제도 모형

□ 기본 모형

○ 소득이 없는 개인에 대하여는 600만 원(월 50만 원)의 부의 소득세를 지급
하고 1,200만 원이 되는 소득 구간에서 지급 중단

– 18세 이하 연령층은 360만 원(월 30만 원)의 부의 소득세 지급

○ 소득세는 부(不)의 소득세와 정(正)의 소득세를 합산하여 결정

① 부의 소득세(1,200만 원 이하): 세율(50%) × 과세소득(실제소득-1,200만 원)

② 소득세(1,200만 원 초과): 세율(15~42%)* × 과세소득(실제소득-1,200만 원)

* 1,200만 원 이상 소득자만 소득세 대상이므로 6% 구간 삭제

[표 2-17] 소득 구간별 소득세

연소득	①부의소득세	②소득세	납부금액(①+②)
0원	△600만 원	0원	△600만 원
600만 원	△600만 원	300만 원	△300만 원
1,200만 원	△600만 원	600만 원	0원
4,600만 원	-	510만 원[1]	510만 원
8,800만 원	-	1,518만 원[2]	1,518만 원
15,000만 원	-	3,006만 원	3,006만 원
30,000만 원	-	8,256만 원	8,256만 원
50,000만 원	-	16,256만 원	16,256만 원

주1. 계산 사례: 3,400만 원(4,600-1,200) × 15%
주2. 계산 사례: 510만 원 + 4,200만 원(8,800-4,600) × 24%

○ NIT 지급액에서 국민연금 소득 분배분*은 중복지원 배제 차원에서 공제
후 지급

* 국민연금액 균등 부문(소득 분배 목적으로 국민연금 가입자 전체 소득을 반영
하여 계산)

□ 적용 대상: 전 국민(내국인) 5,000만 명

○ 주요 대상: 2,745만 명 (내국인 중 비경제활동인구와 저소득층)

- 비경제활동인구: 1,700만 명(육아, 가사, 재학·수강, 연로, 심신장애 등)

- 경제활동인구중 저소득층: 1,045만 명

· 실업자(103만 명), 무급가족 종사자(118만 명)

· 면세자: 825만 명(근로소득자 750만 명, 사업소득자 75만 명)

○ 보조 대상: 2,450만 명(소득세 과세 근로소득자와 사업소득자)

- 1,200만 원 이하 소득자: 525만 명

- 1,200만 원 초과 소득자: 1,900만 명

□ 지급 방식: 매월 지급 후 1년 단위 정산

□ 소요재원: 172.7조~133.3조 원

(1안) 현행 제도 유지: 172.7조 원

○ 전액 지원 대상: 143.2조 원

- 19세 이상*: 1,906만 명 × 600만 원 = 114.4조 원

- 18세 이하: 829만 명 × 360만 원 = 29.8조 원

*비경제활동인구, 경제활동인구 중 면세점 이하 저소득층

○ 부분 지원 대상(경제활동인구 중 면세점 초과 소득층): 29.5조 원

- 1,200만 원 이하 소득자: 525만 명 × 300만 원 = 15.8조 원

- 1,200만 원 초과 소득자: 1,900만 명 × 72만 원 = 13.7조 원

(2안) 인적공제 폐지 + 근로소득공제 축소(50%): 149.9조 원

○ 전액 지원 대상: 112.7조 원

- 19세 이상*: 1,381만 명 × 600만 원 = 82.9조 원

- 18세 이하: 829만 명 × 360만 원 = 29.8조 원

  * 인적공제 폐지와 근로소득공제 축소로 면세점 이하 저소득층 인구

  525만 명(근로소득자 $\frac{3}{5}$, 사업소득자 $\frac{2}{5}$) 감소 가정

○ 부분지원 대상(경제활동인구 중 면세점 초과 소득층): 37.2조 원

- 1,200만 원 이하 소득자: 700만 명 × 300만 원 = 21.0조 원

  * 인적공제 폐지와 근로소득공제 축소로 1,200만 원 이하 저소득층 인

  구 중 근로소득자 $\frac{3}{5}$, 사업소득자 $\frac{1}{5}$ 감소 가정

- 1,200만 원 초과 소득자: 2,250만 명 × 72만 원 = 16.2조 원

(3안) 인적공제 폐지 + 근로소득공제 폐지: 133.3조 원

○ 전액 지원 대상: 94.7조 원

- 19세 이상*: 1,081만 명 × 600만 원 = 64.9조 원

- 18세 이하: 829만 명 × 360만 원 = 29.8조 원

  * 인적공제 폐지와 근로소득공제 축소로 면세점 이하 저소득층 인구

  625만 명(근로소득자, 사업소득자 $\frac{1}{2}$) 감소 가정

○ 부분지원 대상(경제활동인구 중 면세점 초과 소득층): 38.6조 원

- 1,200만 원 이하 소득자: 730만 명 × 300만 원 = 21.9조 원

  * 인적공제 폐지와 근로소득공제 축소로 1,200만 원 이하 저소득층 인

  구 중 근로소득자, 사업소득자 $\frac{1}{2}$ 감소 가정

- 1,200만 원 초과 소득자: 2,320만 명 × 72만 원 = 16.7조 원

□ 소득세 제도 정비에 따른 세수 효과: 36.2조 원

　○ 인적공제 폐지: 5.9조 원(근로자 5.5조 원, 사업소득자 0.4조 원)

　○ 근로소득공제 폐지: 22.5조 원(실효세율 3%p 증가 효과)

　○ 근로소득세액공제 폐지: 7.2조 원

　○ 자녀세액공제 폐지: 0.6조 원

[참고3] 주요 국가의 복지 개혁 사례

① 영국의 복지제도 개혁(Universal Credit)

□ 복지제도 개혁 배경

　○ 복잡하고 다양한 복지 지원 방식으로 낮은 근로유인 효과, 제도 복잡성 및
　　행정비용의 과다, 복지비용과 빈곤 증가의 악순환 초래

　○ 사회복지제도의 통합을 통해 단순하면서도 일관된 복지 지원을 제공함으
　　로써 효율적이고 안정적인 복지 지원 강구

□ Universal Credit(보편적 세액공제) 제도 개요

　○ 기존의 저소득 가구 근로연령 계층을 위한 6개 급여제도*를 통합한 세액공
　　제제도
　　* Working Tax Credit, Child Tax Credit, Housing Benefit, Income
　　　Support, income-based Jobseeker's Allowance and income-
　　　related Employment and Support Allowance

　　- 기본공제와 추가급여(아이, 장애, 주택과 보호)로 구성

　○ 월별 소득을 기준으로 세액공제금액 매월 지급(원천징수 시스템 활용), 근로
　　연금부에서 관리

　○ 2013년 4월 1일 애스턴 지역에서 최초 시행, 전국적인 시행은 행정상의 문
　　제 등을 이유로 2017년에서 2023년 말로 연기

○ 제도의 단순화로 수혜 계층은 자격 해당 여부, 소득에 따른 급여의 변화를
  쉽게 인식 가능

□ 세부 내용

○ 적용 대상: 중위소득 이하 가구로서 고용 노력 조건 충족
  - 일반 가구: 적극적 구직 노력
  - 제한된 근로 능력이 있는 장애인 등: 근로 준비 노력
  - 유자녀(1~5세) 편부모 또는 보호가정 가장: 고용시장과 지속연계 노력
  - 근로 무능력 장애인·보호가정, 1세 이하 유자녀 편부모 또는 보호가정
    의 가장: 조건 없음

○ 적용 단위: 가구 기준

○ 보장소득: 가구 형태에 따라 다양

○ 무시소득 및 점감률: 65%
  - 부부: £3,000 plus £2,700 유자녀 가정
  - 편부모: £5,000 plus £2,700 유자녀 가정
  - 장애: £7,000

□ 제도 도입 효과(2010년, 영국 근로연금부에 의한 추정)

○ 저소득 계층 소득 증가 효과
  - 1분위(하위 10%) 계층: 주당 £2.40 소득 증가(+1.5%)
  - 2분위(하위 20%) 계층: 주당 £3.60 소득 증가(+약1%)

○ 행정비용 절감 효과: 매년 5억 £ 이상, 허위 또는 오류 신고 감소

○ 기타 효과: 건강과 복지 증가, 교육 성취도 개선, 범죄 및 반사회적 행동 감소

② 핀란드의 복지제도 개혁 실험(기본소득제)[33]

□ 실험 배경: 기존 복지제도의 낮은 근로유인 효과, 플랫폼 경제의 출현 등 근로
환경 변화에 대응 곤란 등 문제점 인식

□ 실험 개요

○ 실험 목표
- 변화하는 노동시장에 걸맞은 사회보장제도 구성
- 경제활동 참여 촉진 및 노동유인 제공
- 행정비용의 완화 및 사회급부 체계의 단순화 여부

○ 실험 기간 및 지역: 2년(2017~2018년), 전국

○ 실험 대상: 2,000명(25~58세의 실업급여 수혜자)

○ 기본 소득수준: 매월 560유로(면세)

□ 실험 결과의 평가

○ 고용 효과: 큰 변화 없음
- 반대론자는 고용이 증대하지 않았다는 점에서 부정적 평가
- 찬성론자는 노동의욕 저하 효과가 없었다는 점에서 긍정적 평가

---

33 유영성 외, 모두의 경제적 자유를 위한 기본소득, 317-325쪽.

○ 웰빙 효과: 삶의 만족도, 신뢰, 미래에 대한 자신감, 건강, 재정 상태에 대한 만족도, 스트레스, 관료제에 대한 태도, 기본소득에 대한 태도 등 전반적으로 긍정적 변화

※ OECD(2018): 기본소득보다 Universal Credit 제도가 효과적[34]

---

34 Jon Pareliussen, Hyunjeong Hwang(2018), Benefit reform for employment and equal opportunity in Finland, OECD Economics Department Working Papers No. 1467, p.35.

재정 구조조정을 통한 재원 확보

부의 소득세제 도입의 재정적 의의

부의 소득세제는 대한민국 모든 국민에게 기본 생활을 영위할 수 있는 소득인 최저보장소득(600만 원, 월 50만 원)을 보장해주고 일정 소득(1,200만 원, 월 100만 원)까지 소득이 증가함에 따라 소득세를 환급하는 형태로 현금급여를 보충 지급하는 제도이다. 이를 도입하기 위해서는 직간접적으로 관련되는 사회복지제도 전반에 대한 근본적인 검토와 변화가 필요하며 막대한 재원을 마련하는 과정에서 대대적인 재정 구조조정이 불가피할 것이다.

부의 소득세제는 이론상 모든 국민을 대상으로 하는 제도인 만큼 대상자를 엄격하게 제한하여 운영돼온 그동안의 차상위 계층 등 저소득층에 대한 사회복지지원제도와 구별된다. 먼저 기존 제도의 경우 한정된 재원으로 다양한 지원제도를 운영하는 과정에서 1인당 지원 규모가 충분하지 못하고 지원 대상자를 엄격히 제한할 수밖에 없어서 지원을 받아야 함에도 사실상 지원을 받지 못하는 소위 사각지대가 발생한 단점이 있어왔다. 부의 소득세제는 이러한 단점을 극복하는 제도로서 기능할 것으로 기대된다.

또한 기존 사회복지제도는 지원 대상자의 선정, 전달 체계, 관리기관 등 처음부터 끝까지 각 부처별로 복잡다단한 제도를 통해 이루어진 관계로 지원 대상자뿐만 아니라 업무를 담당하는 담당자도 그 전모를 파악하기가 쉽지 않다. 부의 소득세제는 모든 과정을 국세청에서 세금 환급 방식을 통해 지원하는 제도이므로 상대적으로 제도 운영이 투명하게 이루어질 뿐만 아니라 제도 운영을 위한 조직과 인력도 최소한으로 그칠 수 있게 해준다.

무엇보다도 그동안 여러 가지 이유에서 도입된 각종 제도와 정책을 부의 소득세제 도입을 계기로 전면적으로 재검토하여 정상화할 수 있는 좋은 기회가 될 수 있다. 기존 제도들이 정치·경제·사회적 여건의 변화 등으로 처음에 의도했던 제도와는 괴리가 있는 형태로 유지되고 있는 경우가 많고 제도를 운영해오는 과정에서 기득권을 가진 이해관계자가 생겨나서 제도 변경이 어려운 경우도 많다.

부의 소득세제 도입은 이해관계자의 반대 등을 완화하면서 그동안 추진하기 어려웠던 사회복지제도를 포함한 재정제도 전반의 정비를 본격적으로 추진할 수 있는 계기로 작용할 것이다. 특히 부의 소득세제 도입에 막대한 재원이 소요되는 만큼 재원 마련을 위해서도 재정 구조조정을 본격적으로 실천할 수 있는 좋은 계기가 될 수 있다. 통상적인 재정 구조조정만으로는 그 소요를 감당하기 어렵기 때문에 재정 지출, 조세 등을 총망라하여 제로 베이스에서 검토해나가는 것이 필요하다.

그런데 현재의 재정 여건을 보면 구조조정도 쉬운 일이 아니다. 어떤 면에서는 역대 최악의 수준이라고 할 수도 있다. 먼저 수입을 보면 코로나 위기로 경제 상황이 급격히 나빠짐에 따라 세입이 정체되고 있으며 계획한 세입을 거두지 못하는 사태가 발생하고 있다. 앞으로도 당분간은 세입 여건이 나아질 기미가 보이지 않는다.

지출 측면에서도 재정에 의존하는 현 정부의 정책 과제들을 본격적으로 추진함에 따라 이전보다 재정 지출이 대폭 증가하고 있는 가운데, 최근 코로나 위기 과정에서 큰 어려움을 겪고 있는 중소상공인, 자영업자 등을 지원하고 경제 악화를 방지하기 위해서도 재정 지출은 폭발적으로 증가하고 있다.

지출과 수입의 차이가 점점 커져서 악어의 입이 벌어지는 모습이 될까 우려되는 상황이다.

이러한 지출이 수입을 훨씬 초과하는 상황이 지속돼옴에 따라 2017년에 그동안 흑자였던 통합재정수지가 적자로 전환되어 최근 GDP 대비 -4.0%를 기록하고 있다. 또한 적자분을 국채로 충당하다 보니 국가채무 비율이 GDP 대비 40%를 넘어 거의 50%에 이르고 있다.

비록 재정수지나 국가채무의 측면에서 여타 선진국에 비교하여 우리의 경우 아직도 재정적인 여유가 있다고 하는 의견도 있으나, 본격적인 복지의 확대가 예정되어 있고 남북 관계를 포함한 대외적인 여건이 불확실한 점을 감안하여 더 이상 악화되지 않도록 재정 적자를 선제적으로 관리해가고 향후 재정이 흑자균형으로 복귀할 수 있도록 기반도 마련해야 한다.

더욱이 대외 의존도가 높은 우리나라의 입장에서는 국가신용등급을 높이 유지할 필요가 있다는 점을 고려할 때 재정 건전성을 계속 유지하는 것의 중요성은 아무리 강조해도 지나침이 없다. 앞으로 재정 건전성이 지속적으로 위협을 받을 경우 국제신용평가등급도 하향 조정될 가능성을 배제할 수 없는 만큼 균형 재정으로 복귀할 수 있는 노력이 필요한 시점이라고 할 것이다.[35]

---

35 무디스의 국가신용평가를 보면 우리나라의 국가신용등급은 3등급인 Aa2이다. 홍콩과 프랑스와 같은 등급이다. 이는 미국 독일 싱가포르보다는 낮지만 4등급(Aa3)인 영국 대만, 5등급(A1)인 일본 중국 보다 높다.

6

부의 소득세 재원 추산

앞에서 제시한 바와 같이 최저보장소득을 일반 성인에게는 월 50만 원(연간 600만 원), 18세 이하에게는 월 30만 원(연간 360만 원)으로 정하는 경우 부의 소득세제 도입에 따라 필요한 재원은 172.7조 원 수준으로 추정된다. 부의 소득세가 도입되면 저소득층은 최대 50만 원까지 급여를 받을 수 있게 되는 반면, 중고소득층은 연간 1,200만 원까지의 소득은 면세가 되므로 세수가 감소하는 효과가 발생한다. 소요재원 172.7조 원은 저소득층에 대한 급여와 함께 고소득층에 대한 세수 감수 효과를 모두 포함하는 수치다. 이는 GDP의 8~9%의 수준이며 2020년 본예산 기준 총지출 대비 약 30% 수준이다.

그런데 현재의 소득세 제도 중에서 부의 소득세와 성격이 유사한 공제 제도, 즉 기본공제(인적공제, 추가공제)와 근로소득공제를 완전하게 폐지할 경우, 필요한 재원은 약 133.3조 원으로 줄어들고 약 36.2조 원의 추가적인 세수도 확보할 수 있게 된다. 결과적으로 약 97.1조 원(133.3조 원 - 36.2조 원)의 재원이 별도로 마련된다면 부의 소득세제의 시행이 가능하게 된다는 것이다.

좀 더 자세하게 풀어서 설명해보면 공제제도를 폐지할 경우 그 효과는 두 가지 방향에서 나타난다. 첫째는 저소득층의 과세소득이 늘어남에 따라 저소득층에 대한 부의 소득세 급여 규모가 줄어드는 효과이다. 예를 들어 현재 소득은 있지만 각종 소득공제로 인해 소득세를 전혀 내지 않고 있는 저소득층이 수백만 명이 있다. 소득은 있지만 과세소득이 없는 분들이다. 부의 소득세제가 시행되면서 공제제도가 폐지되지 않으면 과세소득이 없는 이분들은 모두 월 50만 원의 전액 지원 대상자가 된다. 이 경우 부의 소득세제 도입에는 172.7조 원이 필요하게 된다. 그런데 부의 소득세제 도입과 함께 공제제도가 폐지되면 이분들에게 과세소득이 발생하기 때문에 이분들은 전액 지원 대상자가 아니라 부분 지원 대상자가 된다. 이렇게 부의 소득세제 시행과 함께 공제제도가 폐지될 때 제도 시행에 필요한 재원은 133.3조 원으로 줄어들게 된다.[36]

두 번째의 효과는 공제제도가 폐지됨에 따라 중고소득층이 내는 세금이 늘어나면서 발생한다. 인적공제와 근로소득공제가 완전하게 폐지되면 그만큼 중고소득층의 세금 부담이 늘어나는데 그 규모가 36.2조 원이라는 것이다. 결국 인적공제와 근로소득공제를 폐지하면서 부의 소득세제를 도입할 경우 약 97.1조 원(133.3조 원 - 36.2조 원)의 재원이 추가로 마련되어야 한다는 것이다.

2장에서 제시된 방안에 따르면 부의 소득세제를 개인별로 도입하기

---

36 인적공제는 완전 폐지하되 근로소득공제는 50%만 폐지하지 방안도 생각해볼 수 있다. 이 경우에 필요한 재원은 약 149.9조 원이 늘어난다.

때문에 부양가족이 있는 경우에는 공제제도를 폐지하더라도 현재보다 좋아질 것으로 보인다. 소득이 없는 부양가족은 인별로 월 30만 원 내지 50만 원을 받을 수 있기 때문이다. 하지만 부양가족이 없는 개인의 경우에는 연간 소득 1,200만 원(월 100만 원)까지 면세받는 혜택 외에 별도의 급여가 없으므로 현재보다 세금이 더 늘어나는 경우도 생겨날 수 있다. 이런 측면에서 부의 소득세제 도입과 함께 공제제도를 폐지한다면 결혼과 출산에 상대적으로 유리한 환경이 될 것이다.

부의 소득세제 도입과 함께 인적공제와 근로소득공제를 완전하게 폐지할 경우 필요한 재원인 97.1조 원을 마련하기 위해서는 무엇보다도 먼저 부의 소득세와 유사한 성격을 가진 정부 지출을 과감하게 폐지하거나 축소해야 한다.

먼저 [표 2-18]에서 보는 것과 같이 현재의 사회복지나 고용 관계 제도 하에서도 현금이나 현금성 바우처로 지급하면서 부의 소득세와 비슷한 기능을 가지고 있는 급여가 상당히 많다. 이런 현금성 급여는 성격에

[표 2-18] 주요 현금 및 바우처 지원 사업 내역

(단위: 조 원)

	2017년 예산	2020년 예산
기초연금	8.1	13.2
생계급여	3.7	4.3
아동수당	–	2.3
영유아 보육료	3.1	3.4
유아 교육비 보육료 지원	3.9	3.8
구직급여	5.3	9.5
모성보호육아지원	1.1	1.5
산재보험급여	5.3	5.9
맞춤형 국가장학금 지원	3.9	4.0

따라 부의 소득세로 대체되기 때문에 과감하게 폐지 축소하는 것이 필요하다.

일정 소득수준 이하의 어르신들께 지급하는 기초연금, 8세 미만의 아동에게 지급되는 아동수당, 기초생활보호대상자에게 지급되는 생계급여 등 주요 현금 및 바우처 사업만도 약 40조 원에 이른다. 이런 현금급여성 지출 중 어느 정도 줄일 수 있는지 구체적인 내용은 후술할 것이다.

부의 소득세와 유사한 목적의 사회복지 지출과 인적공제제도를 폐지 내지 축소하고 난 후에는 여타 재정 지출을 축소하고 세입을 늘리는 방법으로 재원을 마련해야 한다. 지출 측면에서는 불필요하거나 연례적인 재정 사업의 폐지, 사업 규모 축소 및 연기, 재정 사업의 민간이양 등이 검토될 수 있으며 수입 면에서는 비과세 감면의 폐지 및 축소, 부담금 등의 상향 조정이 검토될 수 있다. 그리고 이러한 지출 및 세입 구조조정을 한 후 최후의 수단으로서 증세가 검토될 수 있을 것이다.

큰 그림에서 단순하게 보면 먼저 상당한 규모의 재정 지출을 줄일 수 있는 여지가 있다고 할 것이다. 본예산 기준의 총지출이 문재인 정부가 출범한 2017년 400조 원에서 2020년 512조 원까지 크게 늘었기 때문이다. 이는 최근 여러 번 했던 추경을 제외한 수치다. 지난 4년 동안 약 112조 원이나 재정 지출이 증가한 것이다. 만약 총지출 규모가 2017년부터 매년 명목 경제성장률 수준인 3~4% 정도씩 증가했다고 가정한다면 2020년에는 2017년 대비 37조~50조 원이 증가하는 수준이 될 것이다. 결국 나머지 증가분인 약 62조~75조 원 정도가 통상적인 증가 규모보다 많이 증가한 부분이므로 축소할 수 있는 여지는 상당히 있다고 하겠다.

반면 같은 논리로 세입 측면에서 보면 2017년 비과세 및 감면 규모는 약 37조 원이었는데 매년 3~4%씩 증가했다고 가정할 경우 2020년에는 약 40조~42조 원이 된다. 그런데 정부가 전망하는 2020년 비과세 및 감면 규모는 약 52조 원 수준이다. 결과적으로 구조조정이 가능한 비과세 및 감면 규모가 약 10조~12조 원이 될 수 있다는 것이다.

순수한 증세의 측면에서 보면 이미 세금 부담이 높은 OECD 국가들에 비교하면 상대적으로 여지가 있다고 할 것이다. 세목 측면에서는 부의 소득세 도입과 연계하여 인적공제와 근로소득공제가 폐지됨으로써 실질적으로 세 부담이 늘어난 소득세보다는 부가가치세가 세율을 높일 여지가 있다. 우리나라의 부가가치세 세율은 10%인데 OECD 평균 18.5%보다 훨씬 낮기 때문이다. 만약 부가세율을 15% 수준으로만 높일 수 있다면 약 40조 원의 재원을 마련할 수 있다.

이렇게 구체적인 검토 없이 단순히 추산한 재원 마련 가능 규모는 최대 127조 원으로써 부의 소득세제 도입에 따른 재원 소요 97.1조 원을 충족하고 재정수지도 개선하여 재정 건전성의 회복에도 기여할 수 있다.

일각에서는 이렇게 추산한 구조조정 규모가 그동안 실제 지출 증가율을 감안할 때 다소 의욕적인 수치라고 생각할 수도 있다. 그러나 개별적으로 지출 항목을 검토하는 과정에서 지출의 성격상 감축이 가능한 규모가 훨씬 확대될 수도 있어 최종적으로 얼마나 구조조정이 가능한지는 개별 지출별로 세밀한 검토와 논의 후 비로소 파악할 수 있을 것이다.

다음의 7절 '부의 소득세 도입에 따른 분야별 구조조정'에서는 지출 구조조정을 통해 총 136.6조 원의 재원을 마련하는 방안을 하나의 예시로써 제시하고자 한다.

7
—

부의 소득세 도입에 따른 분야별 구조조정

지출구조조정에는 여러 가지 방법을 고려할 수 있지만 크게 두 가지 방식으로 구별할 수 있다. 개별 사업을 하나하나 검토하여 구조조정 대상을 선정하고 폐지 축소하는 상향식 조정 방식과 분야별로 분야의 성격이나 가능성 등을 감안하여 구조조정 규모를 할당하여 구조조정을 해나가는 하향식 조정 방식이 있다. 구조조정을 해야 하는 규모가 막대한 만큼 두 가지의 조정 방식을 병행하여 검토할 필요가 있다.

보건복지노동 등 개별 사업의 규모가 큰 사업이 많은 분야의 경우 개별 사업을 제로 베이스에서 검토해 쌓아 올라가는 상향식 조정 방식을 적용하고 문화 등 소액 다수의 사업으로 구성된 분야의 경우 하향식 톱-다운 방식의 조정 방식을 적용할 수 있다.

코로나 위기 등에 대응하기 위한 긴급대책에 따라 편성된 추경예산을 제외하고 본예산을 기준으로 구조조정 규모를 산정하는 것이 바람직하다. 본예산 증가액만을 기준으로 해도 2017년 대비 112조 원으로써 문재인 정부가 재정 지출을 대폭 증가해왔다는 점을 감안할 때 구조조정의 여지가 있다고 하겠다.

분야별로 변화를 살펴보면 2017년 대비 전 분야의 총지출 증가세가 높은 가운데 보건복지노동 분야가 전체 증가액의 거의 45%를 차지하여 제일 높은 증가세를 보이고 있다. 다음으로 지방이전 재원인 지방교부세, 지방교육재정교부금이 대폭 늘어났으며 국방 분야 총지출도 많이 증가했다.

따라서 부의 소득세 도입과 관련하여 구조조정을 한다면 보건복지고용, 교육, 지방이전재원, 국방 분야를 중점적으로 구조조정할 필요가 있다. 특이한 것은 R&D, 산업·중소기업·에너지, SOC, 농림수산식품 등 소위 경제산업 분야 총지출도 많이 증가한 것이다. 문재인 정부가 포용국가를 지향함에 따라 복지 지출과 지방이전 재원이 늘어나는 것은 어느 정도 이해할 수 있는 측면이 있지만, 경제산업 분야 지출이 증가한 것은 이해하기 어렵다. 그동안 국가 운용계획을 수립할 때마다 정부는 복지재원 마련을 위해 경제산업 분야 지출을 줄여가거나 최대한 현상 유지해야 한다고 하면서도 결과적으로 지출 규모를 2020년 92.6조 원으로 2017년 대비 15.4조 원이나 증가시켰다.

1장에서 언급했듯이 이제는 정부의 역할이 바뀌어야 한다. 기본적으로 산업을 육성 발전시키고 일자리를 만드는 일은 민간이 해야 한다. 정부는 어려운 사람을 도와주는 일에 집중해야 한다. 경제산업 분야에서 정부가 할 일을 굳이 찾는다면 산업 생태계가 만들어질 때 초기에 착근할 수 있도록 지원하는 일과 민간이 곤란한 투자에 집중하는 것이며, 그것도 최소한에 그쳐야 한다. 이런 측면에서 경제산업 분야 지출은 보다 과감하게 구조조정할 필요가 있다.

[표 2-19] 총지출의 분야별 재원 배분

(단위: 조 원)

	2017년 예산	2020년 예산	증감액
합계	400.5	512.5	112
보건·복지·고용	129.5	180.5	51
※ 일자리	17	25.5	8.5
교육	57.4	72.6	15.2
※ 지방교육재정교부금	42.9	55.4	12.5
문화·체육·관광	6.9	8.0	1.1
환경	6.9	8.8	1.9
R&D	19.5	24.2	4.7
산업·중소기업·에너지	16.0	23.7	7.7
SOC	22.1	23.2	1.1
농림·수산·식품	19.6	21.5	1.9
국방	40.3	50.2	9.9
외교·통일	4.6	5.5	0.9
공공질서·안전	18.1	20.8	2.7
일반·지방행정	63.3	79	15.7
※ 지방교부세	44.3	52.2	7.9

보건·복지·노동 분야

보건·복지·노동 분야는 문재인 정부 들어와서 중점적으로 지출을 증가시켜온 대표적인 분야이다. 분야 내의 전 부문에 걸쳐 큰 폭의 증가가 있어 2017년 대비 52조 원이 증가했다. 부문별로 보면 국민연금, 공무원연금 등 연금 부문은 고령화 추세에 따라 자연적으로 수급자가 늘어나서 10조 원이 늘어났지만 기초생활보호, 주택, 아동·보육, 노인, 고용, 건강보험 등 부문은 급여 대상자 확대, 급여금액의 인상, 보장성의 확대 등

[표 2-20] 보건복지노동 분야의 부문별 재원 배분

(단위: 조 원)

	2017년 예산	2020년 예산	증감액
합계	129.5	180.5	51
기초생활보장	10.5	14.0	3.5
취약계층지원	2.6	4.0	1.4
공적연금	45.0	55.4	10.4
보훈	4.9	5.7	0.8
주택	19.4	29.7	10.3
사회복지일반	0.8	1.4	0.6
아동·보육	5.9	8.5	2.6
노인	9.8	16.6	6.8
여성·가족·청소년	0.6	1.1	0
고용	17.9	30.5	12.6
건강보험	7.6	10.2	2.6

제도 개편을 통해 늘여왔다.

따라서 보건·복지·노동 분야는 부의 소득세가 도입되게 되면 가장 큰 변화를 겪을 분야이다. 부의 소득세 도입을 통해 기초생활보장제도 등 그동안 유지돼왔던 저소득층 관련 제도가 부의 소득세 중심으로 전면 개편할 필요가 있다. 특히 관련 제도 중 기본 생활 유지의 목적으로 운영되는 부분에 대해서는 부의 소득세로 대체하게 될 것이다.

이렇게 할 경우 공적연금, 고용보험, 고용복지 전달 체계 등의 개편을 통해 마련될 수 있는 재원을 제외하더라도 약 50.5조 원 정도가 마련될 것이다.

기초생활보장

기초생활보장제도는 곤경에 처한 저소득층을 대상으로 생계급여, 주거급여, 의료급여 등 7개 급여를 지급함으로써 최저한도의 생활을 보장하기 위해 경제적 지원을 하는 제도이다. 기초생활보장제도는 근로의욕과 상관없이 급여를 지급하는 제도이기 때문에 그동안 재산 기준, 부양자 기준 등을 적용하여 대상자를 엄격히 제한해왔으나 문재인 정부 들어와서 제한을 대폭 낮춰 대상자가 대폭 늘어나게 되었고, 이에 따라 관련 지출이 증가돼왔다. 2020년 본예산 기준 기초생활보장 예산은 총 14조원으로 생계급여 4.3조 원, 주거급여 1.6조 원, 의료급여 7조 원, 기타 1조 원 등으로 구성되어 있다.

부의 소득세가 도입되게 되면 유사한 성격인 생계급여, 주거급여 등은 부의 소득세로 대체하게 된다. 이 경우 2020년 본예산 기준 생계급여 4.3조 원, 주거급여 1.6조 원, 기타 1조 원 등은 부의 소득세 재원이 될 수 있다.

다만 의료급여의 경우, 생계급여 및 주거급여와 달리 건강 유지에 필수 불가결한 측면이 있기 때문에 현행대로 유지하되, 부의 소득세 도입과 동시에 지금은 미미한 수준인 본인 부담금을 유의미하게 상향 조정하여 최대 50% 절감하도록 한다. 본인 부담금이 실질적으로 과잉 진료를 억제하는 기능을 하도록 인센티브를 강화하는 조치다. 또한 의료급여가 건강보험의 보장성 확대를 그대로 적용하게 되어 있는데 보장성 확대 속도를 조절하게 되면 자동적으로 의료급여를 줄일 수 있는 점도 고려할 필요가 있다.

부의 소득세로써 충족되지 않는 긴급하거나 거액이 소요되는 의료 수요 등의 리스크에 대해서는 기존의 긴급 복지제도를 확대 운용하는 것이 바람직하다.

이렇게 할 경우 기초생활보장 부문에서 약 10.4조 원의 재원이 마련될 수 있다.

취약 계층 지원

취약 계층 지원 부문은 대부분은 장애인을 지원하기 위한 것이다. 2020년 본예산 기준 취약 계층 지원 부문 지출 4조 원 중 3.3조 원이 장애인 생활 안정 및 재활 지원을 위한 지출이고 나머지는 지역 일자리 사업, 복권 기금을 활용한 취약 계층 지원 사업을 위한 지출이다. 장애인 지출은 장애인 연금, 장애인 수당 등 장애인 기초생활을 위해 지급되는 급여에 1조 원, 장애인의 활동 지원을 위한 서비스 제공에 1.5조 원, 관련 시설 운영 등에 0.6조 원이 이루어지고 있다.

따라서 장애인 기본 생활을 위해 지급되는 급여 1조 원은 부의 소득세로 대체 가능한 지출이다. 이럴 경우 약 1조 원의 재원을 마련할 수 있다.

공적연금

공적연금 부문은 국민연금, 공무원연금 등 특수직역연금의 급여 지출로 구성되어 있으며 연금 지급액은 고령화 추세를 반영하여 연금 수급 대상자가 증가함에 따라 자연스럽게 증가한다. 2020년 본예산 기준으로 연금의 경상 지출(대부분이 연금 지급액)을 보면 국민연금 26.8조 원, 공무원연금 18.2조 원, 사학연금 3.9조 원, 군인연금 3.5조 원 수준이다. 2017년과 비교 시 국민연금이 7조 원, 공무원연금이 2조 원 수준 늘어난 규모이다.

공적연금은 가입자와 사용주의 부담금으로 조성되고 대부분 연금소득이 부의 소득세에서 보장되는 기본급여를 초과하므로 부의 소득세가 도입되더라도 큰 영향을 받지는 않을 것이다.

다만 국민연금의 경우, 국민연금 수급자가 기초연금을 수령할 때 연금 금액의 다과에 따라 기초연금을 조정하여 지급받는다. 이는 국민연금이 출범할 당시 저소득층에 대해서는 소득 재분배 차원에서 본인이 부담하는 금액보다 많이 받을 수 있도록 설계되었기 때문이다. 부의 소득세 도입으로 보장되는 급여는 기초연금과 성격이 동일하므로 국민연금 수급자에 대해서는 부의 소득세 급여 규모도 조정 지급되어야 한다. 그 영향이 어느 정도인지 추정하기는 어렵지만 원칙은 지켜지는 것이 바람직하다.

부의 소득세와 연계하여 미래 세대에 부담으로 작용할 우려가 있는 국민연금을 개편하고자 하는 논의가 나올 수 있다. 이 경우 국민연금의 소득 재분배 부분은 일괄 계산하여 가입자와 사용주에게 환원하고, 새로운 소득 비례 국민연금제도를 도입하여 수입과 지출이 균형을 이루는 제도를 추진하는 방안을 검토할 수 있다. 이 방안이 추진되면 국가가 반드시 국민연금을 운영할 필요성이 줄어들 수 있기 때문에 이에 대해서는 국민적 논의가 필요하다.

공무원연금 등 특수직역연금도 국민연금제도의 개편과 관련하여 연금 가입자에 대해 원칙적으로 납입금과 연금 수령액이 균형을 이루도록 하는 제도의 개편을 검토해나가야 할 것이다.

보훈

보훈 부문은 국가유공자와 유족에 대한 보상금과 수당을 지급하고 보훈병원 등 의료 지원을 위한 것으로 2020년 본예산 기준 5.7조 원 중 보상금과 수당이 각각 3조 원, 1.5조 원이 지원되고 있다. 국가유공자를 우대하는 보훈제도의 취지를 살려 보상금과 수당은 현행대로 존치하고 보상금 및 수당 수급 대상자의 경우 부의 소득세 지급 대상에서 제외한다. (소득세 부과 대상에서도 제외)

주택, 사회복지 일반

주택 부문은 임대주택 건설과 관련하여 건설 사업자에 대한 출자, 융자하는 부분과 저소득 계층이 주택을 구입하거나 전세를 구할 때 융자하는 부분이 대부분이므로 부의 소득세 도입과 관련하여 특별히 검토할 것은 없다.

사회복지 일반 부문도 사회복지 전달 체계 및 사회복지 시스템 운영 등과 같이 사회복지 기반 조성과 보건복지 행정 지원을 위한 것이므로 부의 소득세와 관련하여 특별히 검토할 것은 없다.

아동·보육

아동·보육 부문은 2020년 본예산 기준 8.5조 원이 지원되며 크게 영유아 보육에 관한 부분과 아동 돌봄에 관한 부분으로 대별된다. 어린이집에 보내는 비용인 영유아 보육료 3.4조 원, 가정에서 양육하는 비용을 지원하는 가정 양육수당 0.8조 원, 7세 미만의 아동에게 지급되는 아동수당 2.3조 원은 원칙적으로 부의 소득세로 대체될 것이다.

또한 유치원에 보내는 비용을 지원하는 유아 교육비 4.0조 원은 보건복지노동 분야가 아닌 교육 분야에 계상되어 있지만 영유아 보육 지원과 비슷하므로 함께 고려하는 것이 바람직하다.

이렇게 할 경우 아동·보육 부문에서 10.5조 원 규모의 대체 재원이 마련될 것이다.

노인

노인 부문은 기초연금 지급과 노인 일자리 사업 운영 등으로 구성되어 있으며 2020년 본예산 기준 16.6조 원이 지원되고 있다. 65세 이상의 어르신에게 일정 금액을 지급하는 기초연금은 13.2조 원으로 부의 소득세가 보장하는 급여와 그 개념이 동일하므로 전액 대체 가능하다.

노인 일자리 사업은 2017년 0.5조 원에서 1.2조 원으로 증가했는데 그 효과성이 의문시되는 사업이 많다는 평가가 있는 만큼 성과 평가를 통해 효율성이 없는 세부 사업을 위주로 50% 수준의 구조조정을 검토할 수 있다.

이 경우 노인 부문에서 13.8 조 원의 재원 마련이 가능하다.

여성·가족·청소년

여성·가족·청소년 부문은 주로 여성가족부가 하는 사업 위주로 구성되어 있다. 이 중 부의 소득세와 관련하여 아이 돌봄 지원 0.2조 원, 한부모 가정 양육비 지원 0.3조 원 등이 대체 검토될 수 있다.

이 경우 0.5조 원의 재원이 마련 가능할 것이다.

고용

고용 부문은 불가피한 실업, 휴업 등으로 경제적으로 어려움을 겪고 있는 근로자에 대한 고용 안전망 확충, 고용창출 및 교육훈련, 고용평등 보장 등을 지원하는 것으로 주로 근로자와 사용주의 보험료로 조성되는 고용보험기금을 통해 지출이 이루어지게 된다. 소기업 근로자, 자영업자, 청년 등 고용보험 미가입자의 경우 제한적이지만 예산 지원을 통해 유사한 지원을 받게 된다.

2020년 본예산 기준 고용 부문의 총지출 규모는 30.5조 원으로 부문별로 보면 고용 창출 및 훈련 5.6조 원, 고용 안전망 확충 13.8조 원, 고용평등 지원 2.1조 원, 산재급여 등 산재보험 6.9조 원, 기타기금 사업

1.2조 원 등이다.

고용 부문 지출 중에서 부의 소득세와 관련 있는 것으로 판단되는 주요 지출은 구직급여 9.5조 원, 모성보호 육아지원 1.5조 원, 고용창출장려금 1.2조 원, 최저임금 인상에 따른 고용 유지를 위한 일자리 안정자금 지원 2.2조 원, 국민연금 등 사회보험 미가입자의 가입 지원을 위한 사회보험 사각지대 해소(두루누리 사업) 1.2조 원, 청년이 일정 기간 중소기업에 근무하게 되면 목돈을 지원하는 청년내일채움공제 사업 1.3조 원, 저소득 계층의 취업을 지원하기 위해 훈련수당을 지급하는 국민취업 지원제도 0.7조 원, 지역 맞춤형 일자리 0.3조 원 등이다. 이들 지출은 성격상 원칙적으로 부의 소득세가 대체하게 될 것이다.

구직급여, 모성보호 육아지원, 고용창출 장려금 등 약 12.2조 원의 지출은 그동안 정부가 부담하지 않고 가입자와 사업주가 내는 보험료를 재원으로 하는 고용보험을 통해 지원돼왔다. 따라서 이를 부의 소득세로 대체한다고 하더라도 가입자와 사업주가 내는 보험료 부담이 줄어들 뿐 정부에 새로운 재원이 바로 발생하지는 않는다. 다만 가입자와 사업주의 보험료 부담이 경감되는 만큼 소득세나 법인세 형식으로 더 걷을 수 있다. 만약 50% 정도를 보험료 대신 세금 형식으로 걷는다면 약 6.1조 원의 재원 마련이 가능하다. 이 경우 부의 소득세 하에서 고용보험의 존폐 여부를 포함한 형태에 대하여 진지한 논의가 필요할 것이다.

나머지 일자리 안정자금 지원, 사회보험 사각지대 해소, 청년 내일채움공제 사업 중 예산분(0.8조 원), 국민취업 지원제도, 지역 맞춤형 일자리는 부의 소득세로 대체하게 되면 5.2조 원의 재원이 마련될 수 있을 것이다.

고용 창출 및 유지와 관련해서는 재정 지출뿐만 아니라 조세 지출도 많이 지원되고 있다. 중소기업 취업자에 대한 소득세 감면, 사회보험료

세액공제, 고용 증대 세액공제 등이 그것이다. 고용 창출 및 유지 관련 재정 지출이 부의 소득세로 대체되더라도 이러한 조세 지출을 활용하여 정책 목적을 달성할 수 있을 것이다.

직업교육훈련 부문은 향후 기능과 역할이 강화되어야 하므로 전달 체계 및 방법을 대폭 개선해야 한다. 특히 코로나 위기 이후에 오프라인 중심에서 온라인 중심으로 교육훈련 방법이 대폭 전환된 점을 감안하여 온라인 교육훈련 환경을 강화하는 한편 오프라인에서 폴리텍 등 정부가 운영하고 있는 각종 교육훈련기관은 점차 축소해나가고 대신 대학을 비롯한 민간 교육기관의 역할을 제고할 필요가 있다.

재정을 투입하여 직접 일자리를 만드는 직접 일자리 사업은 범부처적으로 추진되고 있으며 2020년 본예산 기준 2.9조 원이 지원되고 있다. 직접 일자리 사업 중 특수한 사정으로 추진하는 자활 근로 및 장애인 일자리 사업 0.6조 원을 제외한 나머지 사업은 그동안 효과성이 의문시된다고 지적받아 온 점을 감안하여 최대 50% 수준을 감축하도록 한다. 이 경우 약 1조 원의 재원을 마련할 수 있지만 노인 일자리 사업은 이미 노인 부문 검토 시 감축분이 반영되어 있으므로 약 0.5조 원만 계상할 수 있을 것이다.

산재보험 6.9조 원, 기타보험 1.2조 원은 사업 현장의 사고에 대비하기 위한 사용주 전액 부담 보험 등이므로 부의 소득세 도입과 상관없이 현행대로 운영되도록 한다.

건강보험

건강보험 부문은 정부가 건강보험의 수지 개선을 위해 일정 금액을 매년 국비(일반회계 + 응급의료기금)로 지원하는 부분과 공무원 및 사립학교 교원의 건강보험료 국가 부담금을 지원하는 부분 등으로 2020년 본예산 기준 10.2조 원이며 이 중 일반회계 지원분은 7.1조 원이다.

건강보험은 코로나 위기가 심했던 2020년에 당초의 우려와는 달리 2.5조 원 규모의 수지 개선을 달성했다. 마스크 착용과 손 씻기 등 개인 위생 강화로 질병 감염이 줄어들었기 때문이다. 사후 치료보다 사전 예방에 관심을 보다 더 가지게 되면 건강보험의 지출을 대폭 줄일 수 있다는 좋은 사례가 되었다. 사전 예방 강화에 더해 문재인 정부 들어와 대폭 확대된 보장성 강화의 속도를 적정 수준으로 유지할 경우 건강보험 지출을 더욱더 줄일 수 있다. 원칙적으로 부의 소득세 도입을 계기로 보험료 수입에 상응하는 지출이 이루어지는 것이 바람직하다.

우선 일반회계 지원분 7.1조 원 중에서 최대 30% 수준만 줄일 수 있다면 약 2조 원의 재원 마련이 가능하다. 노인장기요양보험에 대해서도 매년 일정 금액을 일반회계에서 지원하고 있으며 그 금액은 2020년 기준으로 1.4조 원이다. 건강보험과 같이 최대 30%만 줄일 수 있다면 0.5조 원의 재원 마련이 가능할 것이다.

고용복지 전달 체계

우리나라의 고용복지 전달 체계는 중앙정부의 하위 조직인 고용센터를 비롯한 각종 센터, 지방자치단체와 국민연금관리공단, 건강보험관리공단 등 공공기관 등이 담당하고 있다. 국세청이 부의 소득세를 운영함에 따라 그동안 각종 사회복지제도를 운영해오던 조직과 인력은 부가적인 서비스를 제공하기 위해 필요한 최소한만 남기고 나머지는 통폐합하는 한편, 국세청은 국세급부청으로 확대 개편하여 부의 소득세 집행과 관련된 개인 및 소득 정보와 급부 지급과 관련된 계좌 관리 등을 담당토록 하는 방안을 검토할 필요가 있다.

특히 시·군·구 등 지방자치단체의 경우도 일선에서 조직과 인력의 상당 부분을 사회복지 업무를 운영하기 위해 유지하고 있으므로 동 조직과 인력을 여타 분야에서 활용하거나 관련 인력을 축소할 경우 비용을 절감할 수 있다. 이 경우 정확한 추계는 어려우나 인건비, 물건비, 운영비 등 상당 부분을 절감할 수 있을 것으로 기대된다.

교육 분야

교육 분야는 유아 및 초·중등교육 부문, 고등교육 부문, 평생·직업교육 부문 등으로 구분되며 2020년 본예산 기준 주요 지출 사업은 유아 및 초·중등교육 부문에서 지방교육재정교부금 55.4조 원, 유아 보육 및 교육 지원을 위한 유아 교육비 지원 4.0조 원, 고등학교 무상교육 0.7조 원 등이 있고, 고등교육 부문에서 맞춤형 장학금 지원 4.0조 원, 기타 국립대 지원 등이 있다. 평생직업교육 부문은 고교취업연계장려금 지급 0.1조 원, 전문대 혁신지원 0.4조 원 등이 있다.

초·중등 교육에 사용되고 있는 지방교육재정교부금은 실제 교육재정 수요와 무관하게 내국세의 일정 비율로 연동되어 지방 교육청에 교부되는 구조이므로 저출산 추세로 인해 초·중등 학생 수가 감소함에도 불구하고 지속적으로 확대되고 있다.

이 결과 현재 초·중등학생 1인당 교육비 지출은 OECD 평균보다 약 10% 초과 지출하고 있으며, 앞으로도 초·중등학생의 수가 계속 줄어드는 추세인 점을 감안할 때 학생 1인당 지출액은 더욱 증가할 것으로 보

[표 2-21] 교육 분야 부문별 재원 배분

(단위: 조 원)

	2017년 예산	2020년 예산	증감액
합계	57.4	72.6	15.2
유아 및 초·중등교육	47.1	60.4	13.3
고등교육	9.5	11.0	1.5
평생·직업교육	0.7	1.1	0.4

인다. 이를 감안하면 지방교육재정교부금은 약 10% 감축할 여지가 있다고 할 것이다.

이 경우 약 5조 원의 재원 마련이 가능할 것으로 보인다.

지방교육재정교부금 중 특별교부금 1.5조 원은 국가시책, 지역현안, 재난안전관리 등 특수한 용도로 교부되고 있는바, 이 중 국가시책 및 지역현안은 주로 민원사항을 해결하기 위한 용도로 사용되므로 이들 교부금은 폐지하는 것이 바람직하다.

이 경우 약 1.3조 원의 재원 마련이 가능하다.

장기적으로는 지방재정교부세와 지방교육재정교부금을 통합 운용함으로써 지방자치단체의 일반 행정과 지방교육청의 교육행정을 보다 효율적으로 운영할 필요가 있다.

부의 소득세가 도입되면 학생들에게도 일정한 급여가 지급되는 점을 감안하여 고등학교 무상교육 지원 0.6조 원은 부의 소득세제로 대체하고 맞춤형 국가 장학금 4.0조 원도 민간 학자금 장기 대출로 전환하는 것이 바람직하다.

이 경우 교육 분야에서 총 10.9조 원의 재원 마련이 가능할 것이다.

문화·체육·관광 분야

문화·체육·관광 분야는 그동안 문화예술 및 체육시설의 건립과 같은 하드웨어 투자가 대충 마무리되어 콘텐츠 산업 육성, 예술 창작 역량 및 가치 제고 부분, 생활체육 육성과 같은 소프트웨어 중심의 투자가 증가하고 있다. 문화재 보존 사업도 최근 큰 폭으로 늘어났다.

문화·체육·관광 분야는 사업의 성격상 소액 다수의 사업으로 구성되어 있으므로 특정 대형 사업보다는 증가된 부문을 중심으로 전체 규모 1조 원 수준을 목표로 소액 다수 사업을 구조조정한다. 문화·예술·체육 분야에서는 소득의 격차가 유난히 크다. 스타가 아니더라도 기본 생계가 가능하게 하는 것이 더 중요할 수 있다. 정부 지원 프로그램이 축소되더라도 부의 소득세가 이 분야의 종사자들 모두에게는 최소한의 실질적인 도움으로 작용할 것이다.

다만 문화·예술 분야에 대한 기업 개인의 수요를 환기하기 위해 문화·예술 소비에 대해 세제 혜택을 확대하는 방안을 적극 검토할 필요가 있다.

[표 2-22] 문화·체육·관광 분야 부문별 재원 배분

(단위: 조 원)

	2017년 예산	2020년 예산	증감액
합계	6.9	8.0	1.1
문화·예술	2.7	3.5	0.8
체육	1.5	1.7	0.2
관광	1.6	1.4	-0.2
문화재	0.8	1.1	0.3

환경 분야

환경 분야는 상수도, 하수도 확충 등 물환경 부문, 미세먼지 대책, 친환경 자동차 보급 등 기후대기 및 환경안전 부문, 폐기물 처리 등 자원순환 및 환경경제 부문, 국립공원 관리 등 자연환경 부문 등으로 구성되어 있다.

그동안 재정 투자 규모가 컸던 물환경 투자가 대부분 마무리 단계여서 조정의 여지가 있으며, 최근 재정 투자가 증가 추세인 미세먼지 문제에 대해서는 투자 확대보다는 규제를 통해 대응하는 것이 바람직하고 전기차, 수소차 등 친환경 자동차에 대해서는 직접적인 구입 보조보다는 충전소 설치 지원 등 생태계 조성에 주력하는 것이 보다 효율적이라는 점을 감안하여 전체적으로 사업의 구조조정이 필요하다.

이 경우 그동안 증가분 2.2조 원의 50% 수준인 구조조정할 경우 약 1조 원 수준의 재원 마련이 가능하다.

[표 2-23] 환경 분야 부문별 재원 배분

(단위: 조 원)

	2017년 예산	2020년 예산	증감액
합계	6.9	9.0	2.1
물환경	4.2	4.1	-0.1
기후대기 및 환경안전	0.5	2.7	2.2
자원순환 및 환경경제	0.3	0.8	0.5
자연환경	0.5	0.6	0.1
환경일반	0.9	0.5	-0.4
해양환경	0.3	0.3	0

R&D 분야

2020년 기준으로 경제산업 부문 지출은 R&D 분야 24.2조 원, 산업·중소기업 및 에너지 분야 23.7조 원, SOC 분야 23.2조 원, 농림수산식품 분야 21.5조 원 등 모두 92.6조 원이나 된다. 2017년 대비 15.4조 원이나 증가했다. 앞서 언급한 대로 이 분야의 정부 지출은 줄여나가야 한다.

먼저 R&D 분야는 기초연구 진흥·출연연 지원·원천기술 개발 등 과학기술 부문과 데이터·네트워크 연구개발 지원, 시스템 반도체·바이오헬스 등 주력 산업과 스마트 공장·드론 등 선도 산업 지원, 중소기업 연구개발 지원을 위한 산업·중소기업 및 에너지 부문, 연구개발 인력 양성을 위한 교육 부문 등으로 구성되어 있다.

원칙적으로 정부의 연구개발 투자는 민간 분야가 실행하기 어렵거나 실행 규모가 부족한 부문에 지속적으로 집중 투자하는 것이 바람직하며, 특히 민간에서 많이 투자하는 응용 기술보다는 기초 원천기술을 중심으로 투자하는 것이 바람직하다.

현재의 산업·중소기업 및 에너지 부문의 투자는 혁신 성장을 추진하는 차원에서 기초 원천기술보다는 응용 기술에 주력하고 있어 민간 투자와 중복되거나 민간에서 수요가 부족한 기술을 개발할 우려가 있다.

또한 기획 및 집행에 장기간이 소요되는 연구개발의 성격상 특정 기간, 특정 분야에 대한 투자를 급격히 증가시킬 경우, 기획이 부실한 과제가 선정되어 성과가 나오기 힘든 경우가 적지 않다.

최근 일본 수출 규제 대응, 중소기업 지원 등 특수한 요인으로 산업·중소기업 부문의 연구개발 투자가 대폭 증가했는데, 중소기업 주관 연구개발은 R&D를 할 수 있는 새로운 중소기업의 발굴이라는 쉽지 않은 문

[표 2-24] R&D 분야 부문별 재원 배분

(단위: 조 원)

	2017년 예산	2020년 예산	증감액
합계	19.5	24.2	4.7
과학기술	6.7	7.2	0.7
산업·중소기업 및 에너지	5.0	5.8	0.8
교육	1.7	2.3	0.6
사회복지·보건·환경	0.8	1.0	0.2
SOC 부문	0.5	0.9	0.4
기타	4.8	6.9	2.1

제가 있는 만큼 성과를 내기 어려운 점, 소재·부품·장비의 국산화를 위한 연구개발은 과거에도 유사한 대규모 R&D를 추진했으나 성과가 미미했던 점 등을 감안할 때 해당 부문 투자를 원점에서 재검토할 필요가 있다.

이러한 측면을 감안할 때 2017년 대비 증가된 4.7조 원 중 약 3조 원 규모의 절감하여 부의 소득세 재원으로 활용할 수 있을 것이다.

산업·중소기업 및 에너지 분야

산업·중소기업 및 에너지 분야는 그동안 투자가 집중되었던 창업 및 벤처 부문, 중소기업 및 소상공인 육성 부문, 주력 산업, 선도 산업에 대한 연구개발을 지원하는 산업혁신지원 부문을 중점적으로 구조조정할 필요가 있다. 산업혁신지원 부문에서는 R&D 분야에서도 살펴본 바와 같이 관련 사업의 성과와 문제점에 대해서도 잘 알려져 있으므로 이를

[표 2-25] 산업·중소기업 및 에너지 분야 부문별 재원 배분

(단위: 조 원)

	2017년 예산	2020년 예산	증감액
합계	16.0	23.7	7.7
무역 및 투자 유치	0.6	1.0	0.4
에너지 및 자원 개발	3.3	3.9	0.6
산업 혁신 지원	1.4	4.7	3.3
창업 및 벤처	8.9	4.4	3.9
중소기업 및 소상공인 육성		8.4	
산업·중소기업 일반	0.5	0.7	0.2
지식재산일반	-	0.3	
산업금융지원	1.2	0.3	-0.9

감안하여 조정이 필요하다.

창업 및 벤처 부문에서도 모태펀드 출자 규모의 지속적인 확대, 창업 생태계 조성을 위한 각종 지원의 확대 등으로 지원 규모가 급증하고 있는바, 그동안의 정부 지원으로 어느 정도의 생태계가 갖추어진 만큼 정부가 직접 지원하는 현행 방식보다는 시장을 통해 기술 및 사업의 평가, 자금의 조달을 하는 방식으로 전환하는 것이 보다 더 바람직하다. 창업 및 벤처기업의 역량이 부족한데, 정부 지원만 대폭 증가하게 되면 결과적으로 효과적인 성과를 내기 어려우므로 지원 규모를 적정 수준으로 조정하는 것이 필요하다.

중소기업 및 소상공인 부문은 그동안 지원의 효과에 대해 지속적으로 지적받아 왔지만 코로나 경제위기를 계기로 더 많은 지원을 하고 있다. 그러나 수요가 실종된 업종에 대한 지원은 사중손실(死重損失)이 될 가능성이 매우 높다. 상대적으로 경쟁력이 취약한 기존 중소기업 및 소상공인을 지원하는 것보다 업종 전환, 디지털 전환 등 사업 전환을 자발적

으로 하도록 하고, 전환 과정에서 그들이 필요로 하는 지원을 맞춤형으로 하는 게 바람직하다고 할 것이다.

현재까지의 중소기업 및 소상공인 지원이 실질적 성과를 내지 못하고 있다는 지적이 있는 점을 감안할 때 더욱더 그러하다.

이러한 점을 감안할 때 산업 중소기업 및 에너지 분야의 2017년 대비 지출 증가분 약 7.7조 원 중에서 5조 원 수준의 지출 절감이 가능할 것이다. R&D 분야와 중복된 부분을 제외하면 약 3조 원 규모의 재원 마련이 가능할 것이다.

SOC 분야

SOC 분야는 부의 소득세 도입과 직접적인 관련을 가지고 있는 사업은 없다고 볼 수 있어 주로 구조조정할 가능성이 있는 부분을 중심으로 살펴본다.

SOC 분야는 그동안의 계속된 투자로 도로, 철도, 항만, 공항, 하천정비 등 대부분의 기반시설이 갖추어진 상황에서 신규 건설보다는 완공 위주로 투자 방향을 전환하고 전체 지출 규모 약 20조 원 수준에서 지속적으로 축소해나가야 한다는 전문가의 지적이 많았다. 그러나 최근 들어 신규 건설 사업의 재개로 지출 규모는 축소 대신 증가하고 있고 앞으로도 총사업비 24.1조 원 규모의 국가 균형 프로젝트 추진으로 매년 약 2조 원의 신규 투자 지출이 예정되어 있다.

신규 건설 사업과 국가 균형 프로젝트에 대한 타당성 조사를 엄격히 재실시하여 추진 여부를 재점검할 필요가 있다.

[표 2-26] SOC 분야 부문별 재원 배분

(단위: 조 원)

	2017년 예산	2020년 예산	증감액
합계	22.1(18.5)	23.2	1.1
교통 및 물류	18.5	19.2	0.7
– 도로	7.4	7.1	−0.3
– 철도·도시철도	7.1	6.9	−0.2
– 해운·항만	1.8	1.9	0.1
– 항공·공항	0.1	0.3	0.2
– 물류 등 기타	2.2	2.9	0.7
지역개발	3.5	4.0	0.5
– 수자원	1.8	1.3	−0.5
– 지역 및 도시	1.2	2.4	1.2
– 산업단지	0.5	0.3	−0.2

주: ( ) 안은 2017년 결산

그동안의 도로, 철도, 항만, 공항 등 SOC 투자는 개별적으로 계획을 수립하고 건설돼온 관계로 유사 중복된 투자가 있었다. 앞으로는 모든 SOC를 아우르는 종합적인 계획 하에 개별 SOC의 계획이 연계 수립되도록 하고, 이후 건설, 운용도 연계되도록 하여 투자의 효율성을 제고하는 것이 바람직하다. 또한 기존의 철도, 도로, 항만, 공항이 서로 연결될 수 있도록 하여 이용도를 높이기만 해도 신규 건설을 억제하는 효과가 있을 것이다.

이러한 점을 감안하여 SOC 분야에서 약 3조 원 이상 규모의 구조조정을 할 필요가 있다.

농림수산식품 분야

　농림수산식품 분야는 농업과 농촌 부문에 대한 투자를 중심으로 구성되어 있다. 농업·농촌 부문은 인구의 고령화, 농가 인구의 감소, 농업 소득 비중의 감소 등으로 큰 여건 변화를 겪고 있는 가운데 그동안의 쌀 중심, 생산자, 공급 위주의 정책 방향이 전환되어야 한다는 요구가 있어왔으나 구조적인 이유로 기존의 정책 방향이 유지돼왔다. 지금이라도 소비자 중심의 수요를 중시하는 정책 방향으로 전환될 필요가 있다.

　농업 생산기반 정비 부문에서는 새로운 농지의 개발과 같은 생산기반의 확충보다는 유연한 생산기반 체계(논밭 겸용) 확보 노력에 힘써야 하며, 농산물 유통과 관련해서는 정부 주도의 수급 조절 및 유통 효율화보다는 민간 부문의 역할이 보다 확대될 필요가 있다.

　부의 소득세 도입과 관련하여 공익형 직불제, 농업인 대상 각종 사회 복지성 사업에 대한 검토가 필요하다. 공익형 직불제는 친환경 농법 적용 등 일정한 의무 이행을 조건으로 농가에 논밭 면적에 따라 일정 금액을 지급함으로써 농가의 소득 안정을 도모하기 위한 제도이다. 이는 예전부터 있어왔던 쌀 위주의 다양한 직불제를 통합하여 작물의 종류에 관계없이 현금을 지급하는 단일화된 직불제로 2021년부터 본격 추진된다. 대다수 농가가 경지 면적이 작은 소농임을 감안할 때 공익형 직불금은 농민의 기본 생활을 보장하는 성격이 있어 부의 소득세와 유사하다.

　2020년 본예산 기준 공익형 직불제로 1.4조 원이 계상되어 있다. 이 중 소농에 지급되는 직불금을 50%로 가정할 때 0.6조 원은 부의 소득세 재원으로 대체할 수 있다.

　공익형 직불제의 도입으로 친환경 농자재 지원 등 중복 성격의 사업을

[표 2-27] 농림수산식품 분야 부문별 재원 배분

(단위: 조 원)

	2017년 예산	2020년 예산	증감액
합계	19.6	21.5	1.9
농업·농촌	14.7	16.1	1.4
수산·어촌	2.1	2.4	0.3
임업·산촌	2.0	2.3	0.3
식품업	0.7	0.7	0

구조조정하고 농업인 복지 증진의 차원에서 지원하고 있는 농업인 대상 건강보험료 및 연금보험료 지원도 정비할 수 있다.

농림수산식품 분야는 이러한 점을 감안하여 약 1조 원 규모의 재원을 마련할 수 있다.

국방 분야

국방 분야는 기존 전력을 유지 발전시키기 위한 전력 운영 부문과 새로운 무기 체계를 개발하고 도입하는 방위력 개선 부문으로 대별된다. 2017년 대비 양 부문 모두 큰 규모의 증가세를 보이고 있다. 통상 국방비의 적정 규모는 GDP 대비 비율을 기본으로 하여 각국의 특수성을 반영하여 판단한다. GDP 대비 국방비의 비중을 감안할 때 우리의 국방비는 그동안 GDP 대비 2% 내외를 유지해왔다. 남북한 대화를 통해 안정적인 안보 환경을 유지하려는 정부의 기조를 감안할 때 2017년 2.2% 수준을 유지하는 것이 바람직하나 2017년 2.2%에서 2020년 2.53% 수준으로 지속적으로 증가해왔다.

[표 2-28] 국방 분야 부문별 재원 배분

(단위: 조 원)

	2017년 예산	2020년 예산	증감액
국방	40.3	50.2	9.9
전력운영	28.1	33.5	5.4
방위력 개선	12.2	16.7	4.5

따라서 2017년 수준을 초과하는 부분인 GDP 대비 0.33%에 해당하는 약 6.5조 원은 구조조정이 가능한 금액으로 볼 수 있다.

이를 위해서는 강도 높은 국방 개혁을 추진할 필요가 있으며, 이를 위해 군 당국이 추진을 약속한 국방 개혁 과제들이 차질 없이 진행될 수 있도록 할 필요가 있다.

전력 운용 부문은 장교, 병사 등 군 인력 감축을 예정대로 추진하고, 인력 감축에 따른 관련 사업(기본 급식, 기본 피복, 교육용 탄약 등)을 구조조정하도록 한다. 또한 군 주거시설, 일반 지원시설에 대해서는 군 구조 변화에 따른 부대 통폐합 등을 고려한 소요를 산정하여 신축 리모델링보다는 유지 관리를 우선으로 하는 지출 절감 방안을 마련할 필요가 있다. 군 조달 물품의 민간 제품 사용을 확대하여 같은 품질의 물품을 보다 저렴한 가격으로 구입할 수 있도록 한다.

방위력 개선 부문은 무기 체계의 도입에는 사전 검토로부터 계획 반영, 실제 구입 및 획득에 이르기까지 10년 이상의 장기간이 소요되므로 당초 계획했던 성능과 규모를 충족하더라도 도입 시점에서는 미진한 경우가 있을 수 있다. 따라서 계획에 반영된다 하더라도 주기적으로 도입의 필요성과 수량, 성능 등을 원점에서 재검토하여 추진 여부를 결정하는 시스템이 필요하다.

특히 군별로 경쟁적으로 첨단 무기를 도입하려는 경향이 있으므로 이를 종합 조정하는 시스템이 보다 강화될 필요가 있다. 또한 제한된 예산의 범위 내에서 무기 체계를 도입하는 만큼 모든 위협에 대처할 수 있는 무기 체계를 모두 마련하기는 현실적으로 불가능하므로 위협의 우선순위를 잘 감안하여 대안을 마련하는 것이 바람직하다.

외교·통일 분야

외교·통일 분야는 부의 소득세와 전혀 관계없으며 구조조정의 여지도 크지 않다. 구조조정을 해야 한다면 연례적으로 편성되는 남북경제협력기금의 경제 사업 지출 약 1조 원을 정비하여 재원을 마련할 수 있다.

[표 2-29] 외교·통일 분야 부문별 재원 배분

(단위: 조 원)

	2017년 예산	2020년 예산	증감액
합계	4.5	5.6	1.1
외교	3.3	4.1	0.8
통일	1.2	1.5	0.3

공공질서 및 안전 분야

공공질서 및 안전 분야는 법원, 검찰, 경찰 등 사법 관련 기관을 지원하기 위한 인건비, 시설비, 운영비 등 지출이어서 부의 소득세와 관련이 없으며 구조조정의 여지도 크지 않다.

다만 구조조정하고자 한다면 그동안 조직과 인력이 늘어 지출 규모도 늘었던 검찰·경찰 분야를 중심으로 약 0.5조 원 수준의 구조조정을 검토할 수 있을 것이다.

[표 2-30] 공공질서 및 안전 분야 부문별 재원 배분

(단위: 조 원)

	2017년 예산	2020년 예산	증감액
합계	18.1	20.8	2.7
법원 및 헌재	1.9	2.2	0.3
법무 및 검찰	3.4	4.1	0.7
경찰	10.5	12.0	1.5
해경	1.2	1.5	0.3
재난관리	1.3	1.0	−0.3

일반·지방행정 분야

일반·지방행정 분야는 국회, 선거관리위원회, 일반 행정부처 등의 기관 운영 지원과 지방재정교부금 지원으로 크게 구분된다. 기관 운영 지원은 부의 소득세와 직접적인 관련성이 없지만 부의 소득세제 도입이 지방재정에 영향을 주는 만큼 이에 대한 검토가 필요하다.

대부분의 사회복지 사업은 국고보조 사업으로써 집행은 주로 지방정부가, 재원은 중앙정부 국고보조금과 지방정부의 대응 지방비로 마련하는 구조로 되어 있다. 사회복지 사업의 경우 서울을 제외한 지방정부의 재정 능력 차이에 따라 실제 평균적으로 20~40%를 지방정부가 대응 지방비로 부담하는 것으로 조사되었다. 부의 소득세 급여 재원은 중

[표 2-31] 일반·지방행정 분야 부문별 재원 배분

(단위: 조 원)

	2017년 예산	2020년 예산	증감액
합계	66.3	79.0	12.7
입법 및 선거관리	1.1	1.4	0.3
국정운영	0.5	0.6	0.1
지방행정재정지원	41.5	53.7	12.2
재정·금융	17.1	19.6	2.5
정부자원관리	0.9	0.8	−0.1
일반행정	2.1	2.8	0.7

앙정부가 마련하고 부의 소득세와 직접적인 관련 있는 사회복지 사업이 폐지되면 지방정부로서는 대응 지방비만큼 부담을 덜어 여유 재원이 생기게 된다. 최근의 국회 예산정책처의 조사에 의하면 사회복지 분야 전체 국고보조 사업에 대한 지방정부의 대응 지방비가 17조 원에 이르고 있다고 한다. 17조 원 중 부의 소득세와 직접 관련이 있는 대응 지방비는 10조 원 수준으로 추산되며 이 금액이 지방정부의 여유 재원이 되는 것이다.

지방정부의 대응 지방비는 통상 지방소득세 등 자체 재원, 지방재정교부금 등으로 조달하는데 지방재정교부금 감액 교부 등의 방법으로 대응 지방비를 중앙정부로 회수하여 부의 소득세 재원으로 활용할 수 있을 것이다.

이 경우 10조 원의 재원 마련이 가능할 것이다.

근로 및 자녀 장려금

주로 차상위 근로계층을 대상으로 총급여액에 따라 장려금을 지급하는 근로연계형 소득 지원 제도인 근로장려금과 자녀 1인당 최대 70만 원을 지급하는 자녀 장려금은 합쳐서 5.2조 원을 지원하고 있는데, 실질적으로 부의 소득세와 동일한 기능을 수행하므로 부의 소득세 도입과 함께 폐지되는 것이 맞다.

근로장려금과 자녀 장려금의 지원 대상이 단독가구 등 가구 중심으로 되어 있고 부의 소득세 지원 대상은 개인 중심으로 되어 있지만, 가구로 환산하여 비교 시 지원 대상 및 지원금액 면에서 거의 유사하므로 폐지하더라도 큰 문제는 없을 것이다.

이 경우 약 5.2조 원의 재원 마련이 가능할 것이다.

8

재정 개혁의 바람직한 방향성

지금까지의 검토된 재원 추산과 구조조정 산정 규모를 종합하면 [표 2-32]와 같다. 부의 소득세 도입에 따른 재원 필요 규모는 97.1조 원이고 재원 마련 규모는 136.6조 원이다. 필요 규모보다 더 마련된 약 40조 원은 재정수지 개선에 활용하여 재정 건전성을 제고하고 국가부채를 줄이는 데 기여할 것으로 기대된다.

구조조정과 관련하여 이해 당사자의 반발이 만만치는 않을 것으로 예상된다. 그러나 부의 소득세라는 사회복지제도의 큰 틀을 바꾸는 제도 도입을 계기로 사회복지제도뿐만 아니라 재정제도 전반을 원점에서 재검토해보고자 하는 노력은 그 의미를 아무리 강조해도 지나침이 없다. 이러한 차원에서 이해 당사자들의 이해와 협조를 적극적으로 끌어내는 노력을 아끼지 말아야 할 것이다.

본 작업이 부의 소득세제 도입이라는 큰 틀의 사회복지제도 개혁에 수

반되는 재정 개혁의 한 시안으로 거시적 차원에서 크게 보고 진행하는 과정에서 아무래도 자료 및 정보 부족으로 검토 대상을 추가 또는 누락하거나 규모를 과다 또는 과소 계상하는 우를 범했을지도 모른다. 향후 전문가들이 생각하는 더 바람직한 다른 대안이 있다면 대안을 제시하거나, 개별 사업에 대한 보다 구체적이고 엄밀한 검토를 통해 오류가 있다면 수정할 수 있는 기회가 주어지면 좋을 것이다.

[표 2-32] 소요 재원 및 부문별 재원 조달 규모 총괄표

(단위: 조 원)

① 부의 소득세 급여 규모(30/50만 원, 개인별)	172.7
② 인적공제·근로소득공제 폐지 시 급여 규모(A)	133.3
−세수 확보 효과(B)	36.2
③ 재원 마련 필요 규모(A−B)	97.1
④ 재원 마련 가능 규모(C+D+E+F+G)	136.6
1. 보건복지노동 분야 구조조정(C)	50.5
−보건복지 분야	36,2
기초생활보장제도	10.4
취약계층지원	1.0
아동/보육	10.5
노인	13.8
여성·가족	0.5
−고용 분야	11.8
구직급여 등 고용보험 사업 보험료 세금 전환	6.1
일자리안정자금지원	2.2
사회보험 사각지대 해소(두루누리 사업)	1.2
청년내일채움공제 예산분	0.8
국민취업제도	0.7
지역맞춤형일자리	0.3
직접 일자리	0.5
−건강보험 및 장기요양보험	2.5

2. 기타 분야 구조조정 (D)	30.9
−교육 분야	10.9
지방교육재정교부금	5.0
특별교부금	1.3
맞춤형 국가장학금	4.0
고등학교 무상교육	0.6
−문화체육관광 분야	1.0
−환경 분야	1.0
−경제산업 분야(R&D 산업 중소 에너지 SOC 농림)	10.0
−국방 분야	6.5
−공공질서 외교통일 분야	1.5
3. 사회복지 대응 지방비(E)	10.0
4. 근로 및 자녀 장려금(F)	5.2
5. 부가세율 인상(G)	40.0

•

3장

자유
규제 개혁과 자유로운 경제

임종룡

기획재정부 경제정책국장 및 제1차관과 금융위원장을 역임한 경제정책·금융
전문가. 현재 법무법인 율촌 고문과 연세대학교 경제대학원 특임교수로 활동
하고 있다.

1

지속 성장을 위한 전략: 규제 개혁

'부(負)의 소득세'의 도입을 통해 의미 있는 사회 안전망을 구축하게 되면, 이를 어떻게 지속 가능한 제도로 만들지에 관한 전략이 필요하다. 이는 사회 안전망을 지속 가능하게 하는 재원을 확보할 수 있도록 '경제성장'을 이룰 수 있는 전략을 의미한다.

공정한 경쟁과 자유로운 경제활동을 가능하게 하여 경제를 활성화해 나가야 한다. 공정한 경쟁은 시장에서 가장 효율적인 선택이 이루어지게 하여 경제의 비용(cost)을 줄인다. 자유로운 경제활동은 창의와 혁신을 가능하게 하여 경제 자체의 경쟁력을 높일 뿐만 아니라 경제의 산출(output)을 늘리게 한다. 경제 전체로 보아 비용을 줄이고 산출을 늘리게 되면 국부(national wealth)가 쌓이고, 여기에서 생성되는 재정 능력이 국민을 위한 사회 안전망을 지속시키는 힘이 될 것이다.

문재인 정부 초기 경제 운용 철학의 중심은 '소득주도 성장'이었다. 최저임금의 인상, 배당보다는 임금 배분의 확대, 재정을 통한 사회이전 지출의 확대 등이 주요한 정책 방안이었다. 이는 소득 증가를 통해 유효수요를 확대하면 생산이 증가하게 되어 경제의 선순환 구조를 만들 수 있다는 논리에 기초한다. 곧 소득(복지의 증가)이 성장(생산의 증가)을 유도해나갈 수 있다는 것이 기본적인 생각이었다. 일면 논리적인 측면에서만 본다면 타당성이 있는 접근 전략일 수 있다.

그러나 인위적인 소득 증가 정책은 지속 가능하지도 않을 뿐만 아니라 경제의 비용을 증가시켜 오히려 시장의 생산성을 낮추었고, 국부 창출의 핵심인 기업 활동을 위축시키는 문제를 초래했다. 즉 '경제의 산출'을 늘려나가려는 정책이 함께 추진되지 못했다는 점이다. 시장경제 원리에 상충되는 규제의 남발, 반기업적 정서의 확대, 민간 투자를 구축시킨 과도한 정부 관여 등은 '산출'을 위한 투자를 위축시켰다. 성장의 확대(산출)만이 분배의 몫(복지)을 늘려나간다는 당연한 이치가 강조되지 못했다.

지속적인 성장은 어떻게 가능할까? 능력 있는 사람이 능력을 발휘하여 산출을 극대화하는 경제가 되어야 한다. 이를 위해서는 '공정한 경쟁'과 '자유로운 경제활동'이 가능해야 한다는 점은 앞서서 강조한 바 있다. 공정한 경쟁은 별도 장(章)에서 다루고, 본 장에서는 '자유로운 경제활동'을 어떻게 이루어나갈지에 관한 논의를 하고자 한다.

시장경제의 힘

군이 역사적 경험을 거론하지 않더라도 '시장경제 체제'는 가장 효과적이고 우월한 성과를 낼 수 있는 경제체제이다.

우선, 시장경제는 자유로운 경제활동을 전제 조건으로 운용된다. 다른 사람의 구속 없이 자신 또는 조직의 이익을 위해 다양한 생각을 하고 그중 가장 효과적인 선택을 하며 최선의 노력을 다해 결과를 얻을 수 있도록 행동하게 한다. 이는 곧 능력 있는 사람이 그 능력을 최대한 발휘할 수 있게 되고, 이것이 모아져서 국가가 가진 최대한의 역량을 동원할 수 있도록 한다.

'시장경제'는 경쟁을 조장한다. 경쟁은 시장에 참여하고 있는 자가 최선을 다하게 하는 환경이 될 뿐만 아니라 능률과 창의성, 그리고 다양한 정보를 가장 효율적으로 활용하게 하는 동인(動因)이 된다.

시장은 '보이지 않는 손(invisible hand)'[1]에 의해 최선의 질서를 보장한다. 시장에서 생산자의 판단과 아이디어에 따라 재화와 서비스가 공급되고, 소비자는 스스로의 판단과 선택을 함으로써 양, 질 그리고 가격이 결정된다. 소비자에게 선택되는 재화와 서비스는 계속 규모를 늘려나가지만 선택되지 않는 것은 시장에서 자연스럽게 퇴출된다. 시장은 스스로 아무런 규제 없이 질서를 만들어주는 것이다. 이것이 '보이지 않는 손'이다. 이를 통해 만들어지는 세상의 질서는 인간의 사익 추구로 인해 우려되는 혼란과 충돌을 방지해주고 있는 것이다.

이해를 돕기 위해 많은 경제 교과서에서 예시로 들고 있는 '시장경제'의 우월성을 나타내는 이자율 규제 효과의 사례를 살펴보자.

그림은 이자율이 시장에서 자율적으로 결정될 때와 인위적으로 규제될 때의 후생(welfare)의 차이를 보여준다. 이자율에 대한 규제가 없어 시장 경쟁에 의해 결정될 경우 이자율은 ie이고, 이때 공급되는 자금 수급

---

1 애덤 스미스는 "사람들은 오직 자신의 이익만을 추구한다. 그런데 이들은 '보이지 않는 손'에 이끌려 자신이 의도하지 않은 공익을 위해 종사하게 된다"고 주장한 바 있다.

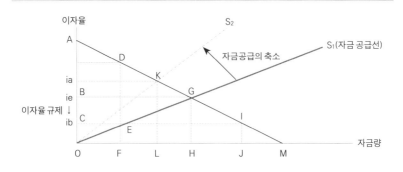

[그림 3-1] 이자율 규제의 효과

자료: 강병호·김대식·박경서(2018), 금융기관론

량은 OH가 된다.

사회 전체가 받게 되는 사회적 잉여(total surplus)는 △AGO로서 이는 공급자 잉여(△BGO)와 수요자 잉여(△AGB)의 합계로 구성된다. 만일 이자율이 규제되어 ib 수준이 된다면 사회적 잉여는 □ADEO로 축소되고, 만일 자금 공급이 축소(S1→S2)되어 이자율이 ia 수준이 된다면 사회적 잉여는 △AKO가 된다.

사회적 후생 규모는 이자율 규제이든 자금 공급 규제이든 규제가 없는 시장 경쟁에 의해 이자율이 결정될 때 △AGO로 가장 크게 된다. 금융회사 간 시장 경쟁에 따라 금융상품의 가격(금리, 수수료 등)이 경쟁적으로 형성되면 효율성이 높아져 참여자들의 후생은 최대화된다는 의미다.

규제의 탄생: 시장 실패와 형평성

시장경제 체제는 가장 우월하고 효과적이며, 대체 가능하지 않은 경제

체제이지만 진선진미(眞善眞美)한 완벽한 체제는 아니다.

먼저, 시장 실패(market failure)가 존재하기 때문이다. 시장을 중시하는 경제학자들조차도 정부의 개입과 관여(규제)의 이유가 되는 시장 실패 현상을 인정하고 이를 해소하기 위한 방안을 제시한다. 시장 실패는 ① 거래 관계에 의도한 바 없이 타인에게 비용이나 편익을 주는 외부 효과가 존재하는 경우, ② 거래 관계자 간에 정보의 불완전성과 비대칭성(imperfect and asymmetrical information)이 존재하는 경우, ③ 독과점이 존재하여 자원 배분의 비효율성이 존재하는 경우 등 시장 개입이 필요하고 정당화되는 경우이다.[2]

다음으로, 시장경제가 안고 있는 원천적 결함이다. 경쟁은 자유로운 경제활동을 전제로 하고 능력 있는 사람이 언제나 유리하다. 따라서 경쟁이 기본인 시장경제에서는 능력의 차이에 따라 능력 있는 사람과 뒤처지는 사람 간의 차이가 뚜렷하게 나타나는 '격차'가 발생하고, 이를 해소하여 형평을 기하기 위한 정책 수요가 발생한다. 형평의 문제를 해결하기 위해 시장 원리를 해치는 규제는 바람직하지 않고 정부가 나서서 사회 안전망과 같은 재분배 정책으로 해결해야 한다는 견해가 있기는 하지만, 형평의 문제는 시장경제만을 고집할 수 없다는 주요한 이유가 된다. 이와 같이 시장이 효율적인 자원 배분을 못해서 발생하는 문제점(시장 실패)이나 시장이 원천적으로 안고 있는 결함으로 인해 생기는 문제점(형평 문제)을 치유하기 위해 정부는 시장에 개입하거나 관여를 한다. 이로 인해 규제(regulation)가 탄생하게 되는 것이다.

규제는 '국가 또는 지방자치 단체가 특정한 행정 목적을 실현하기 위

---

2   김영평·최병선·신도철 편저(2006.3), 규제의 역설, 164쪽.

해 국민(국내법을 적용하고 있는 외국인을 포함한다)의 권리를 제한하거나 의무를 부과하는 것으로서 법령 등 또는 조례, 규칙에 규정되는 사항'으로 법률상 정의된다.[3] 법률상의 의미를 떠나 이를 좀 더 쉽게 이해하고자 한다면 다수의 이익(공익)을 위해 무엇을 '해라' 또는 '하지 마라' 하는 것이 규제라 할 수 있다.

규제의 특성은, 첫째, 규제는 공공의 불이익을 해소하거나 공익을 확대한다는 선의의 목표나 지향점을 갖고 출발한다는 것이다. 규제의 뒷면에 이념적인 배경이 담겨져 있다 해도 그것은 공익을 위한다는 선의의 신념에 기초하고 있다. 둘째, 규제는 '위로만 올라가는 톱니바퀴'와 같다고 한다. 공익적 목적으로 선의의 의도로 규제를 시작하게 되어도 규제의 부작용을 막기 위해 혹은 규제 회피 행동을 막기 위해 새로운 규제가 생긴다. 한 번 만들어진 규제를 푸는 것은 규제를 만드는 것보다는 어렵기 때문에 규제는 늘어만 간다. 이것을 규제의 '톱니바퀴 효과(rachet effect)'라고 한다.[4] 셋째, 규제는 명시적으로 법령상 정해져 있는 규제뿐만 아니라 사후 책임을 의식하여 소극적으로 행정을 하는 행정 태도, 정해진 절차에 의하지 않는 처리 관행(예를 들어 신고사항을 사실상 인가제도로 운용하는 처리)을 포괄해서 의미한다. 우리의 경우 자유로운 경제활동을 어렵게 하는 것은 법령상의 규제뿐만 아니라 행정기관의 소극적·보신적 문화가 더 큰 원인을 차지하고 있는 것이 현실이기 때문이다.

---

3   행정규제기본법 제2조
4   김영평·최병선·신도철 편저(2006.3) 규제의 역설, 157쪽.

규제로 인한 시장 기능의 제약

규제가 갖는 가장 큰 해악은 시장경제의 전제인 자유로운 경제활동을 제약하여 시장경제가 충실히 작동하지 못하게 하는 데 있다. 능력 있는 사람이 제 능력을 다 발휘하지 못하도록 손과 발을 묶는 결과를 낳는다. 경제활동에 빗대어 얘기하면 할 수 없는 행위가 많아 시장 참여자가 줄고 기업가가 창의적인 사고를 시장에서 실현하지 못하게 한다. 이에 따라 시장에서의 경쟁은 약화되고 산출은 줄어들어 경제 전체가 위축되는 결과가 초래된다.

예를 들어보자. 글로벌 100대 스타트업이 한국에서 사업을 했다면 규제로 인해 사업이 불가능했을 기업이 13개, 제한적으로만 사업이 가능했을 기업이 18개로 분석되고 있다.[5] 촘촘한 진입 규제로 인해 절반 정도(누적 투자액 기준)의 글로벌 스타트업 기업은 한국에서 출현조차 할 수 없다는 것이다.

규제 자체가 실패할 가능성도 크다. 정부가 시장을 대체할 수 있을 정도의 기능이나 정보를 가지고 있지 못할 경우 규제는 사회적 편익보다 비용을 크게 하는 부작용을 초래할 가능성이 크다. 정부가 시장 실패를 제대로 파악하지 못하고, 이에 기반한 규제는 잘못된 대응일 수 있기 때문이다. 특히 이러한 문제는 시장가격에 대한 규제에서 많은 예를 찾을 수 있다.

---

5   한국경제신문 보도자료(2019.8.21) 참조.

베네수엘라는 석유 매장량이 세계 1위임에도 포퓰리즘으로 망한 대표적인 나라로 예시된다. 베네수엘라에 '마진 30% 룰'이라는 규제가 있다. 기업이 자기 상품의 가격을 정할 때 30% 이상 마진을 붙이면 불법이 되는 규제이다. 일견 높은 마진율로 보이나 생산된 물품이 모두 팔렸을 때 얻을 수 있는 수익이므로 생산자 입장에서는 불확실성만 키우는 의미 없는 규제일 뿐이다. 시장가격을 무시한 가격 통제는 기업의 생산 활동을 위축시켰다. 규제 이후 3년 정도 사이에 80% 기업이 없어졌다. 결국 물가는 더욱 폭등하고 그나마 시장에서는 물건이 사라져버렸다.[6]

자유로운 경제활동을 제약하는 규제는 그 자체로 실패할 가능성도 있지만, 그 실패를 만회하기 위해 또 다른 규제를 양산하게 된다는 악순환의 고리에 빠지기 쉽다. 그에 따라 당초의 규제 의도에 비해 기업 활동을 더욱 옥죄게 되는 결과를 낳는다. 잘못 만들어진 처음의 규제는 부작용을 낳고 이를 치유하기 위해 또 다른 규제로 대응하지만 이 역시 목표와는 다른 효과가 만들어진다. 이를 전문가들은 '규제의 피라미드'라고 부른다.[7]

에너지 위기로 석유 가격이 급등한 경우, 규제가 없다면 시장 기능에 의해 소비가 감소했을 것이고, 시장은 가격 기능에 의해 필요한 부문에 우선 공급하는 기능이 작동했을 것이다. 그러나 석유 가격에 대한 규제가 시행된다면 당장 불필요한 부분에서도 미리 사고자 하는 가수요가

---

6   최성락(2020), 규제의 역설, 85쪽 사례를 발췌 요약함.
7   김영평·최병선·신도철 편저(2006.3), 규제의 역설. 198쪽.

유발되고 꼭 필요한 사람은 이를 구하기 위해 암시장이 형성된다. 그러한 가격 규제가 실패하는 것이다. 실패를 막기 위해 암시장을 처벌하는 규제, 정유회사의 생산과 보급을 통제하는 규제, 매점매석을 막기 위한 규제 등 규제는 피라미드와 같이 확산하게 된다.[8]

실패하는 규제는 나타난 현상만을 보고 만들어진다. 어떠한 원인으로 현상이 발생했는지 현상을 치유하기 위한 규제가 다른 부작용은 없는지 깊이 있게 검토되지 않고 '공익'이라는 이유로 성급하게 생산되는 것이다. 이러한 규제는 반드시 실패하게 된다. 비유하자면 환자가 통증이 있다고 해서 진통제만으로 통증을 줄여주는 의사는 그 자체만으로 일차 치료라 할 수 있으나 통증을 일으키는 병인(病因)을 근본적으로 해소하지 못하면 차츰 더 강한 진통제를 쓰려 할 것이며, 이와 같은 방법은 근본적인 치료를 지연시켜 오히려 병세를 키우는 결과를 가져올 것이다.

주택 전세가격의 폭등을 막기 위한 임대차 3법은 세입자의 주거 권리를 4년으로 늘리고, 전월세 상승폭의 상한을 정한 법이다. 시장가격에 의해 결정되어야 할 가격과 조건을 세입자 보호를 위한 '선한 의도'로 규제했다. 전세가격 상승이라는 당장의 현상을 치유하기 위한 규제이지만, 오히려 집주인은 4년간의 가격을 한꺼번에 보상받으려 하고, 가격 통제로 전세 물량 공급이 축소되는 부작용을 초래했다. 원인(전세 물량 축소)에 대한 처방 없이 현상(전세가격 상승)만을 통제하려 했던 규제일 것이다.

---

8 김영평·최병선·신도철 편저(2006.3), 규제의 역설, 197쪽 사례를 발췌 요약하였다.

규제의 지속: 규제 개혁이 어려운 이유

규제는 실패의 가능성이 크다. 경제적 시각에서 본다면 규제는 자유로운 기업과 개인의 경제활동을 제약하기 때문에 창의로운 경제, 효율적인 시장에 부담을 주게 된다. 이를 해소하기 위해 정작 규제를 생산하고 있는 정부는 규제를 완화하거나 합리적으로 정비하기 위해 조직을 만들고 인력을 투입하며 다양한 규제관리 기법을 도입한다. 역대 정부는 언제나 '규제 개혁'을 외쳐왔고, 이는 다른 나라의 경우도 예외 없이 동일한 정책 목표를 갖고 노력하고 있다. 그러나 규제는 그 강도에서도 더욱 단단해지고 있고, 자유로운 시장경제에 개입하는 정도나 기업의 창의와 혁신을 제약하는 수준 역시 더욱 높아지고 있다. 왜 불합리한 규제는 지속되고 심지어 규제에 규제까지 얹어져서 확대되는 것일까?

기득권의 형성과 이해 상충

일단 규제가 만들어지면 그 규제는 어떤 일을 '해라' 혹은 '하지 마라'의 형태가 되어 개인 또는 조직에게 부담을 주게 되는 반면, 한편으로는 이익을 보게 되는 상대방이 생기게 된다. 즉 기득권자가 생기게 되고, 기득권자는 경제적 지대(economic rent)를 누리게 된다. 예를 들어 금융업은 다수 국민의 재산을 맡아 운용하고 국민 경제에 미치는 영향이 크기 때문에 일정한 자격과 요건을 갖추어서 정부의 인가를 받은 자만 영위할 수 있다. 일반 제조업과는 달리 금융업의 진입 규제가 많은 이유이다.

금융업에서의 진입 규제는 공익적 목적의 필요한 규제일 뿐만 아니라 어느 나라에서나 운용되고 있는 규제이다. 그러나 진입 규제가 지나치게 높을 경우 산업의 경쟁 정도는 줄어들고 독과점으로 인한 폐해가 발생하게 된다. 또한 규제의 울타리 안에 들어가 함께 이익을 누리려는 사람의 진입 욕구는 더욱 커지게 된다. 그러나 규제 내에서 이미 이익을 향유하고 있는 기득권자들은 한사코 규제의 높이를 유지하려는 노력을 하게 된다. 규제를 유지하거나 강화하려는 여론을 조성하고 그들이 과시할 수 있는 정치적 영향력을 정당에 보여주는 로비도 한다.

통상 기득권을 지키려는 노력은 훨씬 강하고 공동의 이익을 위해 함께 힘을 모으기 때문에 규제는 좀처럼 사라지지 않는다. 기득권을 조정하고 이해 상충의 갈등을 해소하여 합리적 대안을 만들어내는 것이 국가의 역량이겠으나, 의회의 권력이 강해지고 '표'가 의사결정의 척도가 된다면 규제는 오히려 더욱 공고해지고 시장경제에 주는 부담은 더욱 커지게 된다.

최근 타다의 운영을 제한한 입법이 기득권 문제로 인해 규제가 강화된 대표적 사례일 것이다. 공유 차량이 세계적으로 확산되고 있는 비즈니스였고 기술 발전에 따른 불가피성이 제기되었으나 결국 기득권을 침해 받게 되는 '다수의 표'(택시 사업자)를 의식하여 오히려 규제를 강화하는 입법이 만들어지게 되었다. 이는 기득권의 문제가 합리적 대안을 통해 해결되기보다는 '이해관계인의 숫자'에 의해 좌우되었다는 비판이 제기되었다.

규제를 통한 이념의 구현

정부가 지향하는 가치와 목표는 정책으로 나타나게 되며, 그 정책이 시장에서 구현되는 주요한 수단이 곧 '규제'이다. 통상 우리는 우파 정부와 좌파 정부 이념의 척도를 '자유(우파)'와 '평등(좌파)'으로 구분한다. 그 이념적 기초 아래 자신의 생각을 정의로운 것으로 확신하고 이를 정책에 반영하려는 일관되고 단호한 노력이 규제를 지속하거나 새롭게 규제를 만들게 한다. '자유'를 기본으로 하는 시장경제는 '능력 있는 자가 전부 얻는다'는 원천적 한계 때문에 '평등'을 위한 규제가 생겨난다. 반대의 경우보다 더 많을 것이다. 물론 시장경제는 완벽하지 않아 형평을 위한 규제는 필요하지만 '어느 수준', '어떤 방법'이냐에 따라 시장 결함의 보완이 아니라 시장 원리의 훼손을 초래할 수 있다.

이념적 관점의 차이로 인해 오랫동안 논란이 되어왔던 규제의 대표적예가 투자 개방형 병원(영리 병원) 규제이다. '영리'라는 상업성이 의료 분야와 같이 공공적 영역에 도입되어서는 안 된다는 점에서 결국 이념적관점과 연계되어 있다. 우리나라의 경우 의료법상 병원은 의료인, 국가, 지자체 또는 비영리 법인만 설립이 가능한데, 개인이나 기업도 병원에 투자하여 배당을 받고 병원 해산 시 재산 처분권을 인정해주자는 것이 투자 개방형 병원의 핵심 논리다.

병원의 약 90%가 민간 소유로 사실상 영리를 추구하고 있음에도 병원비 폭등, 의료 양극화, 의료기관의 과다 경쟁 등의 우려가 있어 투자 개방병원은 불가하다는 것이 반대의 목소리다. OECD 국가 중 한국, 일본, 네덜란드를 제외하고는 모두 투자 개방형 병원을 허용하고 있다.[9] 의료산업의 선진화, 의료 서비스의 다양화, 일자리 창출, 우수한 인력이 종사하는 의료 분야의 산업화(싱가포르, 태국과 같은 해외 환자 유치) 등 투자 개방형병원 허용 시 장점은 의료의 공공성이란 이념에 가리어져 있다. 심지어제주도와 경제자유구역에 한정하여 허용한다는 특별법이 있음에도 우리나라에서 투자 개방형 병원의 출현은 요원하기만 하다.

---

9   류충렬(2015), 규제의 파르마콘, 대영문화사, 285쪽.

[표 3-1] 연도별 해외 환자 유치 실적

연도	2009	2011	2013	2015	2017
환자 수(명)	60,201	122,297	211,218	296,889	321,574
진료 수익(억 원)	547	1,809	3,904	6,694	6,399

자료: 한국보건산업진흥원(2020)

\# 2009년 의료법 개정으로 해외 환자를 유치하는 행위가 허용된 이후 우리나라의 해외 환자 유치는 급격히 증가하고 있다. 이는 규제 완화 하나만으로도 의료산업에 새로운 영역을 확대해줄 수 있음을 시사한다.

재해와 사고의 발생

자연적 재해 혹은 인위적 재해는 사회적으로 큰 피해를 가져오게 된다. 이를 예방하기 위하거나 재해가 발생하면 후속 조치로서 많은 규제가 생기게 된다. 이러한 규제는 비록 재해의 가능성이 매우 적을지라도 쉽게 다듬어지거나 완화되지 않고 지속하게 된다. 예를 들어 지진 발생으로 대규모 건물 붕괴가 발생한다면 건축물에 대해 내진 설계가 강화되고, 선박 침몰 사고가 발생한다면 선박 운행과 승객 보호를 위한 규제가 대폭 강화된다. 산업이 복잡하게 발전하고 기계와 건축물이 대형화 하는 한편, 기후변화 등으로 예측하지 못한 재해의 가능성이 커지는 상황에서 '생명과 안전'을 무엇보다 바꿀 수 없는 가치이므로 이를 보호하기 위한 규제는 필요하고 당연할 것이다. 그러나 기술·환경의 발전을 반영하여 합리적으로 개선되지 않은 규제를 지속한다면 이는 사회적 비용이 될 것이다.

\# 2014년 1월 3개 카드사에서 개인정보 약 1억 건이 용역업체 직원을

통해 외부에 유출되어 사회적으로 큰 파장이 발생되었다. 이 사건의 본질은 용역업체 직원이 개인 신용정보를 훔쳐 내어 불법 수집자에게 판 것이 핵심이다. 일종의 절도 사건인 셈이다. 카드회사가 이미 규제로 정해져 있던 보안 절차만 준수했더라도 충분히 막을 수 있었던 전형적인 인재(人災) 사건이었다. 그러나 이 사건의 커다란 사회적 파장으로 인해 재발 방지 대책이 마련되었고, 이에는 많은 규제가 포함된다.

금융회사는 최소한의 정보만을 수집하고 보유기간도 5년으로 축소하며, 신용정보 관리 보호인을 '임원'으로 임명하여 의무를 강화한다. 심지어 금융지주회사가 계열사로부터 수집한 정보는 '내부 경영관리'에만 활용토록 제한했다. 이는 계열사 간 정보를 바탕으로 금융그룹 전체의 시너지를 창출하고자 한 금융지주회사의 본래 기능을 크게 위축시켰다. 이러한 규제는 앞으로도 정보 유출의 가능성이 조금이라도 있는 한 쉽게 풀리지 않을 것이다. 카드 정보 유출 사건으로 금융산업이 치러야 하는 가장 큰 비용으로 남게 되었다.

공무원의 보신주의와 규제 유인

규제를 완화하거나 폐지하는 경우 이를 악용하는 부작용이 발생할 수 있다. 규제 담당자는 경제적 자유를 확대하고 시장의 경쟁을 높여나갔다는 '평가'보다는 무분별하게 규제를 없애서 부작용이 발생했다는 '책임'이 따르기 때문에 규제 개혁에 소극적이게 된다. 따라서 규제 담당자는 예외적인 부작용을 이유로 규제 변화에 반대하거나, 규제를 바꾸었다 해도 과거의 방식으로 규제를 운용하는 것이다. 예를 들어 시장 진입의 문턱을 맞추기 위해 법령상의 진입 요건을 완화했는데, 내부인가 지침을 바꾸지 않고 종전의 규제를 적용하는 경우이다.

그러나 이러한 현상이 규제를 담당한 공무원의 보수적이고 소극적인 속성에 모든 원인이 있다고 하기는 어렵다. 문제가 발생할 경우 시장이 스스로 치유하기를 기대하기보다는 항상 대책을 요구하는 여론, '일하지 않는 자세'보다는 '적극적으로 일한 자세'에 대해 추궁하는 공공부문의 감사 문화, 규제를 완화하면 이후 발생하는 문제의 원인을 규제 완화에서 찾으려는 비합리적인 책임론 등 공무원을 보신적으로 만드는 상황에 더 큰 이유가 있다고 생각한다.

2020년 발생한 부실 사모펀드로 인한 투자자들이 피해가 크게 발생되었다. 다양한 원인이 제기되고 있으나, 그중 하나는 5년 전인 2015년 사모펀드에 대한 규제 완화를 지적하고 있다. 규제 완화 당시 사모펀드는 대표적인 민간 모험 자본으로서 시장 진입 규제 등을 낮춤으로써 혁신 기업의 자금 조달을 확대하고 위축된 공모시장을 보완하여 자본시장 기반을 넓히고자 하는 취지였다. 그에 따른 성과[10]가 모두 감추어지고 규제 완화가 사고의 주범이라는 의견이 제기되고 있다. 심지어 규제 완화 이후 시장의 상황을 점검하고 부작용을 사전에 예방했어야 할 감독기관 조차도 규제 완화에 원인이 있다고 주장하고 있다. 전혀 관련성이 있지 않은 금융 감독 체제를 바꾸어야 할 문제라는 주장까지 더해지고 있다.

이러한 규제 문화 하에서 규제 개혁은 이루어지지 않는다. 보신적이고 소극적 자세를 유발하는 것은 그 속성에 있다기보다 그런 자세를 유지하는 것이 안전하다고 생각하게 하는 '규제 문화'에 있다.

---

10   실제 사모펀드의 규모는 2015년 238조 원→2019년 478조 원으로 성장한 반면 공모펀드는 284조 원→242조 원으로 여전히 정체되고 있는 상황이다.

규제의 지속 또는 확대의 원인으로 규제 담당자와 소속 규제기관의 이익을 지적하는 의견도 있다. 즉 규제 담당자가 규제를 할수록 권한은 강화되며 민간을 통제할 수 있는 수단이 만들어진다는 의미다. 그러나 규제 담당자의 사적 이익 또는 소속 규제기관의 조직적 이익 때문에 규제가 만들어지는 것은 일부에 불과하다. 소극적 측면에서 보자면 규제를 유지하거나 신설하는 것이 안 하는 것보다는 사후적인 위험을 줄일 수 있고, 적극적 측면에서 보면 소관 분야의 전문성을 바탕으로 지향해야 할 목표를 추구해야 하기 때문에 규제를 만들려 하는 것이다.

그러나 사회 안전, 환경, 금융, 국토 균형발전 등 각 부분에서 갖게 되는 규제 유인은 전체 경제로 보면 지나친 규제를 낳고 자유로운 경제활동을 중첩해서 제약하게 된다. 이를 피해서 총체적으로 규제의 수준을 적정하게 관리할 수 있느냐는 그 나라의 '규제관리 능력'과 '규제 문화'에 좌우될 것이다.

2

규제 개혁 방향

규제정책에 관한 오랜 실무 경험을 가진 전문가가 "규제는 파르마콘(pharmacon)이다"라고 정의한 바 있다.[11] 규제의 의미를 적절히 담고 있는 정의라고 생각된다. 시장 실패를 보완하고 공익적 목적을 위해 규제는 필요하기도 하고 불가피하기도 할 것이다. 완전한 자유방임적 경제 질서를 추구할 수 없고, 더욱이 무정부 상태의 국가 운영을 하려 하지 않는 한 규제는 불가피한 것일 뿐만 아니라, 병을 치유하거나 예방하려는 약(藥)과 같은 것이다. 그러나 시장 실패를 보완하는 수준이 아니라 효율적 시장경제의 작동을 어렵게 하는 과도한 규제, 경제사회적 환경의 변화에 맞추어 다듬어지지 않은 규제는 오히려 국가발전에 치명적인 독(毒)이 되는

---

[11] 류충렬(2015). 규제의 파르마콘, 대영문화사, 42쪽.
파르마콘은 그리스어에서 유래된 약학상 용어로서 독(毒)과 약(藥)을 동시에 갖고 있는 약물을 의미한다.

양면성을 갖고 있다.

규제가 공익과 경제사회의 질서 유지를 위해 불가피하다면 이제 우리에게 남은 과제는 하나이다. 어떻게 규제의 독성(毒性)을 최소화하고, 약으로서의 효능을 최대화할 것인지의 문제이다. 이를 위한 노력을 '규제 개혁'이라 할 수 있다. 자유로운 경제활동을 제약하는 규제는 완화하거나 폐지해나가고, 새로운 병리 현상이나 지나친 사익(私益)의 추구로 혼탁해진 경제·사회 질서를 바로잡기 위한 규제는 신속히 만들어야 하며, 만들어진 규제는 새로운 환경 변화에 따라 지속적으로 다듬고 정예화하는 것이 필요하다. 따라서 규제 개혁은 단순히 규제 완화나 폐지가 아니라 규제 강화나 규제 합리화의 의미까지 포괄하는 것이 되어야 한다.

네 가지 방향을 포괄하는 규제 개혁을 추진하는 것은 쉽지 않은 문제이다. 어느 부문은 완화해야 하고 어느 부문은 강화해야 할지 대상을 정하는 것이 어렵다. 특히 규제 개혁을 하고자 할 경우 직면하게 되는 가장 큰 어려움, 즉 기득권을 가진 자나 그렇지 못한 자 간의 이해충돌을 조정하는 것은 극히 예민하고 쉽게 해결되지 않는 문제이기 때문이다.

규제 개혁의 방향을 논의하는 데 일반적으로 제시되는 방안은 규제를 경제적 규제와 사회적 규제로 나누고 기본 방향을 설정하는 방법이다. 경제적 규제란 진입 규제, 가격 규제, 경영 규제, 공급 규제 등 기업이나 산업 활동과 관련한 규제인바, 이는 시장경제 기능을 활성화하기 위해 규제 완화 또는 폐지의 방향이어야 한다는 의견이다. 반면 환경, 소비자, 산업 안전 등과 같은 사회적 규제는 경제활동에서 부수적으로 발생하는 사회적 부작용을 치유하기 위해 필요한 규제라고 할 수 있다. 이러한 사회적 규제는 인간의 생명과 안전 또는 사회질서의 유지 등 양보할 수 없는 가치를 위한 것인 만큼 규제 강화의 방향을 제시하고 있다. 그러나 경제적 규제와 사회적 규제의 이분법적 구분으로 모든 규제를 분류하기에 모호한 경우가 많고 규제의 대상에는 양자 모두 '기업'이 포함되는데, '자유로운 기업 활동을 통한 시장경제 기능의 활성화'라는 목표를 상정한다면 경제적 규제와 사회적 규제로 분류하는 규제 개혁의 방향은 적절하지 않은 측면이 있다. 따라서 규제 자체를 중심에 두고 완화, 폐지, 강화, 합리화 등 방향을 설정하기보다는 규제 전체를 망라한 개혁의 원칙을 정하고 이를 실현할 구체적 프로그램을 추진하는 것이 실효성 있고 전략적으로 타당할 것이다.

규제 개혁의 원칙을 정하는 것은 매우 중요하다. 이는 기존의 규제를 바꾸는 기준이 되는 의미가 있을 뿐만 아니라 앞으로 규제를 만들거나 운용하는 데 지침이 되기 때문이다. 그동안 우리의 규제 개혁은 기업이 경영 활동에 어려움을 겪고 있는 애로 과제를 건의 받거나 조사하여 이를 각 부처가 검토하여 수용하는 방식으로 주로 추진해왔다.[12] 이는 애로사항의 해소이고 이를 통해 나온 결과는 규제 보완이지 규제 개혁이라 할 수 없을 것이다. 규제 개혁의 원칙을 설정하고 모든 규제를 대상으로 원칙을 적용할 수 있는 시스템을 구축하지 않으면 규제 개혁은 어느 정부에서나 했듯이 단기적·대중적·부분적 처방에 그칠 뿐 지속적·근원적 변화를 기대하기 어려울 것이다.

---

12 류충렬(2015). 규제의 파르마콘, 대영문화사, 84쪽.

규제는 투명하게 만들어지고 운영되어야 한다

규제가 투명해야 한다는 의미는, 첫째, 규제는 법률에 근거하고 법률 또는 법률에 위임한 바에 따라 하위 법령에서 규정되어야 한다(규제법정주의, 행정규제기본법 제4조). 이는 규제가 엄격히 제한되어야 한다는 취지뿐만 아니라 누구나 찾아볼 수 있고 누구에게나 규제가 동일하게 적용되어야 한다는 취지일 것이다. 그러나 실제 규제가 존재하는 상황을 보면 법령상의 규제 이외에 '행정지도, 공문, 지침' 등의 명목으로 하는 규제와 심지어 '구두지시'에 이르기까지 불투명한 규제가 지배적으로 자리 잡고 있다. 소위 '그림자 규제'라고 할 수 있다. 이러한 그림자 규제는 법률상 명확한 근거 없이 국민의 자유와 권리를 제한할 뿐 아니라 명시적이고 투명하지 않아 언제까지, 누구를 대상으로 하는지가 명확하지 않은 점이다.

금융회사의 금리, 수수료, 배당에 대한 제한은 대표적인 가격 규제이다. 현행 금융법상 가격 규제는 ① 대부업의 최고금리, ② 카드회사의 가맹점 수수료 규제뿐이나 때때로 행정지도, 협조요청 등의 명분으로 제한과 지도가 이루어지고 있다. 이는 투명하지 않은 '그림자 규제'이다. 주주총회에서 결정되는 '배당'도 금융회사의 건전성을 높인다는 명분으로 감독기관의 지침 형식으로 제한한다. 서민·중소기업 등을 위해 '금리 인하', '신용 공급' 등을 요구하는 것도 투명하지 않은 가격 규제임은 물론이다.

그림자 규제는 대상자의 임의적 협력을 기초로 하고 있다고는 하나, 실상 규제기관의 요청은 그 형식과 상관없이 대부분 강제적 효력을 갖는다는 점에서 원칙적으로 금지되어야 하며, 법령상의 근거를 마련하기에 시간상 촉박한 예외적인 경우에도 별도 관리체계 하에 투명하게 운용되어야 한다.

둘째, 규제의 투명성의 의미는 절차적 투명성일 것이다. 규제가 생산되고 운영되는 과정 자체가 명확하게 설계되어 있어야 한다는 의미다. 행정규제기본법에서는 규제의 신설·강화 시 지켜야 할 절차와 원칙에 관해 규정하고 있다. 이러한 절차와 원칙을 지키지 않은 규제들은 투명하지 않은 규제로서 파급 영향이 충분히 검토되지 않고 이해관계인의 의견이 충실히 반영되지 않은 채 오로지 규제기관의 의사로 피규제자의 경제적 자유를 제약하게 된다.

셋째, 규제를 운영 하는 과정에서의 투명성 역시 중요하다. 명시된 규제 수준을 넘어서 실제 운영하거나 규제의 취지와 달리 규제를 운영하는 것은 투명한 규제 운영이라고 할 수 없다. 일정한 기한 내 처리토록 되어 있는 인가 서류의 접수 자체를 지연시켜 '기한 내 처리'라는 규율을 사실상 사문화시키는 행위, 단순히 접수로 종결 처리되는 신고사항을 계속 접수를 거부하여 사실상 인가제도와 같이 운영하는 행위 등은 피규제기관으로 하여금 훨씬 규제 체감도를 높이는 투명하지 않은 규제 운용이 된다.

※ **규제 신설·강화 시의 원칙과 절차**

규제 개혁은 포괄적이고 일관성 있게 추진되어야 한다

역대 정부는 규제 개혁을 중요한 정책 목표로 두고 이를 위해 노력해온 것이 사실이다. 경제위기를 탈출하기 위해 또는 침체된 경제의 활성화를 위해, 때로는 국가 경쟁력을 높이기 위해 규제 개혁은 중요한 정책 어젠다로 다루어졌다.

그러나 기업들은 여전히 규제의 벽은 높다고 불만을 제기하고, 심지어 수많은 규제를 이유로 생산거점을 해외로 옮기는 사례까지 발생하는 것일까?

첫째, 기업이 힘겨워 하는 핵심적인 규제가 일관성 있게 다루어지지 못하고 있고, 오히려 지향하는 이념에 의해 확대되고 있기 때문이다. 수도권 규제, 노동 관련 규제, 창업의 진입 규제와 같이 기업이 핵심적으로 요

[표 3-2] 역대 정부의 규제 개혁 추진 내용

노무현 정부	이명박 정부	박근혜 정부	문재인 정부
• 규제개혁위원회 (규제조정실)	• 규제개혁위원회 (규제조정실)	• 규제개혁위원회 (규제조정실)	• 규제개혁위원회 (규제조정실) -자문기구 구성·운영 (신산업규제혁신위, 기술규제위, 비용분석 위원회)
• 총리 주재 규제개혁장관회의	• 국가 경쟁력강화위원회 -덩어리 규제개혁 및 규제정책 관련 대통령 보좌	• 대통령 주재 규제개혁장관회의 • 국무총리 주재 규제개혁 현장점검회의	• 국무총리 주재 국정현안점검조정회의 • 국무총리 주재 규제혁파 현장대화
• 규제개혁기획단 -덩어리규제 개혁	• 민관합동 규제개혁 추진단 -기업 현장 규제애로 개선	• 민관합동 규제 개선 추진단 -손톱 및 가시 등 기업 규제애로 해소	• 민관합동 규제 개선 추진단 -일자리 창출 및 기업 현장 규제애로 해소
• 규제신고센터 -규제민원 처리		• 규제개혁신문고 -규제민원 처리	• 규제개혁신문고 -규제민원 처리

자료: 2019 규제개혁백서, 국무조정실

구하는 규제 개혁은 '경제적 자유'의 관점에서 포괄적으로 다루어지지 못하고 있다.

둘째, 규제 개혁은 부분적이고 더딘 반면 규제의 생산은 전반적이고 빠르게 확대되고 있기 때문이다. 각 정부마다 절체절명의 과제로 규제 개혁 과제를 다루어왔으나 국회, 지자체 등 규제관리의 사각지대에서는 더 빠른 속도로 규제가 늘어나고 있다.

셋째, 규제 문화가 개선되는 것은 더욱 늦고 후진적이다. 규제를 푼 사람은 사후적으로 책임을 져야 하고, 적극적 행정보다는 보신주의에 입각한 소극적 행정은 감사의 칼날에서 보다 안전하다.

이러한 규제 문화는 제도 개선 노력을 무의미하게 하고, 피규제자는 수없이 반복된 규제 개혁의 외침에도 불구하고 규제 개혁 효과를 체감할 수 없을 뿐이다.

[그림 3-2] 연도별 등록 규제 수[13]

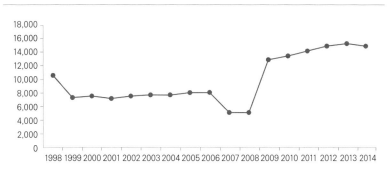

자료: 2013-2015 규제개혁백서, 국무조정실

---

13 규제개혁위원회에 등록 되어 있는 중앙행정기관의 규제등록 추이에 관한 표.
　　등록된 규제의 숫자는 2015년 9월 규제등록제도 개편으로 2016년 이후 집계되지 않는다.

규제를 개혁한 이후 이를 지속적으로 유지토록 하는 측면에서의 일관성도 중요할 것이다. 한 번 다듬어진 규제가 지속되지 않는다면 시장은 정부의 규제 개혁 노력을 신뢰하지 않게 되고, 신뢰가 상실되면 효과적으로 정책이 시장에서 작동하지 않기 때문이다. 예를 들어 부동산 관련 규제가 단기간 변화되고 반복되게 되면 시장은 규제가 또 바뀔 것이라는 기대를 형성하게 되고, 그러한 기대는 정책의 유효성을 떨어뜨리는 가장 큰 이유가 된다.

금융감독원은 2015년 금융회사에 대한 종합검사제도를 폐지한다는 방침을 발표했다. 대규모 검사 인력을 투입해 금융회사 업무를 샅샅이 검사하는 방식에서 벗어나, IT 기반으로 금융회사의 위험요소를 상시적으로 점검하여 필요시 부문검사 방식으로 핵심화하겠다는 계획이었다. 시대적 변화와 금융 자율화의 측면에서 큰 진전이었다. 그러나 불과 3년 만에 종합검사제도가 다시 부활된다. 시장의 기대와는 달리 규제 개혁이 일관성은 상실되었고 감독제도의 커다란 개혁이 순식간에 무산됨에 따라 금융감독 당국의 신뢰의 문제까지 발생된 개혁의 후퇴였다.

규제는 시장의 현실에 기초해야 한다

규제란 시장 실패의 보완이라는 목적을 가지고 실행되는 만큼 시장의 현실을 제대로 반영하지 않으면 더 큰 실패를 초래하게 된다. 규제 자체의 유효성을 위해서도 시장 상황을 정확히 진단·치료하는 것이 필요하지만 규제의 수용성이라는 측면에서도 중요하다. 시장 현실과 동떨어진 규제는 지켜지지 않는다는 의미다.

우리나라의 규제관리제도 중 규제영향분석제도가 있다. 규제를 실시할 경우 시장에 어떠한 비용을 발생시키며 그 비용이 과연 규제를 실시해서 얻을 수 있는 규제 편익보다 적은지 여부를 평가하는 제도이다. 모든 규제의 신설·강화 시 필수적으로 거쳐야 하는 핵심적 절차이다. 이 제도의 취지는 규제가 결국 '시장의 현실'을 얼마나 반영하고 있는지를 면밀히 파악하여 비교해보고자 하는 것이다. 그러나 이 과정이 형식화되고 계량화되지 못한 효과를 간과하고 또한 파급 영향을 축소한다면 규제는 결코 성공하기 어려울 것이다.

규제를 만들 때에는 시장의 현실을 면밀히 분석하고 중장기적 파급 영향까지 고려해야 성공 할 수 있고, 전체 규제의 질적 수준을 높일 뿐 아니라 양적 측면에서도 최소화될 수 있다.

시장의 현실에 기초하여 이루어져야 할 규제의 예로서 '대부업의 이자율 규제'를 들 수 있다. 2002년 대부업 제정 후 대부업의 최고이자율 한도는 연 66%로 시작되었다. 이후 계속 최고이자율 한도는 낮아져서 2020년 12월 현재 24%가 되었고 거의 20년간 예외 없이 낮추는 방향으로만 고쳐져 왔다. 고금리 시대에서 저금리로 바뀐 금융 환경을 반영한다는 측면이 있으나 서민생활 보호라는 선의의 목적 또는 정치적 이유도 반영되었을 것이다. 그러나 시장은 현실이 반영되지 않는 규제에 반응한다. 먼저, 다른 금융권에 비해 조달비용이 높은 대부업체들은 영업수지가 악화되어 위험도가 높은 수요자를 배제하거나, 대부업 시장에서 아예 이탈한다. 차라리 위험을 감수하고서라도 금리 규제가 없는 불법 고금리 업체로 전환하게 된다. 이 결과 대부업체를 통한 자금 공급은

줄고 문턱은 높아져 영세서민 또는 저신용자금 수요자들은 터무니없이 높은 고금리 사채시장으로 내몰리게 되는 것이다. 시장 현실에 기초하지 않은 규제는 힘든 계층을 더 힘들게 할 뿐이다.

규제 개혁의 기준은 단순하고 명확해야 한다

비단 우리뿐만 아니라 세계 각국에서 또는 OECD나 세계은행과 같은 국제기구에서 규제 개혁을 실효성 있게 추진할 수 있도록 다양한 원칙과 기준이 제시되고 있다. 세계은행은 「2004년의 기업 경영: 규제의 이해」라는 보고서를 통해 경쟁시장에서는 규제를 단순화시키고 완화할 것, 재산권 보호에 치중할 것, 인터넷 등 최근 기술의 이용을 확대할 것, 기업 경영 문제에 관한 법원의 관여를 줄일 것, 개혁을 지속적인 과정으로 만들 것 등 시스템에 관한 개선 방향을 제시하고 있다.[14] 각국의 규제정책을 점검하고 대안 제시를 해온 OECD에서도 2017년 한국의 규제정책에 관한 보고서를 통해 규제제도의 개혁 방향으로서 '전략성, 집중성, 전향성, 포용성'을 제시하고 있다. 규제정책에 관한 많은 연구서 역시 실효성 있는 규제 개혁을 위해 건설적인 전략을 제안하고 있다.

이러한 국제기구 제안의 요체는 규제 개혁의 기준이 단순하고 명확해야 한다는 점이다. 과거 정부에서 추진했던 규제 개혁 기준 중에서 1998년 김대중 정부는 '규제 50% 폐지' 기준을 제시하고 부처별로 실행한 바 있다. 폐지 비율을 제시한다는 것이 지나치게 단순하다고 볼 수도

---

14   김영평·최병선·신도철 편저(2006.3), 규제의 역설, 260쪽.

있으나 각 부처로 하여금 규제 전체를 재점검하는 계기가 되었고, 성과도 상대적으로 컸다는 평가가 있다.

규제 개혁이 단순하고 명확해야 하는 이유는 먼저 규제는 행정 전반에 걸쳐 수많은 규제 담당자가 다루고 있기 때문에 규제 개혁의 품질을 동일하게 유지하기 위해서이며, 또한 추진·평가하고 점검하는 과정을 용이하게 하기 때문이다. 무엇보다 중요한 것은 피규제자에게 분명한 기대와 시장 예측이 가능하게 해준다는 점이다. 이러한 의미에서 후술하는 '기준국가제'의 도입 방안은 규제 개혁의 기준이 단순하고 명확하다는 측면의 커다란 장점을 가지고 있다고 생각한다.

OECD 제시 규제 개혁 추진 방향

- **전략성**: 역량과 자원을 더욱 현명하고 효과적으로 사용하기 위해서는 규제정책의 방향에 대한 보다 명확한 전략과 비전이 있어야 한다.
- **집중성**: 규제 개혁 노력은 최대의 효과를 거둘 수 있는 목표를 대상으로 삼아야 한다. 규제 개선 시 부담이 가장 크고 경제 및 국가 전체에 최대 장애물로 작용하는 규제와 정책들을 다루어야 한다.
- **전향성**: 중앙 행정기관들에게 책임을 부여하여 규제 개선 과제를 전향적으로 발굴 및 개선할 수 있도록 장려해야 한다. 민간 부문도 규제 개선 책임을 공유하고 '민원 제기적'인 소통에서 '해결책 모색적'인 소통으로 초점을 옮겨야 한다.
- **포용성**: 규제 제도의 투명성을 높이고 균형적이고 포용적인 성장에 기여할 수 있는 현안을 발굴하기 위해 보다 광범위한 이해관계자에게 규제 개혁 제도와 절차를 공개해야 한다.

자료: OECD 규제개혁보고서(2017)

규제 개혁 실행 방안: 기준국가제 도입

의미 있는 사회 안전망의 구축과 함께 우리는 과감한 경제적 자유화를 통해 시장경제를 활성화해나가야 한다. 복지제도를 지속하기 위한 전제 조건일 뿐만 아니라 치열한 국제 경제 경쟁에서 살아남기 위한 생존 전략이기 때문이다. 일자리를 만들어내기 위해서는 기업의 투자가 촉진되어야 하는데 이는 자유로운 기업 활동을 보장해야만 가능하다. 이를 위한 가장 효과적 방법은 무엇일까? '규제 개혁'이다.

역대 정부는 규제 개혁을 위한 다각적인 노력을 해왔다. 규제영향분석제, 규제총량제도, 규제일몰제, 규제특구제도 등 선진화된 규제관리기법도 빠짐없이 도입하고 운용하고 있다. 그럼에도 여전히 우리는 규제가 많은 경제이고, 기업의 경제적 자유는 제약받고 있다. 기존의 발상에서 벗어나 새롭고 근본적인 접근이 필요한 이유이다. 규제 개혁의 기준을 단순하고 분명하게 설정해야 한다. 현재의 규제관리 체제를 벗어나 포괄적인 관리 시스템으로 전환해야 한다. 규제 개혁의 가장 큰 걸림돌인 기득권의 문제를 해결할 갈등 조정 기능을 확충해야 한다. 이러한 생각 하에 구체적인 실행 방안을 정리해보았다.

기준국가제의 도입

규제 개혁의 기준을 명확하게 설정해야 한다. 그래야 규제 여부의 논란을 최소화하면서 효과적으로 추진될 수 있기 때문이다. 지향해야 할 경쟁력 있는 국가를 설정하고 우리의 규제 수준이 최소한 그 국가의 규제의 수준을 맞추어 주는 '기준국가제'를 운영하는 것이다. 1998년 김대중 정부 당시 외환위기를 극복하기 위한 방안의 하나로서 '규제 50% 폐지'라는 규제 감축 기준을 제시했다. 대통령의 강력한 리더십을 바탕으로 당시 전수 조사된 규제 1만 1,125건 중에서 47.8%인 5,430개 규제를 폐지했다.[15]

과연 우리의 규제 수준이 절반 이하로 개선되었는지 규제 개혁의 질(質)의 문제는 차치하고, 명확한 목표를 설정하고 강력한 통치권자의 의지 하에 추진된 사례일 것이다. 만일 접근 방식을 경쟁력 있는 국가의 규제 수준으로 목표를 설정한다면 규제 개혁의 일관된 품질을 확보 할 수 있고, 지속적으로 관리 가능한 방법이 될 것이다. '경제적 자유'가 가장 경쟁력 있는 국가 수준으로 확보되는 것은 궁극적인 목표이자 성과가 될 것이다.

---

15 류충렬(2015), 규제의 파르마콘, 대영문화사, 20쪽.

기준국가의 선정

세계 어느 나라를 우리의 기준으로 설정해야 하느냐의 문제는 깊은 검토가 필요하고 논란의 여지도 많은 문제이다. 각국의 규제는 그 나라의 역사, 문화, 이념적 배경을 토대로 만들어지고 운영되고 있기 때문이다. 그러나 '국가 경쟁력'을 국제적으로 비교하고 순위를 부여하는 다양한 평가가 국제기구 중심으로 이루어지고 있는 만큼 이를 활용하는 방법을 검토할 수 있다. 경제 분야에서 규제 개혁의 목표를 '최대한의 자유로운 경제활동'에 두고 이는 곧 경제의 핵심인 기업들에게 세계에서 가장 기업하기 좋은 환경을 제공해주어 최종적으로 '국가 경쟁력'을 높이는 것을 의미한다면 우리가 지향할 '기준국가(Bench Mark)'를 설정하는 것은 가능하다.

※ 기준국가의 선정(안)

여러 국제적 기관에 의해 '국가 경쟁력'이 정기적으로 평가된다. 이 중 가장 널리 인용되고 있는 것은 세 가지다.

① 세계은행(World Bank)의 기업 환경 평가(Doing Business)
② 스위스 국제경영개발대학원(IMD)의 국가 경쟁력 평가(World Competitiveness Yearbook)
③ 세계경제포럼(WEF)의 글로벌 경쟁력 평가(Global Competitiveness Report)

국제적 기관에 의한 국가 경쟁력 평가는 평가 대상 국가, 평가 항목이나 방법 등이 다소 차이가 있으나, 각국의 경제 환경 또는 인프라 등을 확인할 수 있는 평가지표라 할 수 있다.

우리나라 정부도 「국가 경쟁력 정책협의회(기획재정부 제1차관 주재 부처 차관급과 민간위원 구성)」를 두고 앞선 평가서를 토대로 국가 경쟁력의 분석을 하고 우리 경제의 경쟁력 제고를 위한 기초 자료로 활용하고 있는

[표 3-3] 국가 경쟁력 평가의 비교

	기업환경 평가	국가 경쟁력 평가	글로벌 경쟁력 평가
주관 기관	World Bank	IMD	WEF
평가 내용	창업, 재산권 등록, 자금 조달, 투자자 보호 등 총 10개 분야 35개 부문	경제 성과, 정부 효율성, 기업 효율성, 인프라. 4개 분야 20개 부문	기본 환경, 인적자원 시장, 혁신 생태계 등 4대 분야 12개 부문
평가 대상국	190개국 (2019년 기준)	63개국 (2020년 기준)	141개국 (2019년 기준)
한국 순위	5위	23위	13위

자료: 기획재정부 보도자료(2019. 2020) 참조

만큼 의미 있는 분석일 것이다.

3개의 평가 결과상 상위 10개국 중에서 공통적으로 포함되어 있는 나라는 싱가포르, 홍콩, 미국, 스웨덴 4개국이다. 싱가포르와 홍콩은 도시국가의 성격을 갖고 있고, 산업구조도 우리와 큰 차이가 있는 만큼 우리의 기준국가로 설정하기에는 적절하지 않은 측면이 있으므로 '미국'과 '스웨덴'을 기준국가로 설정할 수 있다.

[표 3-4] 미국과 스웨덴의 평가 순위

(단위: 순위)

	기업환경 평가	국가 경쟁력 평가	글로벌 경쟁력 평가
미국	6	10	2
스웨덴	10	6	8

[참고] OECD 평가 국가 간 규제 수준 비교

규제 개혁에 관해 가장 활발하게 조사·연구하는 기관으로는 OECD를 꼽을 수 있다. 세계 각국의 규제상황에 대한 정기적 평가도 수행하고 있다(한국은 2017년에 수행). 이를 토대로 한 기준국가 선정도 검토 가능하다.

① 상품시장 규제(PMR)

한국의 상품시장 규제는 OECD 국가 중 네 번째로 높으며, 이는 곧 경쟁과 혁신의 기회가 제한되고 있음을 의미한다. 상품시장의 원활한 진입, 혁신과 창의가 제약 없이 이루어져야 선진국의 경쟁적 시장 형성이 가능할 것이다.

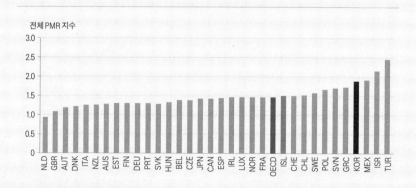

자료: OECD (2016), *OECD Economic Surveys: Korea 2016*, OECD Publishing, Paris

② 네트워크 규제

네트워크 부문에는 전기, 가스, 통신, 우정 사업, 철도, 항공 및 도로운

송 부문이 포함된다. 우리는 규제 장벽이 조사 대상(OECD 국가) 중 다섯
번째로 높다.

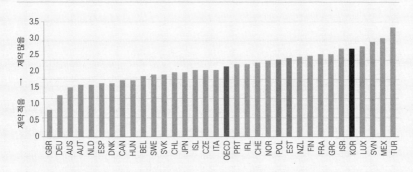

주: '네트워크 부문'에는 전기, 가스, 통신, 우정사업, 철도, 항공 및 도로 운송 부문이 포함된다.
자료: OECD (2016), *OECD Economic Surveys: Korea 2016*, OECD Publishing, Paris

③ 창업 장벽과 방법

새로운 기업의 시장 진입은 시장의 경쟁을 촉진하여 산업의 경쟁력
을 높일 뿐 아니라 일자리 창출을 효과적으로 이루어낸다. 한국의 경우
OECD 평균에 비해서도 높은 편이다.

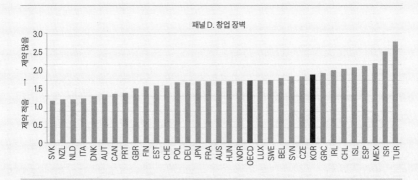

패널 D. 창업 장벽

자료: OECD (2016), *OECD Economic Surveys: Korea 2016*, OECD Publishing, Paris

④ 해외무역 장벽

무역 및 투자를 가로막는 장벽이 높기 때문에 대외 거래에 제약을 준다. 우리의 경우 OECD 국가 중 하위권이며 평균에 비해서도 크게 낮은 비율이다.

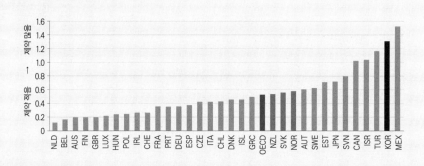

자료: OECD (2016), *OECD Economic Surveys: Korea 2016*, OECD Publishing, Paris

원칙 적용의 대상과 방법

규제 개혁을 좀 더 분명한 방법으로 추진하기 위해 기준국가를 설정했다. 기준국가를 선정하는 방법은 다양한 기준이 검토 될 수 있겠으나 불필요한 논란을 피하기 위해 최대한 단순화하는 것이 바람직하다고 판단했다. 이제 어떻게 실행 할 것인지의 문제가 남는다. 기본적인 취지는 기준국가가 허용하고 있는 '경제적 자유'는 우리도 동일한 수준에서 허용한다는 점일 것이다. 기준국가 수준의 시장경제 원리가 우리도 작동되어야 한다.

① 모든 국가제도를 기준국가에 맞춰 바꾸고자 하는 것은 아니다. 규제 개혁의 목표는 '경제적 자유'를 확대하여 시장경제가 효율적으로 작동하고 산출의 총량을 최대화 하자는 데 있다. 따라서 '기업 활동과 관련한 규제'를 대상으로 해야 한다.

기준국가에서 할 수 있는 경제활동은 우리도 가능해야 하고, 기업의 경영, 생산, 의사결정의 과정이 최소한 기준국가의 수준에서 규제되며, 신산업의 진출과 창의 있는 혁신이 가능하도록 기준국가의 기업 환경을 갖추어주고자 하는 것이다.

② '기업 활동'이라는 범주가 매우 넓어 기준 적용에 모호함이 있을 수 있다. 신설 규제는 기업의 의견을 수렴하는 과정에서, 기존 규제는 기업의 요청을 받아 대상으로 삼고, 해당 기업으로 하여금 기업 활동과 관련 있는지 여부를 소명토록 하는 방식을 생각할 수 있다.

기업의 규제 개혁 요구가 기준국가 규제에 비추어 합당하다고 판단될 때에는 즉시 수용해야 한다. 법 제·개정이 필요한 경우 즉시 입법 조치가 이루어져야 하고, 입법 조치 전에는 후술하는 비조치의견서 등 규제 개혁 기법을 활용하여 우선 기업 활동을 허용해야 한다.

③ 보다 나은 규제(Better Regulation) 원칙이 적용되어야 하는 것은 당연하다. 우리가 기준국가보다 나은 상태에 있는 것은 결코 후퇴해서도 안 되며, 기준국가를 두 나라로 정했는데 두 나라의 규제 차이가 있을 경우 더 나은 규제를 적용해야 한다는 의미다.

④ 경제적 규제뿐만 아니라 사회적 규제까지 포함된 규제가 망라되어 '기업 활동과 관련한 규제'에 대해 예외 없이 적용해야 한다. 특히 우리의 경우 가장 논란이 있는 노동 관련 규제의 적용은 반드시 필요 할 것이다. '우리의 특수성'이라는 명목 하에 예외를 찾고자 하는 것은 규제 개혁을 형해화하고 의미 없이 만들 뿐이다. 다만 재벌에 대한 규제와 같이 기준국가에서 찾아볼 수 없는 현상의 규제는 '공정 경쟁'의 측면에서 시장경제를 보완하는 제도로 이해하고 적용하는 것은 불가피할 것이다.

원칙 실행의 과정

규제 개혁의 원칙을 정한다면 이를 실행하는 과정은 두 가지 경로로 이루어질 것이다. 먼저, 규제 신설의 경우이다. 규제 주체가 규제를 새로이 만들고자 하는 경우 규제개혁기구를 통해 심사받는 과정에서 원칙 적용을 받아 규제 여부 및 내용 등을 결정하게 된다. 이 과정에서 규제 주체는 중앙정부뿐만 아니라 국회·지자체 등이 포괄되어 원칙 적용에 예외가 없어야 실효성을 담보할 수 있을 것이다. 규제개혁기구가 중요하다. 현재 국무조정실에서 설치된 규제개혁위원회보다 충분한 전문성과 독립성을 확보해야 한다. 규제 주체의 적용 범위와 규제개혁기구에 대한 개편 내용은 별도로 후술하고자 한다.

다음으로, 기존 규제에 대해 원칙을 적용하여 실행하는 문제이다. 워낙

많은 규제가 상존하고 있고 이를 원칙에 따라 개혁하는 것은 방대한 작업과 많은 시간이 소요되는 문제이다. 5년의 정부가 실행 프로그램을 담은 중장기 규제 개혁 로드맵이 만들어 일관되게 실행해야 한다.

① 기업의 규제 개혁 수요를 충실히 조사하여 우선순위를 정한다. 예를 들어 노동 규제, 토지 이용 규제(수도권 규제), 창업 규제와 같은 시급한 분야가 우선될 수 있을 것이다.

② 분명한 역할 분담도 필요하다. 개혁 수요의 판단(기업), 기준국가의 규제 조사(연구기관), 규제 개혁의 최종 판단(규제개혁기구) 개혁안의 마련(정부) 등으로 나눌 수 있을 것이다.

③ 기존 규제에 대한 기준국가제의 적용은 작업이 방대하고 일관성 있게 추진되어야 하므로 최대 5년 이내의 중장기 계획이 필요하다. 시급한 분야의 우선순위를 정하고 분야별로 개혁안을 만들고 입법 등 실행 조치가 단계적으로 추진되어야 한다.

기속력과 즉시성의 부여

규제 개혁이 시작되면 개혁의 내용이 정부, 국회, 지자체 등 규제 주체들에게 예외 없이 적용되어야 하고, 그 효과가 즉시 시장에서 나타날 수 있도록 하는 보완 조치가 따라야 한다.

① 규제 원칙과 과정이 규제 주체들에게 기속력을 갖기 위해서는 현재 행정규제기본법을 규제개혁특별법(가칭)으로 전면 개정하여 법제화해야 한다. 특별법에는 규제 개혁 원칙, 개혁 과정 및 규제개혁기구 등 개혁 조치와 관련한 사항을 모두 담아야 하고, 다른 법률에 대한 우선적 효력도

보장되어야 한다.

② 규제 개혁의 즉시성을 확보하는 것이 중요하다. 규제를 개혁하여 최대한 빠른 시일 내 경제활동의 자율성을 높이고 시장에 현실화되어야 하므로 개혁 조치와 법령화 간의 시차를 최소화해야 한다는 의미다.

문제는 법률에 규율된 규제사항이다. 입법 자체가 평균적으로 1년 이상 소요되는 데다가 입법 과정에서 왜곡되거나 내용이 달라져서 당초 개혁 취지를 반영하지 못할 수도 있다.

※ **법률의 제·개정 과정**

---

① 입법 계획의 수립 ➡ ② 법령안의 입안 ➡ ③ 부패 영향 평가 ➡ ④ 관계·기관과의 협의
➡ ⑤ 입법 예고 ➡ ⑥ 규제 심사 ➡ ❼ 법제처 심사 ➡ ⑧ 차관회의·국무회의 심사
➡ ⑨ 대통령 재가 및 국무총리와 관계 국무위원의 부서 ➡ ⑩ 국회 제출 ➡ ⑪ 국회 심의·의결
➡ ⑫공포안 정부 이송 ➡ ⑬ 국무회의 상정 ➡ ⑭ 공포

※ 통상적으로 법률의 제·개정에 필요한 시간은 1년 이상 소요
　　자료: 법제처

이를 방지하기 위해 규제 개혁을 위한 법률의 제·개정을 위한 신속 절차(Fast Track)를 마련해야 한다. 국회의 입법 심의를 거쳐야 하는 이상 입법 기간과 절차를 최대한 단축하고, 국회 내에서의 심의도 왜곡되지 않도록 특별위원회를 설치하여 일괄 심의하는 등 입법 과정상의 특례를 마련할 필요가 있다.

③ 일단 국회에 법률 제·개정(안)이 제출되면 기존의 규제에 따르지 않더라도 면책을 해주는 비조치의견서(No Action Letter)를 발급하여 규제 개혁에 다른 혜택을 즉시 누릴 수 있도록 하는 제도도 마련할 필요가 있다. 이에 관한 내용도 특별법에 담아 법률적 근거를 갖게 해야 하는 것이 필요하다. 규제 개혁은 개혁의 성사만큼이나 개혁의 효과가 발생하는 시기가 중요하다.

4

기준국가제 도입을 위한
새로운 규제 개혁 시스템의 구축

규제 개혁 추진기구의 강화

현재 규제 개혁을 담당하는 기관은 행정규제기본법(1998년 제정)에 따라 대통령 소속의 규제개혁위원회이다. 대통령 소속이긴 하나 국무총리와 민간위원장의 공동위원장 하에 국무조정실에서 운영을 담당하고 있어 사실상 국무총리가 중심이 되는 기구이며, 이를 실무적으로는 국무조정실 규제조정실이 뒷받침하고 있다.[16]

기준국가제 도입을 통한 규제 개혁 접근 방법이 가능하려면 이를 담당할 규제 개혁 추진기구 역시 발상의 전환을 통한 변화가 필요하다.

---

16 2020년 말 현재 규제개혁위원회 위원은 위원장 2명(총리, 민간위원장), 각 부처장관(급)인 당연직 7명, 민간위원 15명 등 24명이다.

[그림 3-3] 현재의 규제 개혁 추진 체계

자료: 2019 규제개혁백서

① 사실상 국무총리 주재 하의 규제개혁위원회를 대통령 소속의 완전한 독립기구로 전환하는 것이 필요하다. 위원장(2명, 국무총리, 민간), 정부위원(7명, 정부부처의 장), 민간위원(15명)의 구성에서 국무총리를 비롯한 정부위원은 모두 제외하고 전문성 있는 민간위원만으로 구성하는 대통령 소속의 독립기구화한다.

② 규제개혁위원회 위원은 비상임이 아닌 상임위원으로 변경한다. 명망가 위주의 비상임 조직은 느슨할 뿐만 아니라 업무 전념도가 낮을 수밖에 없으므로 위원 규모를 조정하더라도 전원 상임화함으로써 전문성과 상시성을 확보해야 한다.

③ 전담 연구기관(Think Tank)을 설립하여 규제 개혁에 관한 전문성을 보강하고 실무적으로 뒷받침할 조직을 설치한다. 기준국가의 사례조사, 규제영향평가 등 신속히 전문 지식과 분석이 공급될 수 있도록 해야 한다. 기존에 있는 관련 연구원을 전환하는 것도 가능할 것이다.

④ 실무 행정조직인 국무조정실 규제조정실은 국무조정실 내 기구에서 분리하여 규제개혁위원회를 행정적으로 뒷받침하는 조직으로 활용하

고 규제 개혁 전문가를 양성해내도록 한다. 또한 각 부처에 설치되어 있는 유명무실한 규제개혁위원회는 모두 폐지하고, 이를 규제조정실로 이관함으로써 온전히 규제 개혁 관점에서 독립적이고 상설적인 기구로 운영한다.

⑤ 새로운 규제개혁위원회는 규제의 신설·강화 시 이를 심사하는 현재의 기능에 더해 기존 규제의 총체적인 개혁 작업을 담당하는 기관으로서 대폭 기능과 권한을 강화한다.

국회·지자체를 포괄하는 규제관리체제의 구축

우리나라 국가 운영구조의 중요한 변화 중의 하나는 의회 권력의 강화일 것이다. 민주화의 진전에 따라 의회의 위상과 권한이 확대되고, 입법 과정에 있어서도 이제는 정부입법보다 훨씬 더 높은 비중으로 의원입법이 확대되는 추세에 있다.

이와 같은 현상은 정부입법은 규제 심사가 체계화되고 강화되고 있어 증가세가 거의 없는 반면, 법률 발의 건수로 의정 활동이 평가되는 상황

[표 3-5] 정부입법과 의원입법의 추이

(단위: 건수)

	16대 (2000~2004)	17대 (2005~2008)	18대 (2008~2012)	19대 (2012~2016)	20대 (2016~2020)
의원발의(A)	1,912	6,387	12,220	16,728	23,047
정부발의(B)	595	1,102	1,693	1,093	1,094
A/B(배)	3.21	5.79	7.21	15.3	21.0

주: 영국(2006~2010) 3.02배, 프랑스(2013~2016) 3.83배, 독일(2009~2013) 0.84배, 일본(2013~2016) 1.11배
자료: 국회, KDI

이 의원입법을 더욱 확대시키고 있다. 심지어 정부가 필요로 하는 법률 제·개정조차 절차가 간편한 의원입법으로 처리하는 '청부입법'이 확대되고 있다. 문제는 의원입법의 과정은 규제심사 절차가 배제되어 사실상 규제를 양산하는 통로가 되고 있다는 점이다. 한국의 규제체계를 평가한 OECD에서도 "한국에서 제정되는 법률의 약 90%가 의원발의 법안임에도 불구하고 모범규제 제도 의제는 국회에서 제한적으로 다루어지고 있거나, 전혀 다루어지지 않고 있다"고 지적하고 있다.[17]

지방자치단체의 규제는 현장 규제이다. 피규제자의 입장에서는 법률 등 상위 규정에서의 규제보다 더욱 밀접하고 상세한 규제이다. 지자체의 규제는 중앙정부의 규제관리체계의 적용을 받지 않기 때문에 국회 입법의 경우처럼 규제관리의 사각지대가 될 수 있다.

먼저, 법률 등 상위 규정에서 지자체가 지역 특성을 고려하여 일정 범위 내에서 규제를 강화하거나 완화할 수 있도록 하고 있는데, 많은 경우 지자체는 상위 규제보다 강화하는 방향으로 규제하려 한다는 점이다.

둘째로, 집행 과정에서 지자체가 행하는 허가권을 통해 실질적인 규제를 추가적으로 부과하는 경우도 많다. 예를 들어 도시계획 수립 과정에서 임의로 기부 채납을 요구하는 경우를 들 수 있다.

세 번째, 규제를 집행하는 과정에서 소극적인 자세로 해석하거나 운용함으로써 명문상의 규제와는 달리 피규제자를 더욱 어렵게 하는 경우도 있다. 혹은 상위 법령에서 규제 폐지 또는 완화했는데 실제 적용하는 지자체 규정을 유지시킴으로써 규제 개혁을 의미 없이 만들 수도 있다.

---

17 OECD 규제개혁보고서(2017). 한국의 규제정책.

[표 3-6] 지자체의 규제 강화 사례: 주거지역 용적률

용도지역	국토계획법령 용적률	서울시 조례 용적률	서울시 운용 지침상 용적률
제3종 일반주거지역	300% 이하	250% 이하	기준 210% (허용 230%, 최대 250%)

자료: 류충렬(2015), 규제의 파르마콘

'생산적 국회'와 '소극적 지자체'를 포괄하지 못하는 규제관리체계는 중앙정부만의 규제 개혁 노력을 무의미하게 할 수 있다. 범국가적인 규제 관리 시스템을 구축하여 규제관리의 사각지대를 없애야 한다.

① 앞서 제시된 규제개혁기구의 관리 대상에 국회의 입법 전체가 포괄되어야 한다. 정부입법뿐만 아니라 의원입법이 규제관리 과정을 적용받게 되면 통합적이고 완벽한 규제관리체계가 될 수 있다. 그동안 국회 내에서도 의원입법의 규제관리를 위한 여러 차례의 입법 시도[18]가 있었으나 입법권의 침해라는 이유로 국회의 문턱을 넘지 못했다.

② 지자체의 조례, 지침 등에 대한 규제관리를 일일이 규제개혁기구에서 심의하기에는 현실적으로 어려움이 크다. 따라서 기업, 개인 등 피규제자가 지자체 규정이 불합리하다고 판단되어 이의 제기를 하는 경우 규제개혁위원회가 이를 심사하고 시정 조치를 해나가는 권한을 부여하는 방식으로 관리 시스템을 만드는 것이 타당할 것이다.

③ 가장 중요한 점은 국회와 지자체에 대한 관리도 중앙정부의 규제 관리를 담당하는 규제개혁위원회로 반드시 일원화되어 통합되어야 한다는 점이다. 전체적인 규제 개혁의 일관성을 유지하고 규제 품질을 동일

---

18 사례: 규제 개혁특별법 제정(안)(김광림 의원 대표발의, 2016.5), 국회법 개정(안)(김종석 의원 대표발의, 2016.8) 등

수준에서 맞추기 위한 것이다. 제각기 규제관리체계를 갖고자 하는 것은 규제관리의 효율성 측면에서 사실상 현재의 미비 상태보다 나아질 것이 없다.

④ 의원들의 입법 회수를 기준으로 한 의원 평가가 의원입법의 과다 현상을 초래했다는 평가가 있다. 마찬가지로 국회의원과 자치단체장의 평가에 있어 규제 개혁 노력을 평가하는 방안이 실시된다면 국회·지자체의 규제 개혁을 이끌어내는 유인이 될 수 있을 것이다. 물론 이러한 평가는 정부나 공공기관에서 할 수 없는 일인 만큼 시민단체·공익기관 등에서 체계적으로 모색되어야 할 것이다.

갈등 조정 과정의 운영

규제가 지속하게 되는 가장 큰 이유는 앞서 서술했듯이 기득권과 이해 상충의 문제일 것이다. 규제가 만들어져 이득을 보는 계층과 상대적으로 불이익을 받아야 하는 계층 간의 갈등으로 인해 규제는 쉽게 풀리지 않거나 새로이 만들어지게 된다. 세계 각국이 추진하는 경제정책은 사실 큰 차이가 있는 것은 아니다. 일자리를 만들고 신산업을 육성하며 경제의 형평성을 높이는 것이다. 이러한 목표를 위해 규제를 폐지·완화하거나 혹은 새로운 규제를 만드는 과정이 경제정책이다. 그러나 나라마다 그 성과는 크게 차이가 난다. 계층 간 기득권과 이해 상충을 조정하는 역량이 차이가 나기 때문이다.

의미 있는 사회 안전망이 구축되는 것은 규제 개혁을 이루기 위한 중요한 기반이 되지만, 개인이나 조직이 향유하는 기득권이 조금이라도 훼손

되는 것은 쉽게 합의되기 어렵다. 자신의 이익을 아무 대가 없이 포기하지 않는 것은 인간의 본성이기 때문이다. 특히 관련자가 다수(多數)인 사안일수록 정치적으로는 '표'의 계산이 수반되므로 입법 과정의 실행 가능성도 크지 않다. 따라서 기득권 또는 이해 상충으로 인한 갈등 문제의 해결을 위한 방안을 찾는 것은 규제 개혁의 성공을 위한 필수적인 요건이 될 것이다. 현재의 국가 거버넌스 하에서 갈등 조정 기능을 할 수 있는 기관은 원칙적으로 국회와 사법부일 것이다. 그러나 국회는 '표'의 계산 없이 생산적으로 결정하기 어려우며, 사법부는 더디고 비용이 많이 소요되는 구조이다. 따라서 규제 개혁을 위한 갈등 조정 과정을 상시적이고 전문적으로 운영하여 규제 개혁이 가능하도록 하는 한편, 국가적인 수용성을 높이는 것이 절실한 인프라로 다루어져야 한다.

① 갈등 조정 과정은 규제 개혁과 관련한 '기득권과 이해 상충 문제'에서 비롯된 분쟁을 해결하는 과정이다. 기준국가제를 통해 명확한 규제 개혁 기준을 세운다 해도 기득권을 포기해야 하는 계층의 반발은 클 것이며, 계층 간 이해충돌로 인해 실제 실행하는 과정은 어렵고 고통스런 과정이 될 것이다. 이를 갈등 조정 과정으로 보아 i) 관련 계층의 의견을 수렴하고, ii) 피해를 입는 선의의 계층이 있을 수 있으므로 필요시 적정한 보상 방안을 찾고, iii) 사회적으로 공론화하고 설득하는 과정을 설치하고자 하는 것이다.

② 갈등 조정 과정을 새로이 설치하는 규제개혁위원회에서 운영해야 한다. 내부 소위원회의 형태일 수도 있고 산하 조직을 두어 관리하는 방법도 가능할 것이다. 중요한 것은 반드시 규제개혁위원회의 관장 하에 운영되어야 한다는 점이다. 만일 두 조직이 분리되면 규제 개혁의 일관성이

상실되며, 두 조직 간의 의견이 다르거나 시각이 상이한 경우 '규제 개혁' 자체가 표류할 수 있기 때문이다. 갈등 조정 과정은 어떠한 경우이건 규제 개혁을 완성시키고자 하는 경로인 것이지 목표가 되어서는 안 될 것이다.

③ 이러한 성격의 갈등 조정 과정은 규제 개혁에 따라 이익을 받거나 상실하게 되는 당사자들과 이들의 이해관계 상충을 조정해주고 적정한 타협안을 찾게 해주는 공익 전문가의 3자로 구성한다. 예를 들어 우버와 같은 차량 공유 서비스는 소비자에게는 편익이 큰 반면, 택시업계로서는 생존의 문제와 연결되므로 쉽게 풀 수 있는 규제가 아니다. 그러나 기술의 진보에 따라 새로운 서비스에 대한 수요는 외면한다고 피해지는 것이 아니다. 더욱이 자율주행차의 출현을 앞두고 있는 상황에서 택시업계의 기득권은 영원히 지속되긴 어렵다. 대안이 모색되어야 하는데 정치적으로는 '표'의 문제로 인해 대안조차 논의되지 않는다. 손실을 감수해야 하는 택시업계에 어떠한 보상이 이루어져야 하는가? 기존 택시 사업자에게 차량 공유 허가와 택시면허 간의 선택을 허용하거나, 일정 기간 공유 허가에 따른 이익을 택시업계에 보상하는 방법도 가능할 것이다. 부의 소득세와 같은 의미 있는 사회 안전망이 전제된다면 훨씬 여지를 가지고 모색될 수 있을 것이다.

④ 갈등 조정 과정은 판단과 결정은 일정 수준에서 기속력을 갖게 하는 것이 필요하다. 사법적 기속력까지 인정하기는 어려우나 합의를 단순히 '사적 합의' 수준에 머무르게 해서는 실효성이 없을 것이다. 금융 분야나 소비자 보호 분야에서 운용되는 분쟁 조정의 기속력 수준을 부여하는 것을 생각해볼 수 있다. 반드시 당사자 간의 합의를 전제하는 것도 실효성을 크게 낮추게 된다. 합의가 이루어지면 바람직하겠으나 합의가

지연되는 경우 공익 전문가 중심의 결정이 이루어지고, 이는 당사자에 대해 일정 수준의 기속력을 갖도록 해야 할 것이다.

⑤ 갈등 조정 과정의 논의 대상을 구체적이고 분명하게 설정하는 것이 필요하다. 거대담론의 논의를 위한 대타협기구가 아니라 미시적 이해충돌과 관련한 조정기구이다. 모든 분야의 이해조정을 담당하는 것은 현실적이지 않을 뿐만 아니라 사실상 불가능하다. i) 규제 개혁에 따른 상충되는 구체적 이익이 분명해야 하고, ii) '경제적 자유도'를 높이기 위한 규제 개혁 문제로 제한하여 다루어야 할 것이다.

새로운 규제 개혁 기법의 활성화

규제 개혁을 이루기 한 기법은 여러 나라의 경험과 연구를 통해 많이 개발되고 우리의 경우에도 대부분 도입되어 있다. 규제일몰제(sun-set review), 금지행위 열거 방식(negative list system), 성과기준 설정(performance standard setting), 규제 영향 분석(regulatory impact analysis review), 규제비용총량제(cost-in, cost-out), 규제특구제도(free regulation zone system), 비규제적 대안의 전환(non-regulatory alternatives), 규제순응도 조사(regulatory compliance rate) 등 매우 다양하다.[19]

만일 기준국가제를 실시하여 '경제적 자유화' 부문만이라도 적용할 수 있다면 이러한 규제 개혁기법이 그리 필요하지는 않을 것이다. 이미 선행적으로 기준국가의 제도 운용을 통해 걸러지고 적용되었기 때문이다. 따

---

19 류충렬(2015), 규제의 파르마콘, 대영문화사, 93쪽.

라서 단순하고 명료한 규제 개혁 기준의 적용은 앞선 다양한 제도의 운용을 위한 행정비용을 줄여준다는 점에서 큰 도움이 되는 측면도 있을 것이다.

기준국가제의 적용 대상은 '경제적 자유'를 높이기 위한 기업 활동에 한정되기 때문에 그 이외의 수많은 규제를 합리적으로 운용하기 위해서도 여러 가지 규제 개혁 기법은 여전히 의미가 있는 것이다. 특히 기준국가제의 유효한 운용을 위해 일부 규제 개혁 기법은 더욱 활성화되고 정교히 다듬어질 필요가 있을 것이다. 여기서는 기준국가제의 유효성을 높이기 위한 규제 개혁 기법 중심으로 논의하고자 한다.

그림자 규제의 관리

'그림자 규제(Shadow Regulation)'란 법령상 근거 없이 규제 당국이 피규제자에 대해 임의적 협력에 기초하여 특정 행위를 하거나 하지 않을 것을 요청하는 행위다. 통상 지도·권고·지시·협조 요청 등으로 이루어지며, 공문에 의하거나 구두에 의하는 모든 형식을 포괄한다. 규제 당국이 직접 조치하지 않고 피규제자가 기속 받는 협회나 단체의 규정 등을 통해 규제하고자 하는 내용을 반영하는 형식의 '우회 규제' 역시 넓은 의미에서 그림자 규제라고 할 수 있다.

그러나 행정 업무 수행 과정에서 법령 및 규정 등에 대한 유권 해석, 설명, 주의 환기, 이행 촉구, 인·허가 사항에 대한 단순 통보 등 피규제자에게 새로운 부담을 지우지 않는 사항, 법령에 의한 자료 제출 요구 및 분쟁 조정 등은 일반적인 행정행위로서 그림자 규제의 범위에 포함되지 않을 것이다.

그림자 규제가 갖는 가장 큰 문제점은 투명하지 않다는 데 있다. 법령에 근거를 갖지 않는다는 결정적인 흠결뿐만 아니라 규제관리체계를 적용받지 않고 규제자의 생각에 따라 적용 시기나 대상 등이 결정되는 자의적 규제이다. 특히 그림자 규제는 명시적으로 법령상에 나타나지 않는 규제이기 때문에 기준국가제를 적용하는 데 한계가 있어 제도의 실효성을 떨어뜨리는 중요한 요인이 될 수 있다.

① 규제의 투명성을 높이기 위해 그림자 규제는 원칙적으로 금지되어야 한다. 행정규제기본법(제4조)에서도 규제법정주의를 채택하고 있기는 하나, 새로운 규제 개혁법에 좀 더 분명히 하여 그림자 규제에 대한 정의, 금지 원칙, 효력의 부인, 그림자 규제 행위자에 대한 제재 등을 규율해야 한다.

② 그림자 규제에 대한 효력의 문제를 명확히 하여 피규제자로 하여금 항변할 수 있는 근거를 명확히 해야 한다. 그림자 규제를 따르지 않았다는 이유만으로 피규제자에게 직간접의 불이익을 주어서는 안 된다는 점이 규정되어야 한다. 아울러 그림자 규제를 받은 피규제자는 규제자 소속 기관, 감독기관, 수사기관, 국민권익위 등에 신고할 수 있도록 하고, 공익신고자로 보호받을 수 있도록 함으로써 그림자 규제가 피규제자 측면에서 적극 노출되도록 하는 게 효과적일 것이다.

③ 법령상 조치를 취하기에 긴박한 상황이거나, 행정 목적을 달성하기 위해 불가피한 경우 등 예외적으로 '행정지도'가 허용되어야 할 때가 있다. 이 경우에도 의견 청취, 이해관계인 사전 협의, 등록 및 공개, 존속기간의 명시, 문서 시행 등 투명하고 합리적인 과정을 거치도록 하는 것을 규제개혁특별법에 규정하고, 하위 규정으로 '행정지도운영규정'을 제정하여 관리하는 게 필요할 것이다.

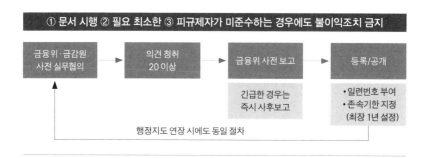

[그림 3-4] 금융규제운영규정의 그림자 규제 억제 절차

① 문서 시행 ② 필요 최소한 ③ 피규제자가 미준수하는 경우에도 불이익조치 금지

금융위·금감원
사전 실무협의 → 의견 청취
20 이상 → 금융위 사전 보고 → 등록/공개

긴급한 경우는
즉시 사후 보고

• 일련번호 부여
• 존속기한 지정
(최장 1년 설정)

행정지도 연장 시에도 동일 절차

※ 사례: 금융규제운영규정(국무총리훈령)

2015년 금융위원회는 '그림자 규제'의 억제를 위해 국무총리훈령으로 행정지도의 최소화 원칙과 함께 극히 예외적으로 불가피한 경우에도 정해진 절차에 의해 관리되고 억제되도록 규율하는 제도를 도입했다.

비조치의견서

비조치의견서(No Action Letter)란 현재의 규제가 불합리하여 고쳐야 한다고 판단될 경우 또는 규제 자체가 모호하여 이를 명확히 하고자 하는 경우 규제기관이 피규제자의 요청행위에 대해 제재하지 않겠다고 약속하는 일종의 확인서이다.

기준국가제를 도입하여 불합리한 규제를 선진화된 규제로 전환하는 데는 법률의 제·개정과 같은 일정한 절차가 필요로 하는데 이는 많은 시간이 필요하다. 피규제자 입장에서는 이를 기다려야 하는 비용이 발생한다. 이러한 간극을 메워주는 장치라고 할 수 있다. 기준국가제 도입 시 시장에 실현되기까지 간극을 비조치의견서를 통해 '우선 허용-사후 보완'의 제도가 자리 잡을 수 있다면 틈새와 간격을 줄이면서 기준국가제

[표 3-7] 비조치의견서의 사례

	비조치의견서	유권해석
요청 대상 행위	– 신용카드업자인 전자고지 결제업을 부수 업무로 영위할 경우 제재 대상이 되는지 여부	– 여신전문금융업 제2조에 의한 신용카드의 정의에 실물 없는 모바일 카드가 포함이 되는지 여부
회신 내용	– 동 업무를 영위하더라도 별도의 제재 조치는 부과하지 않을 것임 • 현행 여신전문금융업법상 부수 업무에 전자고지결제업은 명시되어 있지 않음 • 그러나, 핀테크 활성화 차원에서 부수 업무 규제를 네그티브(Negative) 방식으로 바꿀 예정이므로 규정이 개정되기 전 행위에 대해서도 제재하지 않을 것임	– 신용카드 가맹점에 반복하여 결제할 수 있는 경우 신용카드에 포함될 수 있음 • 여전법상 신용카드의 정의에서 '증표'는 그 형태나 규격 등을 특정하고 있지 않음 ※ 여신전문금융업법 제2조 제3호 '신용카드'란 이를 제시함으로써 반복하여 신용카드가맹점에서 다음 각 목을 제외한 사항을 결제할 수 있는 증표(證票)로서 신용카드업자(외국에서 신용카드업 상당하는 영업을 영위하는 자를 포함한다)가 발행한 것을 말한다.

의 유용성도 높일 수 있을 것이다. 비조치의견서와 유권해석은 전혀 다른 성격을 갖는다. 비조치의견서는 규제의 '예외 조치'라 할 수 있으나, 유권해석은 규제의 '해석'이라 할 것이다.

비조치의견서의 성패는 규제기관의 의지에 달렸다. 적극적인 운영을 통해 규제 개혁의 성과를 앞당겨 실현하겠다는 의지가 없다면 면책을 해야 하는 책임의 부담을 뛰어넘기란 쉽지 않기 때문이다.

금융규제 분야는 시장 환경이 매우 빠르게 움직이기 때문에 규제 개혁의 규모보다도 적시에 이루어지도록 하는 타이밍이 중요하다. 이를 위해 2001년 비조치의견서 제도를 도입했으나 규제기관이 소극적인 자세로 인해 무려 14년간 발생 실적은 10건에 불과했다. 2015년 금융 개혁 차원에서 비조치의견서를 활성화하자는 정책 방향에 따라 2015~2016년 2년간 약 1,100건의 비조치의견서가 발급되었다. 규제 당국의 의지만 있다면 유효한 규제 개혁의 기법이 될 수 있음을 보여주

는 사례일 것이다.

한시적 규제유예제도

한시적 규제유예제도(TRR: Temporary Regulatory Relief)는 규제를 일정 기간 동안에 한시적으로 집행을 중단하거나 완화해서 적용하는 방법이다. 한시적 규제유예제도는 2008년 글로벌 위기 당시 다각적인 투자촉진책에도 불구하고 기업이 원하는 투자가 규제로 인해 이루어지지 못하는 상황을 감안하여 한국에서 처음으로 적용한 방법이다. 규제를 한시적으로 먼저 유예하도록 하여 피규제자의 경제적 자유를 우선 확보해준다는 측면에서 규제 개혁과 실행 간의 간격을 최소화하고 한시적으로 유예해 본 조치가 실제 시장에서 제대로 작동하거나 부작용이 없다면 항구적인 규제 개혁을 추진할 수 있게 된다는 점에서 유용한 제도일 것이다.

※ 2009년 한시적 규제유예제도 사례[20]

2009년 280개 규제에 대한 한시적 유예제도가 시행되었다. 한시적으로 유예되었던 규제가 145건(52%), 한시적으로 유예하려다 항구적으로 개선한 규제가 135건(48%)이다. 유예기간은 2년이 111건(75%), 1년이 22건(15%), 기타 12건(8%)이었다. 분야별로는 창업·투자 애로 요인 해소(91건, 33%), 영업 활동상 부담 경감(159건, 57%), 중소기업·서민 애로 요인 해소(30건, 10%)였다. 시행 방법은 총리실 주관으로 1개의 대통령령으로 일괄 개정하는 법령 개정 방법을 사용해 조기에 완료했다.

한시적 규제유예제도가 도입된 배경은 단기간 내 기업 투자를 유치하여 경제 활성화를 기하고자 하는 데 있었다. 이러한 장점 이외에 기득권 조정 문제로 쉽게 접근하기 어려운 규제 개혁을 이루는 방법이기도 하다.

---

20 류충렬(2015). 규제의 파르마콘, 대영문화사, 125쪽.

근본적인 개혁을 시행하기에 앞서 한시적으로 적용한다는 점에서 설득이 용이할 뿐만 아니라 일단 시행 과정에서 나타난 효과와 부작용 등을 실제 시장에서 파악함으로써 이를 보완하는 조치를 강구하기가 용이하다. 따라서 갈등 조정 과정에서 대안 모색이나 합의가 어려운 경우 적극적으로 활용 가능한 기법이다.

규제 샌드박스 제도

규제 샌드박스(Regulatory Sandbox) 제도는 2015년 영국에서 금융 분야에 최초로 도입되었다. 아이들이 다치지 않고 놀 수 있는 모래놀이터(Sandbox)처럼 규제의 틀에서 벗어나 보다 혁신적이고 창의적인 경제활동이 가능하도록 하자는 취지의 규제 개혁 기법이다. 우리나라의 경우 2019년 7월 17일 '포괄적 네거티브' 체제로의 규제 패러다임을 전환한다는 목표로 행정규제기본법이 개정되었고 ICT융합, 산업융합, 혁신금융, 지역혁신 등 4개 분야의 법령이 제·개정되었다.[21] 우리나라에서 운용되고 있는 제도를 기준으로 보면 ① 규제가 있는지에 대한 신속 확인(30일 이내), ② 규제가 모호하지만 안전성에 문제없는 경우: 임시허가, ③ 규제로 금지되어 있고 안전성이 불확실한 경우 제한된 조건 하의 테스트 허용: 실증특례 등 세 가지의 방법으로 구성되어 있다.

규제 샌드박스 제도 역시 기준국가제를 도입할 경우 기득권 문제를 대처할 수 있는 유효한 방법이 될 수 있을 것이다. 일단 규제를 넘어 임시허가 또는 테스트 방식의 허가를 통해 규제 개혁과 시장 실현의 시차

---

21 정보통신진흥 및 융합 활성화 등에 관한 특별법(2019.1.17 시행), 산업융합 촉진법(2019.1.17 시행), 규제자유특구 및 지역특화발전특구에 관한 규제특례법(2019.4.17 시행), 금융혁신지원 특별법(2019.4.1 시행)

[그림 3-5] 규제 샌드박스 제도의 운영체계

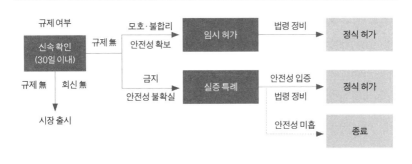

자료: 2019 규제개혁백서

를 넘을 수 있고, 실제 시장에서 나타난 효과를 중심으로 대안을 모색하거나 보완책을 찾을 수 있다는 측면도 한시적 규제유예제도와 마찬가지의 장점이 있을 것이다. 거듭된 언급이지만 규제 개혁의 가장 큰 장애는 기득권과 이해 상충의 장벽을 어떻게 넘을 수 있느냐의 문제일 것이다. 그렇다고 한쪽 일방의 손을 들어주는 것이 반드시 합리적인 선택도 아니다. 따라서 이를 실현해보고 과연 어떤 효과와 부작용이 있는지를 파악하여 이에 따른 대안과 보상을 찾는 게 효과적인 접근 방법이 될 것이다.

5

규제 문화 개혁

정부, 국회, 지자체 등 규제기관이 시장 기능을 충분히 이해하면서 규제해야 할 일을 합리적으로 구분해내고, 규제가 불가피하더라도 시장친화적 방법을 찾아내어 최소화하는 역량이 필요하다. 또한 규제가 없거나 모호할 경우조차 긍정적으로 업무 처리를 하려는 '적극적 행정'의 자세도 중요하다.

피규제자는 규제를 우회하는 방법을 먼저 찾기보다 시행되는 규제는 분명히 지켜나가되 불합리하거나 공정한 경쟁을 저해하는 경우 규제기관에 능동적으로 개선을 요구해나가는 태도가 필요하다. 지켜지지 않는 규제는 실효성이 떨어져 또 다른 규제를 불러오고, 그러한 악순환의 과정은 피규제자가 누구보다 잘 알 수 있기 때문이다.

사회적으로는 공익이나 선의의 규제가 항상 의도한 효과를 나타내는 것이 아니므로 규제는 다듬어지고 점검되어야 한다는 분위기와 함께, 규제 개혁에 따른 기득권의 문제를 타협을 통해 해결하는 관행이 자리 잡아야 한다.

규제를 폐지하거나 완화한 경우 사후적으로 발생할 수 있는 부작용 때문에 규제 개혁 담당자의 책임을 묻지 말아야 하며, 적극적으로 규제 개혁을 한 기관을 평가해주는 체계가 필요하다.

이러한 인식과 흐름을 우리는 '규제 문화'라 할 수 있다. 어떠한 제도를 도입하더라도 결국 성패는 그 사회가 지니고 있는 규제 문화의 수준에 의해 결정될 것이다. 규제 문화를 바꾸는 일은 새로운 제도를 도입하는 것보다 훨씬 어려운 일이지만, 앞서 제안한 모든 시도보다 중요하고 우선되는 일임은 분명하다. 규제 문화를 바꾸기 위해 무엇을 해야 하는지 논의하고자 한다.

감사기관의 감사 방식 전환

공직사회의 문화를 좌우하는 가장 결정적 요소는 감사원의 감사 방향이다. 마찬가지로 금융회사의 문화는 금융감독기관의 태도에 달려 있고, 일선 현장에 대한 지자체의 단속행위는 현장의 분위기를 결정한다. 감사기관은 적극적 행정을 평가하고 소극적 행정을 집중적으로 감사해야 한다. 피규제기관이 체감하는 규제의 양은 규제 자체에만 있는 것이 아니라 모호하면 처리하지 않는 규제기관의 소극적 자세, 규제 내용대로 집행하지 않는 보신주의적 태도에 따라 더 커지게 된다. 따라서 감사기관은 '적극적 일한 사람'을 감사하는 것이 아니라 '소극적으로 일하지 않는 사람'을 감사한다면 규제의 상당 부문을 해소할 수 있다.

[그림 3-6] 금융감독기관의 변화 방향

금융 규제	금융 감독	현장 점검
지속적인 규제 개혁 노력	규칙 준수를 감독하는 심판으로	애로사항을 직접 듣고 해결
• 법령 규제 개선 • 그림자 규제 최소화 • 자율 규제 합리화	• 금융회사 자율 책임 정착 • 컨설팅 중심 검사 • 기관 중심 제재	• 현장의 애로 해결 • 비조치의견서 활성화 • 옴부즈만 제도 운영

노동 관련 규제, 수도권 규제, 창업 규제 등 경제적 자유를 높이기 위해 기업이 가장 힘들어하는 부문이 우선 감사 대상이어야 함은 물론이다. 금융 분야의 경우 실물 부문보다는 변화의 속도가 빠르고 혁신성이 경쟁력을 좌우하는 만큼 감독기관의 태도와 시각이 크게 달라져야 한다. 제재·검사 위주에서 컨설팅·자율책임의 방식으로 바뀌어야 한다. 시장참여자의 행위를 일일이 지시하는 '코치'가 아니라 공정한 규칙 준수만을 감독하는 '심판'의 역할에 충실해야 한다. 제재 방식도 개인 제재는 최대한 그 기관의 판단에 맡기고 기관 중심의 경제제재 방식으로 전환해야 한다. 그래야 금융인의 혁신과 창의를 살려내서 금융산업의 경쟁력을 높여나갈 수 있다.

규제평가제도의 활성화

규제기관 또는 담당자의 개혁 노력은 어느 의미에서는 스스로의 권한을 내려놓고 개혁에 따른 사후적 책임을 안아야 한다는 점에서 내키지 않는 일이다. 이에 대한 충분한 평가와 보상이 이루어지도록 하는 것이 개혁 노력을 이끌어낼 수 있는 동력이 될 것이다.

예를 들어 '기준국가제' 도입과 관련해서는 얼마나 빠른 시간 내에 그 격차를 줄이려는 노력을 했는가에 따라 규제기관을 평가하고 잘하는 기관은 상응한 포상을 해야 한다. 또한 열심히 개혁하려는 노력에 대해서는 설사 문제가 발생하더라도 분명히 면책을 해주는 법률적 장치를 마련하고 실제 철저히 지켜야 한다.

사회적으로도 규제를 폐지하거나 새롭게 재설계한 경우 사후적인 결과만을 두고 언론·시민단체 등이 비난해서는 안 될 것이다. 심지어 평소에는 우리나라에 지나친 규제에 대해 비판적이고 많은 지적을 해왔으나 문제가 발생하기만 하면 정부의 규제를 요구하고, 수년 전으로 거슬러 올라가서 규제를 완화한 사실에 책임을 묻기도 한다. 최근 들어 국무조정실을 중심으로 적극 행정을 유도하기 위해 '적극 행정 지원 및 획기적인 보상'을 기획하고 있는 것은 바람직한 시도이나,[22] 이를 감사기관이 주도한다면 더욱 효과가 클 것이다.

현장 중심의 규제 행정과 소통

현장 상황을 정확히 파악하여 규제를 만들어야 한다. 설사 규제가 시장 기능을 보완하는 수준으로 최소화하더라도 현장 상황에 맞지 않는 경우 피규제자는 이를 우회하거나 아예 지키지 않는다. 지키는 비용이 지

---

22 2019 규제개혁백서, 국무조정실, 57쪽.

키지 않는 이익에 비해 너무 크기 때문이다. 따라서 규제 순응도를 높이기 위해서는 끊임없이 현장을 파악하고 소통하는 노력이 필요하다.

현장 중심이란 ① 규제를 만들 때 철저한 현장점검을 통해 설계하며, ② 규제를 받아야 하는 이해관계인의 참여도를 높이고, ③ 규제가 실제 어떻게 작동하는지에 대한 피드백(feedback)이 상시적으로 이루어지며, ④ 피규제자가 규제 실행 이후 문제 제기를 할 수 있는 소통 창구를 열어놓는 일일 것이다.

규제의 특성 중 하나는 현장의 다양성에 불구하고 획일적이고 경직적이라는 것이다. 이를 보완하기 위해 규제를 신축적으로 집행하도록 재량의 범위를 넓히는 방법이 있는데, 이는 피규제자가 여러 가지 형평의 시비에 말려들 수 있고 특혜로 보는 오해의 소지도 있기 때문에 그 재량을 사용하지 않으려 한다. 따라서 설계·점검·사후평가 과정에서 현장의 목소리를 지속적으로 담는 것은 규제의 유효성을 높이는 지름길일 것이다.

마지막으로 현장 중심의 과정에서 강조되어야 할 것은 현장에 맞지 않는 규제는 신속하고 과감히 없어져야 한다는 점이다. 이를 다른 규제로 보완하여 '규제의 재생산'이 일어나거나, 피규제자의 불만을 규제가 제대로 작동하고 있다는 신호로 해석하는 잘못이야말로 '규제의 덫'에서 영원히 갇혀버리게 되는 시작일 것이다.

1789년 프랑스 대혁명이 일어나고 로베스피에르 정부는 국민의 삶을 개선하기 위해 우유값 인상금지 조치를 실시했다. 그러나 우유업자는 수지가 맞지 않자 공급을 줄였기 때문에 우유를 구하기 어려워졌다. 다시 정부는 우유업자(목장 주인) 수지를 맞춰주기 위해 사료값을 통제했

는데, 이에 따라 사료 공급의 축소로 더욱 우유를 구하기가 어려워졌다. 결국 로베스피에르는 선한 목적의 정책 때문에 길로틴 처형장에 가야 했다. 현장을 무시한 규제가 실패한 역사적 사례이다.[23]

23 최성락(2020), 규제의 역설, 페이퍼로드, 8쪽

4장

공정
기업 지배구조 혁신과 공정한 경제

최상목

기획재정부, 재정경제부 등에서 경제정책과 금융 분야를 주로 담당했고 현재 농협대학교 총장으로 재직하고 있다. 거시경제와 북한 경제 관련 논문 등을 집필했다.

1

기업 지배구조와 대리인 문제

　공정한 경쟁과 자유로운 경제활동의 보장은 활력 있는 기업 활동의 전제 조건이다. 우리나라는 그동안 공정 측면에서 많은 재벌(기업) 규제가 도입되었으나 아직도 지배주주 중심의 기업 운영이 바뀌지 않고 있다는 비판과 함께 규제가 자유로운 기업 활동에 제약이 되고 있다는 불만도 존재한다. 많은 규제에도 불구하고 문제가 계속된다면 접근 방식을 바꿀 필요가 있다. 원론으로 돌아가 기업 지배구조의 핵심 기구인 주주(총회), 이사회, 경영자가 제 기능과 역할을 할 수 있도록 하면 된다.

　그러기 위해서는 회사가 직면하는 본인-대리인 문제(principal-agent problems, 이하 대리인 문제)에 효과적으로 대응할 수 있어야 한다. 어떤 사람(대리인)이 다른 사람(본인)에게 이행을 약속하는 관계는 통상 대리인 문제를 수반한다. 대리인의 기회주의적 행동 등으로 인해 결과가 약속에 못 미칠 수 있고 이를 방지하기 위해 본인이 비용을 들여 감시해야 하므

로 대리인 비용이 발생한다. 회사는 세 가지 측면에서 대리인 문제가 발생한다.[1]

회사가 직면하는 첫 번째 대리인 문제는 회사의 주주(본인)와 경영자(대리인) 사이의 이익 충돌이다. 한 사람이 100% 지분을 소유하고 직접 경영을 하는 회사와 달리 소유와 경영이 분리되면 주주와 경영자 사이의 대리인 문제가 발생한다. 경영자가 회사의 자원을 회사의 가치 증가가 아닌 자기 자신의 이익을 위해 사용하거나 능력이나 경험이 부족한 사람이 경영자로 선임될 수 있기 때문이다. 주주의 수가 많아져 지분이 분산될수록 주주 한 사람의 입장에서는 경영자를 감시할 유인이 줄어든다. 다수의 주주들 사이에서 정보를 공유하고 의사결정을 하는 데 드는 정보비용(information cost)과 조율비용(coordination cost)도 커진다. 이때 기업 지배구조의 주요 과제는 경영자 통제이다.

두 번째 대리인 문제는 지배주주와 지배주주가 아닌 주주(이하 비지배주주) 사이의 이익 충돌이다. 이때 지배주주는 대리인이고 비지배주주는 본인이 된다. 주주와 경영자 사이의 대리인 비용을 최소화하는 방안 중의 하나는 기업 소유구조를 단순화하여 지배주주에게 집중하고, 그로 하여금 경영자를 감시하게 하는 방안이다. 그런데 지배주주가 100% 지분을 가지고 있지 않으면 다른 주주가 존재하게 되며 지배주주와 비지배주주 사이에 또 다른 형태의 대리인 문제가 발생한다. 지배주주가 자신의 이익을 위해 비지배주주의 이익을 침해하는 의사결정을 할 가능성이 있기 때문이다. 지배주주가 능력보다는 자기와 친분을 기준으로 경영자를 선임하거나 지배주주가 일감 몰아주기 등 사익 편취 행위를 할 수

---

1   Kraakman, R. et. al. (2017), *The Anatomy of Corporate Law: A Comparative and Functional Approach*, Third Edition, Oxford University Press, London. pp.29-30.

있다. 이때 기업 지배구조의 주요 과제는 경영자 통제보다 지배주주 통제와 비지배주주 보호가 된다.

　회사가 직면한 세 번째 대리인 문제는 회사(대리인)와 채권자, 근로자 등 이해관계자(본인) 사이의 이익 충돌이다. 이때 기업 지배구조의 과제에는 회사가 대리인으로서 이해관계자에 대해 기회주의적으로 행동하지 않도록 담보하는 것이 추가된다.

비지배주주와 이해관계자 권익 보호

소유구조의 집중화

주식 소유가 분산되어 있는 회사가 많은 국가의 경우 전통적으로 기업
지배구조의 주요 과제는 주주와 경영자 사이의 대리인 문제였으나 최근
에는 소유구조의 집중화와 1주 1의결권의 예외가 확대되고 있어 지배주
주와 비지배주주 사이의 대리인 문제가 중요해지고 있다.

실증 연구에 의하면 소유권 또는 의결권이 집중된 회사일수록 지배주
주가 다른 주주의 희생을 통해 지분율보다 큰 수익, 즉 지배권의 사적 이
익(private benefits of control)을 취할 가능성이 크다.[2] 지배주주가 있는 회
사일수록 비지배주주 보호와 지배주주에 대한 통제 필요성이 큰 이유
이다.

---

2   Kraakman, R. et. al. (2017), *The Anatomy of Corporate Law: A Comparative and
     Functional Approach*, Third Edition, Oxford University Press, London. p.103.

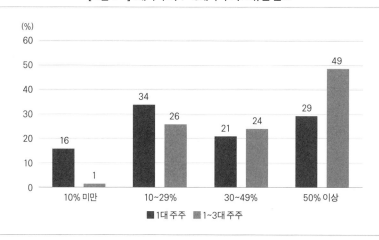

[그림 4-1] 1대 주주와 1~3대 주주의 소유권 분포

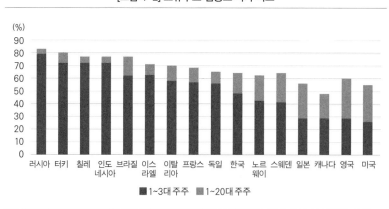

[그림 4-2] 소유구조 집중도 국가 비교

소유구조의 집중화가 전 세계적으로 광범위하게 관찰된다. 전 세계 공
개회사의 약 85%가 10% 이상의 지분을 소유한 1대 주주를 가지고 있다.
전체 공개회사의 1%만이 1~3대 주주가 합쳐서 10% 미만의 지분을 가지고 있다.[3] 이와 같은 소유구조의 집중화 현상은 주로 아시아를 포함한 신흥국 회사의 부상에 기인한다. 그러나 전통적으로 분산된 소유구조를 가지는 국가로 분류돼왔던 미국, 영국, 캐나다와 호주에도 집중된 소유구조가 확대되고 있다. 이는 기관 투자자의 역할이 커지고 있기 때문이다. 현재 글로벌 시가총액의 40% 이상을 기관 투자자가 보유하고 있다.

1주 1의결권의 예외 확대

주식 소유가 분산되어 있는 회사도 지배주주가 존재할 수 있다. 1주 1의결권 원칙의 예외가 허용되어 1주에 더 많은 의결권을 부여받는다면 적은 지분을 보유하는 주주라도 지배주주가 될 수 있기 때문이다. 이 경우 현금 흐름(cash flow) 측면에서는 주식 소유가 분산되어 있는 회사에서도 지배소수주주(controlling minority shareholder)와 다른 주주 사이에 대리인 문제가 발생할 수 있다.

우리나라를 포함한 대부분 국가는 1주 1의결권을 원칙으로 하고 있으나 예외도 허용하고 있다. 대표적인 예는 복수의결권, 황금주, 피라미드 구조, 의결권 상한 등이다. 미국, 영국, 독일을 제외한 유럽 대륙 국가들은 1주 1의결권 원칙의 예외를 광범위하게 허용하고 있어 전체 회사의 44%가 예외 장치를 가지고 있다.[4] 중동과 아시아의 국부펀드에 대응하여 유럽 시장을 보호하기 위해 황금주를 허용하거나 글로벌 금융위기 이후 장기 투자자에 대한 보상으로 복수의결권을 도입하는 사례가 확대되고

---

3   De La Cruz, A. et. al., *Owners of the World's Listed Companies*, OECD Capital Market Series, Paris, pp.17-19.

[표 4-1] 유럽(16국)의 1주 1의결권 예외 현황[5]

(단위: %)

예외 장치 종류	제도상 허용국 비중	실제 이용국 비중
피라미드 구조	100	75
주주 간 협정	100	69
순환출자	100	31
초다수결제	87	n.a.
무의결권 우선주	81	44
의결권 상한	69	56
복수의결권	50	44
황금주	44	31

있기 때문이다. 1주 1의결권 원칙을 비교적 엄격하게 적용하는 미국도 기업 공개 전 복수의결권을 허용하고 있다. 혁신적인 기업가가 지배권 상실의 위험 때문에 기업공개를 꺼리는 부작용을 보완하기 위해서이다.

가장 광범위하게 사용되는 지배 수단으로는 피라미드 구조를 들 수 있다. 피라미드 구조는 계열사 지분을 활용한 중층(重層) 지배를 통해 실제 소유 지분보다 더 많은 의결권을 행사할 수 있다. 우리나라는 복수의결권이나 황금주 등이 허용되고 있지 않지만 피라미드 구조는 허용된다. 지주회사 형태가 이에 해당되며 피라미드 구조에 의해 지배되는 회사의 비중이 증가하고 있다.[6] 피라미드 구조는 외부 금융시장이 발달되지 못

4   European Commission (2007), *Report on the Proportionality in the European Union*, External Study commissioned by the European Commission from Institutional Shareholder Services, Shearman & Sterling LLP and European Corporate Governance Institute. p.6
5   European Commission, *Report on the Proportionality in the European Union*, p.16.
6   Young, L. (2016), Financial Reform and Change in Asian Business Systems, *Changing Asian Business Systems*, edited by Richard Whitley et al., Oxford University Press, London. pp.257-282.

한 신흥국에서 내부 자금 조달 수단으로 활용되는 긍정적인 측면도 있으나 복잡하고 불투명한 소유구조로 인해 계열사 사이에 이익충돌 문제가 발생하여 지배주주와 다른 주주 사이의 대리인 문제를 확대시킬 수 있다.

이해관계자와 사회적 책임의 중요성 확대

회사의 목적을 주주 이익의 극대화로 보는 시각에서 기업을 둘러싼 이해관계자의 이익도 고려해야 한다는 시각으로 확대되고 있다. 미국의 경우 1970~1980년대 뮤추얼 펀드와 퇴직연금의 활성화로 연금, 보험, 투자회사 등 기관 투자자의 등장으로 주주와 경영자 사이의 대리인 문제가 개선되면서 회사(주주)와 채권자 등 이해관계자 사이의 이익충돌이 주목을 받게 되었다.[7] 기관 투자자의 궁극적인 수혜자(연기금의 수급권자, 펀드의 수익자 등)는 대부분 회사와의 관계에서 채권자 등 이해관계자이기 때문이다. 예를 들면 주식 가치를 기반으로 한 스톡옵션으로 보상을 받는 경영자는 이해관계자보다 위험성이 높은 사업을 선호할 가능성이 크며 이 경우 회사와 이해관계자 사이의 이익 충돌 가능성이 있다.

글로벌 금융위기를 거치고 기후변화와 기업의 지속 가능성이 강조되면서 회사의 이해관계자를 넘어 사회적 책임(corporate social responsibility)과 환경(environment)·사회(society)·지배구조(governance)가 투자 의사결정과 회사 경영의 중요한 의제로 부각되고 있다. 많은 회사가 ESG를 회사 경영에 있어 핵심적인 위험과 기회 요인으로 인식하게

---

7   Rock, E. B. (2013), Adapting to the New Shareholder-Centric Reality, *Faculty Scholarship at Penn Law*. 457, pp.1907-1988.

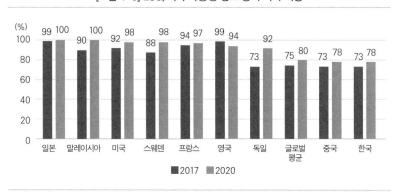

[그림 4-3] ESG/지속 가능성 정보 공시 회사 비중

(%)

일본 99 100 / 말레이시아 90 100 / 미국 92 98 / 스웨덴 88 98 / 프랑스 94 97 / 영국 99 94 / 독일 73 92 / 글로벌 평균 75 80 / 중국 73 78 / 한국 73 78

■2017 ■2020

되었고 사회적 책임 활동에 대한 정보 공개를 확대하고 있다. 2020년 현재 전 세계 52개국의 100대 회사인 총 5200개 회사 중 80%가 ESG/지속 가능성 정보를 공시하고 있다.[8] 국가별로 보면 일본, 말레이시아, 미국, 스웨덴, 영국 등이 글로벌 평균보다 높은 수준이며 우리나라는 78%로 글로벌 평균 수준이다.

8   KPMG (December 2020), *The KPMG Survey of Sustainability Reporting 2020*,

3

대리인 문제 해결 방안

회사의 대리인 문제를 해결하기 위한 제도적 장치는 대리인을 통제하는 방식에 따라 다음과 같이 네 가지로 나누어볼 수 있다.

첫째, 대리인(경영자 또는 지배주주)에게 회사를 위한 충실 의무와 선관주의 의무와 같은 신인 의무(fiduciary duty)를 부과하고 위반 시 법적 책임을 묻는 방식이다.

둘째, 경영자 시장, 지배권 시장 등 시장 압력을 통해 대리인(경영자 또는 지배주주)을 통제하는 방식이다.

셋째, 회사의 지배구조를 통해 본인(주주 또는 비지배주주)의 대리인(경영자 또는 지배주주)에 대한 직접 통제를 촉진하는 방식이다. 이를 위해서는 주주의 정보비용과 조율비용을 줄일 수 있도록 정보공개 확대와 주주총회 내실화, 위임장 경쟁, 기관 투자자 역할 강화 등이 필요하다.

넷째, 본인(주주 또는 비지배주주)의 위임을 받은 이사(회)의 독립성을 강화하여 대리인(경영자와 지배주주)을 통제하는 방식이다.

이 중 최근 들어 이사회와 기관 투자자의 역할이 강조되고 있다. 회사의 규모가 커지고 전문화가 진행되면서 주요 의사결정은 주주(총회)에서 이사회로 위임되었으며 이사회의 기능에 있어서도 경영(management)보다는 감시(monitoring)와 자문(coaching)의 중요성이 커지고 있다. 또한전 세계적으로 기관 투자자의 지분 증가에 따라 개인 소수주주를 대신하여 지배주주를 견제하는 역할이 요구되고 있다.

그러나 다양한 통제장치 중 어느 한 가지만으로는 모든 문제를 해결할 수 없다. 시기에 따라 특정 제도의 유용성이 강조되기도 했으나 묘책(silver bullet)이 없다는 것이 역사의 교훈이다. 각 제도들은 장단점을 가지고 있으므로 해당 국가의 법과 제도, 시장 여건, 기업 문화 등에 따라다양한 형태로 진화하고 있다.

이사회의 독립성 강화

전통적으로 이사회는 주주의 경영자 통제에 효과적인 수단으로 활용되었다. 소유구조가 집중되어 있는 회사는 지배주주가 경영자에 대한 임면권 등을 활용하여 통제하는 것이 바람직하다. 그러나 소유구조가 분산되어 있는 회사일수록 주주의 의사를 모으는 정보비용과 조율비용이커지므로 이사회를 통해 경영자를 감시하는 방안이 더 효과적이기 때문이다.

그러나 최근에는 대부분 국가에서 경영자 통제를 넘어 지배주주 통제와 비지배주주 보호에도 효과적으로 작동할 수 있도록 이사회의 독립성을 강화하고 있다. 지배주주로부터 독립적인 이사에게 지배주주 통제의 역할도 요구한다. 이를 위해 많은 국가에서 전체 이사 중 일정 비율을 회사(경영자)와 지배주주로부터 독립적인 인사로 구성하도록 의무화했다.

특히 대규모 회계 부정 사건과 글로벌 금융위기의 발생으로 이사회가 적극적으로 경영자의 부정행위와 성과를 감시하도록 관련 법령이 강화되었다. 미국의 2002년 사베인스-옥슬리법(Sarbanes-Oxley Act)과 2010년 도드-프랭크법(Dodd-Frank Act)이 대표적인 예이다. 우리나라도 [표 4-2]와 같이 외환 위기 이후 여러 차례 사외이사제도가 개선되었다.

OECD 회원국 중 25개국은 독립적인 이사를 전체 이사의 과반수로 하도록 의무화 또는 권고하고 있으며 17개국은 2~3인 또는 3분의 1 이상을 독립적인 이사로 선임하도록 요구하고 있다. 독립적인 이사의 선임

[표 4-2] 우리나라의 사외이사제도 연혁

연월	주요 내용	관련 규정
1998.2	-상장회사는 이사 총수의 1/4 이상 사외이사 선임(최소 1인 이상)	유가증권 상장 규정
1999.9	-금융회사와 자산 1조 원 이상 상장회사는 이사 총수의 1/2 이상(최소 3인 이상)	기업 지배구조 모범 규준
2000.1	-상장회사는 이사 총수의 1/4 이상 -금융회사와 자산 2조 원 이상 상장회사는 이사 총수의 1/2 이상(최소 3인 이상)	증권거래법
2001.3	-자산 2조 원 이상 상장회사는 사외이사후보추천위원회와 감사위원회 설치	증권거래법
2003.2	-자산 1조 원 이상 상장회사는 과반수(최소 3인 이상)	기업 지배구조 모범 규준
2003.12	-자산 2조 원 이상 상장회사는 과반수(최소 3인 이상)	증권거래법
2016.8	-자산 5조 원 이상 금융회사는 과반수(최소 3인 이상) -자산총액 3,000억~5조 원인 금융회사는 이사 총수와 1/4 이상	금융회사 지배구조법
2020.12	-자산 2조 원 이상 상장회사는 감사위원을 1인 이상 분리선임하고 선임 시 3% 룰 적용	상법

의무나 권고가 없는 국가는 2개국에 불과하다.[9]

우리나라의 58개 대규모 기업집단 소속 266개 상장회사는 2020년 현재 전체 이사의 50.9%인 864명의 사외이사를 선임하고 있다. 법에 따라 선임해야 하는 사외이사 745명보다 119명 초과한 숫자이다. 이사회 내 위원회도 법상 최소 기준을 넘어 설치하고 있다.[10] 법상 독립성 요건은 충족하지만 학연, 거래 관계 등으로 독립성이 의심되는 사외이사 비중도 2006년 37.5%에서 매년 지속적으로 감소하여 2020년 19.12%로 분석되는 등 긍정적인 변화를 보이고 있다.[11]

그러나 우리나라 회사의 이사회가 실질적으로 독립적이고 효과적으로 운영되는지에 대한 평가는 아직까지 높지 않다. 설문조사를 바탕으로 집계되는 세계경제포럼(WEF)의 국가 경쟁력 평가에서 기업 이사회의 유효성(efficacy of corporate boards) 수준이 2017년 기준으로 전체 137개국 중 109위로 낮게 평가되고 있다.[12]

비지배주주의 이사 선임(거부)권

이사회의 지배주주로부터의 독립성을 더욱 강화하기 위해 OECD 회원국 중 일부 국가는 지배주주의 이사회 구성권을 제한하고 있다. 대표적인 예는 집중투표제, 비지배주주의 사외이사 선임(거부)권이다.

---

9   OECD, OECD Corporate Governance Factbook (2019), pp.116-117.
10   공정거래위원회(2020.12), 2020년 공시대상 기업집단 지배구조 현황과 분석.
11   이수정(2020.8), 사외이사 및 감사의 독립성 분석(2019~2020), 경제개혁 리포트 2020-8호, 경제개혁연구소.
12   World Economic Forum (2017), *The Global Competitive Report 2017-2018*, WEF.

집중투표제는 OECD 회원국 중 절반이 허용하고 있으나 대부분 채택 여부는 회사 자율로 하고 있으며 러시아, 사우디아라비아, 중국 등 3개국은 의무화하고 있다.

OECD 회원국 중 이사회 구성에 비지배주주의 참여를 촉진하기 위한 특례 규정을 두고 있는 국가는 8개국(영국, 이스라엘, 이탈리아, 브라질, 인디아, 포르투갈, 스페인, 터키)이다.[13] 대표적인 사례인 영국, 이탈리아, 이스라엘이다.

① 영국은 지배주주가 있는 프리미엄 상장기업(premium listing companies)의 비지배주주에게 독립이사의 선임에 대한 일종의 '거부권'을 부여하고 있다. 독립이사를 처음 선임할 때는 전체 주주의 승인과 함께 비지배주주들의 승인도 별도로 받도록 하고 있다. 만일 승인을 받지 못한 후보자를 계속 선임하고자 할 경우에는 90~120일간의 냉각 기간을 거친 후 전체 주주의 승인을 받게 되면 선임을 결정할 수 있다.[14] 이는 독립이사 선임 시 비지배주주의 승인 과정을 거치고 비지배주주가 거부 의사 표시를 할 경우 주주와 회사 사이에 대화의 기회를 가지도록 유도하기 위한 것이다.

② 이탈리아는 상장회사 이사회의 경우 적어도 1인의 이사를 일정 지분이 넘는 비지배주주가 제안한 후보자 명부(slate)로부터 선임하도록 하고 있다. 이탈리아 상장회사의 이사 선출은 후보자 명부에 투표하는 방식인데 1위 득표를 한 후보자 명부와 직간접적으로 관련이 없으면서 차순위 득표를 한 후보자 명부로부터 적어도 1인의 이사를 선임하도록 함

---

13   OECD, OECD Corporate Governance Factbook, pp.155-157.
14   UK Listing Rules, 9.2.2E와 9.2.2F.

으로써 이사회에서 비지배주주의 대표권을 강화한 것으로 평가된다.[15]

③ 이스라엘은 상장회사의 사외이사를 처음 선임할 때는 전체 주주의 승인과 함께 지배주주와 이해관계 없는 주주들의 승인도 별도로 받도록 하고 있다. 재선임 절차는 두 가지로 나뉜다. 그 회사가 기존의 사외이사를 재선임 후보로 추천할 경우에는 처음 선임 때와 같은 절차를 거친다. 그러나 일정 지분이 넘는 비지배주주가 재선임 후보로 추천하는 경우에는 지배주주와 이해관계 없는 주주들의 과반수 찬성만으로 선임이 가능하다. 지배주주가 지지하지 않아 재선임 후보로 추천하지 않더라도 지배주주의 거부권한을 우회하여 비지배주주가 사외이사를 재선임할 수 있는 권한을 주고 있다.[16]

비지배주주 보호와 지배주주 권리의 균형 찾기

OECD 회원국들은 비지배주주의 이사 선임권을 강화하더라도 지배주주의 경영권과 비지배주주 보호 사이에 균형을 유지하려는 노력도 같이 하고 있다. 완전히 독립적인 이사의 존재가 지배주주의 권리를 침해할 가능성도 있으므로 지배주주는 적어도 이사회의 과반수를 선임할 권한을 가지도록 하고 있다. 특히 OECD 회원국 중 5개국은 지배주주가 있는 회

---

15 Malberti, C. and Emiliano Sironi, (February 2007), The Mandatory Representation of Minority Shareholders on the Board of Directors of Italian Listed Corporations: An Empirical Analysis, Research paper No. 18, *Bocconi University IDC Legal Studies Research Paper Series*.

16 Fiegenbaum, I. and Amir N. Licht, (October 2017), Corporate Law of Israel, Working Paper, No. 372/2017, *ECGI Working Paper Series in Law*.

사에 대해 이사회의 독립성을 오히려 완화하고 있다. 미국은 50% 초과 지분을 가지는 지배주주가 있는 회사에 대해 독립이사 과반수 선임 의무를 면제하고 있고 프랑스와 이스라엘은 지배주주가 있는 회사에는 과반수보다 완화된 3분의 1 선임 의무를 부과하고 있다.[17]

그러나 이러한 제도화 노력에도 불구하고 비지배주주의 보호와 지배주주의 권리는 충돌이 불가피하다. 헨리 포드의 일화가 좋은 사례이다. 헨리 포드가 처음 설립한 두 회사는 주주들의 반대로 실패하고 그의 세 번째 시도인 포드가 직접 지배권을 가지는 '포드 자동차 회사'에서 자동차 디자인과 생산에 대한 그의 아이디어를 구현하여 성공 신화를 만들어냈다. 이를 기업가의 관점에서 보면 외부 투자자 지배의 비효율성을 보여주지만, 주주 입장에서는 비대칭적 정보에 따른 대리인 문제의 사례일 수 있다. 그들은 포드가 실행 가능한 비전을 추구하는지 또는 실현 불가능한 사업에 단순히 돈과 시간을 낭비하는지 사전에 알기 어려웠을 수 있기 때문이다. 지배주주가 자유롭게 자신의 경영 비전을 추구할 수 있도록 지배주주에게 권한을 줄수록 비지배주주는 더 큰 대리인 문제에 직면하게 된다. 따라서 비지배주주 보호와 지배주주 권리 사이의 균형 유지가 중요하다.

그러나 이는 매우 어려운 작업이다. 예를 들어 A 회사 지분의 51%를 보유하고 있는 기업가가 새로운 상품을 개발하는데 어떤 특정 회사만이 생산하는 특정 부품이 꼭 필요하다고 가정하자. 이때 그 부품을 생산하는 유일한 회사가 그 기업가가 100% 소유하는 B 회사일 경우 A 회사의 다른 49%를 보유하는 주주들은 지배주주가 사적 이익을 위해 B 회사

---

17   OECD, *OECD Corporate Governance Factbook*, p.147.

에 일감 몰아주기를 한다는 합리적인 의심을 할 수 있다. 이렇듯 지배주주의 사익편취 행위와 회사의 이익을 위한 비즈니스 결정을 사전적으로 구분하여 제도에 담기는 매우 어렵다. 결국 비지배주주 보호와 지배주주 권리의 균형점은 주주 사이의 소통과 협의 과정이나 법원의 결정에 의해 구체적으로 정해질 수밖에 없다.[18]

기관 투자자의 두 가지 역할 강화

공적·사적 연금, 뮤추얼 펀드, 보험회사, 기금 등 기관 투자자는 기업 지배구조에 있어 지배주주 견제와 이해관계자 대변이라는 두 가지 역할이 요구되고 있다.

1980년대 후반 적대적 기업 인수가 감소하면서 전문적인 투자 능력과 장기적인 시각을 가지고 있는 기관 투자자의 지배주주에 대한 견제 역할이 기대되었다. 그러나 글로벌 금융위기를 거치면서 기관 투자자가 단기적인 경영 행태(Short-termism)를 제대로 감시하지 못했다는 비판에 직면한다. 근본 원인으로 자산 운용자와 수혜자 사이의 대리인 문제가 제기되었다.[19] 자산 운용자의 보수는 단기적인 성과에 따라 결정되므로 중장기적인 지배구조 개선에 참여할 유인이 작다. 또한 지배구조 개선에 따른 혜택은 그 회사에 투자한 다른 기관 투자자도 공유하게 되므로 무임승차

18 Goshen, H. (2016), Corporate Control and Idiosyncratic Vision, *The Yale Law Journal* 125, No.3, pp.560-617.

19 Directive (EU) 2017/828 of the European Parliament and of the Council of 17 May amending Directive 2007/36/EC as regards the encouragement of long-term shareholder engagement.

자 문제가 발생한다. 더욱이 기관 투자자가 대규모 (금융) 그룹에 속하거나 퇴직연금 사업에서 경쟁을 하는 경우 적극적으로 당해 회사를 비판하기 어려울 수 있다.

또한 최근 이해관계자의 중요성이 커짐에 따라 기관 투자자의 새로운 역할이 부각되고 있다.[20] 기관 투자자의 자산과 부채 구성이 주식·채권, 변동·고정금리 지급 등으로 매우 다양하므로 이해관계자의 이익을 균형 있게 대변할 수 있기 때문이다. 더욱이 주주와 이해관계자 모두 그들의 퇴직 후 소득을 기관 투자자에게 의존하는 정도가 점점 커지고 있다.

이러한 점에서 기관 투자자는 중장기적인 회사(주주) 가치를 고려한 이해관계자 중심의 투자 정책 채택이 요구되고 있다. 스튜어드십 코드(stewardship code)를 통한 책임 강화가 그 예이다. 구체적인 수단으로는 투명성 제고와 주주 활동(shareholder engagement)을 들 수 있다. 기관 투자자는 투자대상 회사로 하여금 ESG 등 비재무적 정보 공시도 요구하는 동시에 자기 스스로도 스튜어드십 책임을 잘 수행하고 있는지를 공시해야 한다. 주주와 이해관계자 가치 비교 등 공시 정보의 질을 높이고 활동 결과와 성과에 대한 공시도 필요하다. 또한 회사와의 지속적인 대화, 의결권 행사, 다른 주주와의 협력, 이해관계자와의 소통 등을 통한 적극적인 주주활동이 요구된다.

최근 들어 행동주의 헤지펀드와 기관 투자자의 연계가 강화되고 있다. 전통적인 기관 투자자와는 달리 헤지펀드는 자산 운용자에게 높은 금전적 보상이 가능하고 투자 대상 회사와 관련된 퇴직연금 사업 등에서 자유로우므로 적극적인 행동주의에 장점이 있다. 헤지펀드가 투자 전략과

---

20 Proffitt, W. T. and A. Spicer (2006), Shaping the Shareholder Activism Agenda: Institutional Investors and Global Issues, *4 Strategic Organization*. pp.165-190.

투자 대상 회사를 선정하고 그중에서 기관 투자자가 선택하여 자금을 공급하는 역할 분담이 늘고 있다. 그러나 행동주의 헤지펀드에 대한 우려도 크다. 특성상 장기적인 성과나 주주 전체의 이익보다는 헤지펀드의 이익에 더 충실하다는 한계가 지적된다. 헤지펀드와 기관 투자자가 협력하는 주주 행동주의에 대한 평가는 현재 진행형이다.

우리나라도 2016년 스튜어드십 코드를 도입하여 2020년까지 130여 개 기관이 스튜어드십 코드에 참여했다. 업권별로는 자산운용사 45개사, PEF 39개사, 보험사 5개사, 연기금 3개사 등이다. 아직 도입 초기 단계이지만 스튜어드십 코드 도입 이후 국내 민간 기관 투자자의 의결권 행사 반대율이 증가하고 있는 등 스튜어드십 코드 도입의 효과가 나타난다는 분석이 있다.[21]

---

21 김선민(2020), 스튜어드십 코드와 국내 민간 기관투자자의 반대 의결권 행사, SC 조사 보고서 2020년 통권 제1호, 한국기업 지배구조원.

4

비지배주주의 이사 선임권 강화 방안

　우리나라 기업 지배구조의 핵심 과제는 소유구조의 집중화와 피라미드 구조 등을 감안할 때 지배주주와 비지배주주 사이의 대리인 문제 해결이다.

　이를 위해서는 앞에서 언급한 네 가지 내외부 통제장치들이 제대로 작동해야 한다. 그러나 우리의 현실 여건상 아직 주주 대표 소송이나 지배권 시장 등을 통한 통제가 활성화되어 있지 못하기 때문에 이사회와 비지배주주, 특히 기관 투자자의 지배주주에 대한 견제 역할이 매우 중요하다.

　이러한 측면에서 2020년 12월 상법 개정(2020.12.29. 시행)으로 도입된 자산총액 2조 원 이상인 대규모 상장회사의 감사위원 분리 선임 제도는 비지배주주의 이사 선임 가능성을 높임으로써 이사회의 지배주주에 대한 견제 기능을 강화한 것으로 의미가 크다. 제도 도입의 기대 효과에 대해서는 다양한 견해가 있으나[22]이 현 상황에서 두 가지 문제를 제기할 수 있다.

우선, 이번에 도입된 감사위원 분리 선임 제도가 비지배주주의 이사 선임권을 강화하는 입법으로서 가장 바람직한 형태인지에 대한 검증이 필요하다. 감사위원 분리 선임 제도가 입법화된 배경은 현재의 사외이사 제도와 이사회 구성으로는 지배주주에 대한 견제 기능을 제대로 수행할 수 없다는 불신에서 비롯된다. 비지배주주에게 최소한 1인의 이사 선임권을 허용하여 실질적으로 독립적인 이사가 지배주주를 효과적으로 견제하자는 취지다. 이러한 입법 의도를 달성하기 위해 어떠한 제도가 최선인지에 대해 제로 베이스에서 검토하고 필요하다면 제도를 전면적으로 재설계해야 한다.

다음으로는 제도 설계를 잘한다 하더라도 비지배주주가 이사 1인을 선임하는 것으로 이사회의 지배주주 견제 기능이 충분히 강화될 수 있을지에 대한 의문이다. 물론 1인이지만 보다 독립적인 이사가 참여를 하면 이사회의 분위기를 바꾸어 긍정적인 효과를 기대할 수 있다. 그러나 모든 제도는 도입에 따른 편익과 비용이 있게 마련이므로 새로 도입되는 제도가 편익보다 비용을 더 크게 할 가능성을 배제할 수는 없다. 다른 구성원들도 새로 선임되는 이사와 함께 이사회가 제 역할을 할 수 있도록 노력해야 한다. 20세기 초 미국에서 집중투표제는 비지배주주의 보호 장치로서 보편적이었으나 지금은 거의 채택하고 있지 않은 이유는 집중투표제보다 도입비용이 작지만 다른 통제장치로 비지배주주의 보호가

---

22 유고은(2021.1), 감사위원 분리선임 및 3%룰 적용 현황, KCGS Report 제11권 1호, 한국기업 지배구조원.

가능해졌기 때문이다.[23] 따라서 새로운 제도의 도입과 함께 현행 사외이사제도가 도입 취지에 맞게 운영되도록 하는 노력도 병행해야 한다.

비지배주주의 이사 선임권을 강화하는 방안으로는 외국의 입법례를 감안할 때 세 가지 형태를 상정할 수 있다. 첫 번째 유형은 우리나라의 감사위원 분리 선임 제도와 같이 의결권 제한(voting cap)을 활용하는 방식, 두 번째 유형은 비지배주주에게 이사 선임 권한을 직접 부여하는 방식, 세 번째 유형은 집중투표제가 있다.

의결권 제한 방식

현행 감사위원 분리 선임 제도는 감사위원이 되는 이사 1인 이상 선임 시 개별 주주가 보유한 3% 초과 주식의 의결권을 제한함으로써 비지배주주의 이사 선임 가능성을 높이기 위한 제도이다. 동 제도의 장점은 우리 상법상 이미 도입(1963.1.1. 시행)되어 있던 감사 선임에 있어 3% 의결권 제한과 금융회사의 지배구조에 관한 법률에 도입되어 있던 감사위원 분리 선임 제도(2016.8.1. 시행)를 비금융회사에 확대하는 것이므로 제도의 일관성 측면에서 장점이 있다. 그러나 문제점으로는 대주주든 비지배주주든 지분 쪼개기로 왜곡이 가능하고 투표 결과의 불확실성이 클 가능성이 있다. 첫째, 대주주 연합이 지분을 쪼개어 보유할 경우 비지배주주가 이사 선임을 하지 못할 수 있다. 둘째, 비지배주주 사이에도 상대적으로 지분이 작은 3~4대 주주가 3% 상한에 걸린 2대 주주를 제치고 연

---

23 Gordon, J.N. (January 1994), Institutions as Relation Investors: A New Look at Cumulative Voting, *Columbia Law Review*, Vol. 94, No.1.

합하여 이사를 선임할 수 있다. 셋째, 대주주의 지분 분산 정도에 따라 의결권 제한의 효과가 달라진다. 과반수를 훨씬 넘는 지분을 가진 단독 대주주보다 과점 주주 연합이 이사 선임에 더 유리하다. 예를 들면 A 주주 70%, B 주주 20%, C 주주 10%인 회사의 경우 B 주주와 C 주주가 연합하면 이사 선임이 가능하다. 그러나 A 주주가 친족이나 계열사인 D, E에게 3%씩 매각하면 B, C 주주는 이사를 선임하지 못하게 된다. 이에 대응하려면 B, C 주주도 또 다른 F, G에게 3%씩 매각하는 등 지분 쪼개기 경쟁이 벌어질 가능성이 있다. 우리나라의 전체 감사위원 설치 회사 627개사 중 최대주주와 특수 관계인의 의결권이 50% 이상인 회사는 277개사이다. 이 중 개별 3% 의결권 제한을 적용할 경우 20% 미만으로 하락하는 회사는 127개사로 45.8%에 달한다. 특히 의결권 제한 전후에도 동일 구간에 있는 회사는 모두 31개사로 최대주주의 지분이 특수 관계인에게 고루 분산되어 있는 회사들이 많다.[24]

또한 의결권 제한은 1주 1의결권의 예외로서 지배주주 견제보다는 주식 소유가 분산된 회사에서 적대적 M&A 방어 수단으로 브라질, 이탈리아, 프랑스 등에서 예외적으로 채택되고 있다. 통상 의결권 제한은 대주주의 경영자 통제와 외부로부터의 지배권 시장 압력을 동시에 약화시키므로 기업 지배구조 측면에서 바람직하지 않다고 평가되고 있다.

---

[24] 이총희(2021), 감사위원 분리 선출 제도 도입의 효과와 분리선출 감사위원 추천 대상회사 분석, 경제개혁리포트 2021-2호, 경제개혁연구소.

비지배주주에게 이사 선임권 부여 방식

　비지배주주에게 최소한 1인의 이사 선임권을 부여하는 제도는 다양한 형태로 설계할 수 있다. 가장 단순한 형태로는 이사 1인을 비지배주주 그룹의 과반수 의결로 선임하는 방안이다. 영국의 예처럼 거부권을 주어 이견이 있을 경우 지배주주와 대화의 시간을 가지게 하는 방안도 검토 가능하다. 이 제도의 장점은 비지배주주의 이사 선임이 보장된다는 점이다. 문제점은 2인 이상의 이사 선임에 적용하기는 한계가 있다는 점이다. 비지배주주에게 지분율에 따라 몇 명의 이사 선임권을 줄지를 사전에 정하는 것은 자의적일 수 있기 때문이다.

집중투표제

　집중투표제는 각 주주가 보유하는 주식 수에 선임하고자 하는 이사 수를 곱한 만큼의 의결권을 부여하고 그 의결권을 한 후보자에게 집중하여 또는 여러 후보자에게 나누어 투표할 수 있다. 이렇게 함으로써 비지배주주가 자신이 가지고 있는 지분에 비례하여 이사 선임을 할 수 있는 제도이다. 집중투표제 하에서 선임하기 원하는 수만큼의 이사 선임에 필요한 주식의 수를 결정하는 공식은 다음과 같다.[25]

　$NS = (ND \times TS)/(TD + 1) + 1$(또는 1보다 작은 분수)

25　Solomon, L.D. and Alan R. Palmiter (1994), Corporations: examples and explanations, Little, Brown and Company, p.183.

NS: 원하는 수만큼의 이사 선임에 필요한 주식의 수

ND: 선임하기 원하는 이사의 수

TS: 의결권 있는 주식의 총수

TD: 선임될 이사의 총수

예를 들어 어떤 회사의 의결권 있는 총 주식 수가 100이고 선임될 이사의 수가 5명일 경우 주주가 원하는 사람을 이사로 선임하기 위해 필요한 주식의 수는 다음과 같다.

선임하기 원하는 이사 수(ND)	1	2	3	4	5
필요한 주식 수(NS)	17	34	51	67	84

집중투표제의 장점은 주주 지분에 비례한 의결권 행사 원칙에 충실하고 비지배주주라도 지분율과 이사 선임 수에 따라 2인 이상의 사외이사 선임이 가능하다는 점을 들 수 있다. 비지배주주 그룹별로 몇 명의 이사를 선임할 수 있을지는 집중투표로 결정하는 방식이 이론상 합리적이다. 문제점으로는 선임이사 수가 적어질수록 비지배주주가 1인의 이사도 선임하지 못할 가능성이 커진다는 점이다. 예를 들면 위의 예에서 전체 이사가 5명일 때 16% 지분을 가진 비지배주주는 1인의 이사도 선임할 수 없다. 전체 이사 수가 3명일 때는 25% 지분을 가진 비지배주주가 1인의 이사도 선임할 수 없다. 또한 시차임기제 등을 활용하여 한 번에 선임하는 이사의 수를 줄이면 비지배주주가 1인의 이사 선임도 못 할 가능성이 더 커진다. 이 경우 비지배주주가 이사 선임 수 확대를 위한 주주 제안으로 대응하면 이사 선임 과정의 불확실성이 커질 수 있다.

비지배주주의 이사 선임제도 재설계

현행 의결권 제한 방식에 의한 감사위원 분리 선임 제도가 앞에서 지적한 문제점을 가지고 있지만 이제 시행 초기이므로 당장 다른 제도로 대체하기 어려운 측면이 있다. 그러나 사회적 타협을 통한 개혁을 여러 분야에서 같이 추진하게 된다면 이를 계기로 비지배주주의 이사 선임제도도 다음과 같이 보다 안정적인 대안으로 재설계하는 것이 바람직하다.

① 회사로 하여금 '비지배주주에게 1인의 이사 선임권을 부여하는 방식'과 '집중투표제' 중 하나를 의무적으로 선택하도록 한다.

② 새로운 제도가 시행되면 1인의 이사를 선임하고자 하는 회사는 '비지배주주에게 1인의 이사 선임권을 부여하는 방식'을 선택할 것으로 예상된다. 이 방식은 비지배주주에게 최소한 1인의 이사 선임권을 보장하면서 현행 의결권 제한 방식보다 예측 가능성과 효율성 측면에서 장점이 있다. 선임된 이사는 감사위원회의 위원으로 참여토록 하는 방안이 현행 제도와의 일관성 측면에서 바람직하다. 다만 이사 선임권이 부여되는 비지배주주 그룹 전체의 지분에 대한 하한 설정(예: 10%)을 검토할 필요가 있다.

③ 2인 이상의 이사를 선임하고자 하는 회사는 '집중투표제'를 선택할 수 있다. 다만 무리한 시차임기제와 이사 수 확대를 위한 주주제안 등으로 제도의 순기능을 무력화시키는 행태는 지배주주와 비지배주주 모두 자제하고 상호 신뢰를 기초로 제도를 활용해야 한다.

④ 적용 대상과 관련해서는 영국의 예처럼 지배주주가 있는 회사에 대해서만 적용하는 방안이 바람직하다. 또한 자산총액 2조 원 이상의 대규모 상장회사부터 우선 추진할지 또는 모든 상장회사로 확대할지 여부

에 대한 논의가 필요하다.

⑤ 의결권 제한, 비지배주주에게 이사 선임권 부여, 집중투표제 등 세 가지 제도는 서로 중복해서 적용되지 않도록 해야 한다. 지배주주의 과반수 이사 선임권을 보장하고 제도의 안정성을 유지하기 위해서이다.

이사 선임 주주의 책임성 강화

지배주주 또는 비지배주주가 선임한 이사라 하더라도 선임해준 주주그룹의 지시를 따르거나 이익을 대변해서는 안 되며 이사회 구성원의 한 사람으로서 회사와 전체 주주의 이익을 위해 신인 의무를 다해야 한다. 다만 비지배주주에게 이사 선임권을 준 취지는 지배주주로부터 실질적인 독립성을 가지고 주주들의 다양한 목소리를 이사회에 반영하라는 제도 설계의 결과이다. 그러나 현실적으로는 지배주주가 지명한 이사들이 지배주주에 대한 견제에 적극적이지 않듯이 비지배주주가 지명한 이사도 제도의 취지와 다르게 행동할 가능성이 있으므로 보완 방안이 필요하다.

선관주의의무와 충실 의무를 위반한 이사뿐 아니라 이를 지시한 지배주주나 비지배주주에게도 보다 효과적으로 법적 책임을 물을 수 있도록 상법상 업무집행 관여자 제도의 실효성을 높일 필요가 있다. 동 제도는 지배주주의 권한과 책임을 일치시키기 위해 1998년 도입되었으나 구체적인 업무집행 관여행위를 열거하는 방식을 채택한 결과 실제 적용에 한계가 있다는 지적이 있다. 영국 회사법의 그림자 이사(shadow director) 제도와 같이 '지시에 의한 관행적인 업무 집행'을 요구하는 방식으로 보완하여 실효성을 높여야 한다.[26] 이 요건을 충족하면 그 주주를 그림자 이사에 해당한다고 보고 이사로서의 의무와 책임을 부과할 수 있다. 동시에 이사나 주주가 선관주의 의무와 충실 의무를 위반한 경우 기관 투자자가 적극적으로 대표소송을 제기하도록 스튜어드십 코드 등에 명시하는 방안도 검토 가능하다.

기관 투자자의 참여 촉진

비지배주주의 이사 선임권 행사에 중장기적인 시각을 가진 기관 투자자가 최대한 참여할 수 있도록 장기 투자자에 대한 다양한 우대 방안을 검토해야 한다. 일정 기간(예를 들어 2년) 이상 회사 주식을 보유하는 비지배주주에게 이사 선임권을 주거나 또는 이사 선임에 있어서 복수의결권을 인정하는 방안을 검토할 수 있다. 외국의 경우 장기 투자자에 대한 다양한 우대 제도를 시행하거나 제안하고 있다. 예를 들면 장기 투자자에 대한 복수의결권, 이사 후보 추천제를 포함한 위임장 관련 규칙(proxy access rule) 개정 시 우대, 이사 선임 시 장기 투자자와의 협의 권고 등이다.[27]

또한 기관 투자자의 이사 선임 등 주주 활동을 적극 유도할 수 있도록 스튜어드십 코드의 이행 상황에 대한 평가와 공시를 체계화할 필요가 있다. 영국은 재무보고위원회(Financial Reporting Council)가 스튜어드십 코드의 이행 평가와 점검을 하고 있다.

26 윤법렬·임재혁(2017.3), 업무집행 관여자의 책임, 기업법연구 제31권 제1호(통권 제68호), 283-327쪽.

27 김화진(2017.9), 복수의결권 주식의 도입에 관한 연구, 기업 지배구조 리뷰 Vol.84, 42-58쪽.

이사회의 독립성·전문성·다양성 확보

사외이사 선임 절차의 투명성 강화

사외이사가 지배주주로부터 독립성을 가질수록 지배주주의 대리인 문제를 통제하는 데 효과적이다. 그러나 법령상 독립성 요건은 지배주주, 회사와 회사의 경영자로부터 재무적 독립과 가족관계에서의 독립을 의미하는 데 불과하다. 지배주주와 (명문화하기 어려운) 긴밀한 사회적 유대관계가 있는 경우에도 법령상 독립성 요건을 충족할 수 있다.

법령상 독립성 요건을 충족하는 사외이사가 실제로도 독립적으로 행동할지 여부는 개인적 성향, 선임 절차, 내부자와의 실제 관계 등에 달려 있다. 이 중 제도적으로 개선 가능한 부분은 사외이사의 선임 절차이다. 2020년 현재 대규모 기업집단 소속 266개 상장회사 중 167개 사에 사외이사 후보 추천 위원회가 설치되어 있다. 그러나 추천 위원회가 충분히 실질적인 역할을 하는 사례는 아직 많지 않다. 예를 들면 대표이사가 추천 위원회에 참여하거나 위원장을 맡는 회사가 전체의 절반이 넘는다. 추천 위원회가 형식적으로 운영되고 개인적인 연고나 불투명한 헤드헌터 과정을 통해 후보가 선정되는 사례도 많다.

사외이사의 독립성을 확보하는 출발점은 선임 절차의 투명성이다. 많은 글로벌 회사들은 사외이사 공모, 추천, 선임 절차와 후보자의 정보, 선정 과정 등을 자세하고 투명하게 공개한다. 주주총회 전 주주에게 제공하는 안건 공시자료(proxy statement)에 이사회 구성과 선임, 경영진 보상 등 투자자에게 유용한 질적인 정보를 많이 담고 있다. 그러나 우리나라의 회사들은 감사보고서와 사업보고서 등 주총 의안에 한정하여 공개하는 사례가 많다. 최근 일부 회사들이 글로벌 회사를 벤치마크하여 사외이사 공모를 시도하고 공시자료의 질을 개선하고 있어 바람직하다. 사외이사 추천 위원회가 실질적인 기능을 수행한다면 새로운 제도 도입 못지 않게 상당한 개선 효과가 있을 것으로 기대된다.

전문성과 다양성 제고

회사 의사결정 구조의 정점에 이사 한 명이 아니라 집단적으로 의사결정을 하는 이사회가 위치하게 된 이유가 무엇일까? 집단적 의사결정은 다음 세 가지 측면에서 장점이 있기 때문이다.[28]

---

28 Bainbridge, S. M., (2018), The Board of Directors, *The Oxford Handbook of Corporate Law and Governance Edited by Jeffrey N. Gordon and Wolf-Georg Ringe,* Oxford University Press, pp.275-333.

첫째, 불확실성이 큰 회사의 의사결정에 있어 집단적 의사결정이 개인보다 장점이 많다. 집단적 의사결정은 구성원 사이의 소통에 비용이 들지만 정보의 수집, 축적과 분석에는 우위에 있다. 다양한 지식과 경험을 가진 전문가들의 정보 공유와 상호 검증을 통한 집단지성이 가능하기 때문이다.

둘째, 위원회는 대리인 문제에 있어서도 개인보다 우월하다. 개인은 기회주의적 행동과 자기거래(self-dealing)의 유혹에 취약할 수 있지만 위원회는 위원 사이의 상호 감시로 인해 대리인 문제 발생 가능성을 최소화할 수 있다.

셋째, 위원회 형태이므로 주주 또는 이해관계자의 다양한 이해관계를 담는 연결점(nexus)으로서의 역할이 가능하다. 급변하는 환경에 대응하여 이사회가 회사와 전체 주주의 이익, 회사의 사회적 책임을 함께 추구하려면 독립성을 넘어 전문성과 다양성이 필요하다. 그러나 현재 우리나라 사외이사의 구성을 보면 미국과 일본은 다양한 분야의 업계 출신이 다수인 데 반해 학계, 공무원 출신이 많고 전공 분야도 다양하지 않다.[29]

집단적 의사결정의 세 가지 장점이 최대한 발휘될 수 있도록 이사회 구성의 전문성과 다양성을 보다 적극적으로 확대하여야 한다.

---

29 김환일·박용근·김동근(2018.2), 우리나라 사외이사제도의 문제점과 개선방안, 서울法學 제25권 제4호, 275-327쪽.

6

대리인 문제 해결을 넘어서

기업 지배구조 혁신은 주주(총회), 이사회, 경영자가 제 기능과 역할을 충분히 할 수 있도록 하는 데서 출발한다. 그러려면 이사회와 비지배주주인 기관 투자자가 지배주주를 효과적으로 견제할 수 있어야 한다. 소송이나 시장 압력이 아직 활성화되어 있지 않으므로 이사회와 기관 투자자에게 지배주주를 견제하는 역할을 기대할 수밖에 없다.

이를 위한 제도적 장치로서 비지배주주의 이사 선임 제도의 재설계를 사회적 타협을 통한 개혁 추진의 일환으로 제안한다. 현행 감사위원 분리 선임 제도는 예측 가능성이 떨어지는 등 문제점이 많으므로 이를 대체하여 비지배주주에게 1인의 이사 선임권을 부여하는 제도와 집중투표제 중 하나를 회사가 의무적으로 선택하는 방식으로 개편해야 한다. 비지배주주에게 최소한 1인의 이사 선임권을 보장하면서 회사의 상황에 따라 비지배주주가 2인 이상의 이사를 선임할 수 있는 제도의 선택 가능성을 열어두자는 취지다.

주주의 이사 선임 방식을 다양화하면서 이사를 선임하는 주주(지배주주와 비지배주주)의 책임성도 강화해야 한다. 이를 위해 선관주의 의무나 충실 의무를 위반한 이사뿐 아니라 이를 지시한 주주에게도 법적 책임을 보다 효과적으로 물을 수 있도록 영국의 그림자 이사와 같이 제도 보완이 필요하다.

또한 비지배주주의 이사 선임권 행사에 중장기적인 시각을 가진 기관투자자가 적극 참여할 수 있도록 장기 투자자에 대한 우대 제도도 마련할 필요가 있다. 동시에 사외이사 후보 추천 위원회가 제 역할을 하고 사외이사 선임 절차의 투명성을 높여 이사회가 독립성을 넘어 다양한 이해관계를 담고 기업의 미래를 그리는 역동적인 장소로 거듭나야 한다.

스칸디나비아 국가들은 우리나라와 같이 집중된 소유구조를 가지고 있으나 지배권의 사적 이익이 매우 낮은 것으로 평가되고 있다.[30] 지배주주의 대리인 문제를 제도적 장치, 시장 압력과 함께 기업 문화 등을 통해 효과적으로 통제할 수 있음을 보여준다. 합리적인 제도의 설계도 중요하지만 회사의 지배주주, 경영자, 비지배주주, 이해관계인 등이 함께 기업 문화와 관행을 바꾸는 것이 더 중요할 수 있다. 특히 지배주주가 주주와 경영자의 지위, 역할과 이익을 명확히 구분하고 변화에 적극 협조해야 한다. 가족이면 능력과 자질에 관계없이 무조건 채용되고 고속 승진하며 경영권도 승계받는 것은 아니라는 인식이 중요하다. 지배주주의 개인회사와 가족회사 등과 거래 시 회사가 그러한 거래를 왜 해야 하는지와 지

---

30 Gilson, R.J. (2006), Controlling Shareholders and Corporate Governance: Complicating the Comparative Taxonomy, *Harvard Law Review*, Vol.119, pp.1641-1679.

배주주 등의 사적 이익을 위한 것이 아님을 투명하게 공개해야 한다. 이 사회에 대한 인식도 바뀌어야 한다. 획일적인 이사회는 오히려 위험하며 날카로운 질문과 긴장으로 가득한 이사회가 혼란이 아니라 회사를 위한 조기 경보장치로서 기능해야 한다.

독립성·전문성·다양성을 갖춘 이사회, 기관 투자자의 적극적인 주주 행동, 이사·주주의 책임성 강화, 기업 문화와 관행의 개선 등을 통해 내외부 통제장치가 제대로 작동하여 비지배주주 보호와 지배주주 견제가 충분히 이루어진다면 대규모 기업집단 제도 등 개별법의 중첩 규제는 폐지되어야 한다.[31]

최근 회사의 사회적 책임과 지속 가능한 주주 가치의 극대화가 강조되면서 회사의 목적을 주주 중심으로 보는 시각과 이해관계자 중심으로 보는 시각의 간극이 좁아지고 있다. 대리인 문제의 해결을 넘어 주주, 이사회와 경영자가 함께 추구하여야 할 지향점이다.

---

31 정준혁(2020), 일감 몰아주기 법제에 대한 입법 평가, 경제법 연구 제19권 3, 3-38쪽.

5장

사회적 대타협, 혁신의 돌파구

1

지금, 왜 사회적 대타협인가

우리 경제는 이제 20세기 양적 투입 확산에 의한 성장에서 혁신과 생산성 중심의 성장모델로 전환해나가야 한다. 이를 위해서는 정부와 민간 모두 바뀌어야 한다. 정부는 민간이 일을 잘 해결할 수 있게 해주어야 한다. 자유롭고 공정한 경쟁 환경을 만들어주면 된다. 비즈니스를 할 자유도 주지 않고 노동시장의 경직성은 그대로 유지하면 민간이 일자리를 만들지 못한다. 혁신도 제한되고 생산성도 높이기 어렵다. 민간도 경제적 자유를 얻은 만큼 책임 있게 행동해야 한다. 기업주와 그 가족 이익 중심의 기업 경영에서 벗어나야 한다. 정부는 민간이 할 수 없는 일, 즉 어려운 사람들을 도와주는 일에 집중하면 된다.

그런데 개혁 과제를 하나씩 그리고 순차적으로 해결하는 것은 현시점에서는 거의 불가능하다. 이념 갈등이 심하기 때문이다. 아주 작은 정책 과제도 개별적으로 접근하면 쉽게 합의를 이루기 어렵다. 오로지 표와 연결된 과제들만 합의로 처리되기 쉽다. 국가의 근본 문제는 방치해두고 포퓰리즘이 득세하게 될 뿐이고 결국 그 짐은 우리의 자식 세대가 짊어지게 될 것이다. 따라서 과거 우리나라에서 IMF 위기 극복을 위해 추진했던 1998년의 '2·6 사회협약'이나 유럽의 사회적 합의 사례와 같이 구조적 문제 전체를 포함하는 포괄적인 의제로 접근할 필요가 있다. 과제마다 갖고 있는 상호 연계성 등을 감안할 때 대화의 과정에서 이익의 조정이 가능하기 때문이다. 이 책에서 강조하고 있는 세 가지 정책 과제, 즉부의 소득세를 근간으로 하는 사회 안전망의 구축과 그 재원 마련을 위한 재정 개혁, 기준국가제도 도입 등 규제 개혁 관련 과제들, 공정 경쟁을 위한 검찰 개혁과 기업 개혁 등은 이해관계자가 너무 많지만 서로의 이해를 조정할 수 있는 타협의 소지가 있기 때문에 하나의 패키지로 추진해야 한다. 그러려면 결국 사회적 타협으로 추진할 수밖에 없다.

사회적 타협으로 세 가지 개혁과제를 패키지로 추진하려고 할 경우 개혁 의제는 다음과 같이 정리될 수 있다. 물론 사회적 타협의 논의 과정에서 세부 과제가 추가되거나 내용이 일부 조정될 수도 있을 것이다.

목표: 사회 안전망과 자유롭고 공정한 경제 시스템 구축
　　과제 1: 부의 소득세제 도입과 재원 조달을 위한 재정개혁
　　　세부 과제
　　　　1. 부의 소득세제 도입
　　　　2. 인적공제·근로소득공제 폐지
　　　　3. 부의 소득세로 대체될 수 있는 복지 제도 정비
　　　　4. 효과성이 떨어진 일반 정부 지출 감축
　　　　5. 부가가치세율 인상

과제 2: 규제 개혁

　세부 과제

　　1. 기준국가제 도입

　　2. 규제완화특별법 제정

　　3. 규제 개혁·관리 체제 구축 및 갈등 조정 기능 활성화

　　4. 그림자 규제 관리 강화

　　5. 비조치의견서, 규제샌드박스제도 등 활성화

　　6. 감사기관의 감사/평가 방식 전환

과제 3: 공정한 경쟁 환경 조성

　세부 과제

　　1. 합리적인 검찰 개혁

　　2. 기업주 가족 이익 중심의 기업 경영 탈피 선언 및 실천

　　3. 의결권 제한 제도의 폐지와 집중투표제·비지배주주의 이사선임
　　　제도 도입

　　4. 주주의 책임성 강화를 위한 그림자 이사 제도 도입

　　5. 사외이사 선임 절차의 투명성 강화

2

사회적 대타협, 성공 가능성 높다

이 책에서 주장하는 사회적 타협은 여러 분야의 개혁 과제를 포함하고 있다는 점에서 1998년 우리나라의 '2·6 사회협약'과 유사한 모습이다. 다만 그 당시의 사회적 타협은 외부적인 압력의 의해 시작된 것인 반면, 이 책에서 주장하고 있는 사회적 타협은 오히려 네덜란드나 독일의 사례와 같이 '경제위기 상황에 대응하기 위한 사회적 선택'이라는 성격을 가지고 있다. 우리 내부에서 사회적 대타협을 통해 우리 경제의 고질적인 문제들을 해결하고 미래를 올바로 대응해야 한다는 합의로부터 시작되어야 한다. 이 책에서 제시하고 있는 사회적 대타협은 크게 보면 다섯 가지 측면에서 볼 때 성공할 가능성이 높다고 할 것이다.

무엇보다도 자유와 평등 그리고 공정이라는 민주주의의 기본 가치들이 균형 있게 추구되고 있다는 것이다. 1장에서 언급한 대로 대부분의 선진국들은 오랜 시간을 거치면서 자유롭고 공정한 경쟁 환경을 만들어왔고, 복지 지출의 규모와 방법을 가지고 서로 차이가 있을 뿐이다. 하지만 우리나라는 압축 성장의 과정을 거치면서 경제적 자유도도 아직 낮고 불공정한 측면도 그대로 유지되고 있을 뿐만 아니라 사회복지 지출 규모도 매우 작은 편이다. 자유, 평등, 공정이 모두 선진국에 비해 부족하다는 것이다. 자유가 우파의 중심 가치이고 평등이 좌파의 중심 가치인 것은 맞지만 둘 다 민주주의의 기본 가치이고 우리 국민 모두 공정이라는 가치와 함께 추구하는 가치다. 이 책에서 제시하고 있는 사회적 타협은 이세 가지 가치를 동시에 제고하고자 하는 것이다. 진영 간 타협이 가능하고 국민 모두가 동의할 수 있는 사회적 타협이 될 수 있다.

둘째는 부의 소득세를 근간으로 하는 사회 안전망을 구축하면서 다른 개혁 과제를 추진한다는 점이다. 유럽의 사례는 과도한 복지를 적정화하자는 것이 주요 내용 중에 하나이지만 이번 우리의 시도는 그 반대이다. 튼튼한 복지제도를 구축하는 것이 중심 과제 중 하나이기 때문이다. 또한 앞에서 말한 대로 '2·6 사회협약' 이후에 우리나라에서 시도된 사회적 타협은 모두 성공하지 못했다. 그 주요 원인이 유럽과는 달리 사회 안전망 자체가 충분하지 않은 데에서 출발했기 때문이다. 우리나라에서 실직은 거의 가계의 붕괴를 초래한다. 기득권을 잃으면 기본 생활이 어렵게 된다. 무엇이든 양보하기 어려운 상황이었던 것이다. 복지 문제 해결을 앞세우는 이번 시도는 유럽 사례와도 다르고 우리의 과거 사례와도 다르다. 그래서 성공할 수 있는 여지가 많다.

셋째, 유럽의 사회적 타협 경험은 대부분 노동시장의 문제에서 시작되었다. 우리의 경우는 전체 경제 시스템을 정비하는 것이 목표이고 노동시장의 문제는 여러 개혁 과제 중 하나이다. 노조의 협조를 끌어내는 데 유럽의 경우보다 수월할 수도 있다. 더 나아가 포괄적인 개혁 과제를 한꺼

번에 추진하기 때문에 이해집단 사이에 주고받을 수 있는 여지가 많다. 기업계는 기업 개혁을 약속하는 대신 기업 활동을 제약했던 낡은 규제를 일거에 정리하는 경제적 자유를 얻고, 노조 측은 어떠한 경우에도 기본적인 삶이 가능한 사회 안전망을 얻는 대신 노동시장 유연성을 높이는 규제 개혁을 허용할 수 있을 것이다. 정부는 규제 운용에 필요한 행정력을 줄이고 가장 중요한 임무인 민생의 안정에 집중할 수 있다. 진보 측과 보수 측은 기업·검찰 개혁이라는 전제 아래 사회 안전망과 경제적 자유를 서로 주고받을 수 있을 것이다.

넷째, 시대의 흐름이 노조를 설득하는 데 보다 수월할 수 있다. 유럽의 성공적인 사회적 타협은 20세기 말이나 21세기 초에 이루어졌다. 실업이 가장 중요한 현안이었다. 독일 하르츠 개혁에서 보듯이 '가벼운 일자리라도 실업보다 낫다'는 심정으로 사회적 타협을 추진했던 것이다. 지금 우리나라에서도 실업·일자리가 가장 중요한 현안이지만 그 현안의 무게는 과거와는 현저하게 다르다.

유럽이 사회적 타협을 시도할 때만 해도 기업은 공장을 돌리고 영업 활동을 제대로 하려면 상당한 인력의 고용이 필요했었다. 하지만 지금은 다르다. 기술이 급속도로 인간의 역할을 대체하고 있기 때문이다. 가벼운 일자리는 물론 무거운 일자리까지도 기술이 대체하고 있다. 이런 추세는 더 심화될 수 있다. 아무리 노력해도 일자리를 구하기가 힘든데 노조까지 강성화되면 기업은 인력 수요를 줄이고 기술 의존도를 높여 대응하려 할 것이다. 지금도 식당에 가면 기계가 주문을 받는다. 표준화되기 쉬운 업무, 정형적인 업무의 일자리는 기계로 대체될 가능성이 매우 높다. 노조의 협상력은 그만큼 줄어들 수밖에 없다. 지금도 노조 하면 머리를 절래절래 흔드는 기업주가 많다. 강성 노조의 최대 적은 기업이 아니라 기술이 되는 시대가 오고 있는 것이다. 노조원의 이익을 위해서 노조가 더 강하게 나오면 일자리는 더 줄어든다. 일자리를 구하지 못하는 사람들은 더 많아진다. 악순환의 고리를 끊으려면 노조와 기업이 더 협력해야 하고 이것이 이번 사회적 타협이 성공할 수 있는 또 하나의 요인이 될 것이다.

마지막으로 한국 경제의 위기가 심화되고 있고, 이를 심각하게 우려하는 공감대가 형성되고 있다는 점이다. 성공한 사회적 대타협의 배경에는 위기가 있었다. 실업의 증가, 과도한 복지병의 만연, 생산성의 저하 등으로 경제는 지속 가능성을 잃고 있었다. 지금의 한국 경제 또한 별반 다르지 않다. 더 근본적이고 구조적인 어려움이 있다. 저출산·고령화로 인한 중장기적인 활력은 상실되고 그간 한국 경제를 이끌어왔던 성장 엔진은 더 이상 작동하지 않는다. 2% 초중반으로 떨어진 성장 능력, 규제와 반기업 정서가 가로막고 있는 기업 투자, 그나마 버텨주었던 재정 능력의 급속한 고갈까지 더해지고 있다. 이러한 복합적인 위기 요인으로 인해 무엇보다 중요한 것은 청년들에게 제공할 일자리가 생기지 않는다는 점이다. 2021년 4월 재보선 선거에서 2030세대 표심의 변화는 자신들이 맞이한 위기의 절박함을 보여주고 있다. 단기적인 재정 일자리, 일시적인 지원금만으로 미래 세대의 불안을 해소시켜주지 못한다는 사실을 정치인뿐만 아니라 우리 모두가 공감하게 되었다. 이러한 한국 경제의 위기 상황에 대한 공감대가 사회적 대타협을 가능하게 하는 커다란 동력이 될 것이다.

3

어떻게 추진할 것인가

　일반 정책의 추진은 통상 세 과정으로 이루어진다. 초안 작성, 의견 수렴과 조정, 그리고 최종 결정과 실행의 과정이다. 사회적 타협의 경우에는 초안 작성 이전에 먼저 큰 그림에서 사회 구성원 간에 어느 정도의 합의를 이루는 과정이 선행되어야 한다. 사회적 타협은 정치 영역에서 보면 하나의 협치 행위다. 협치를 잘하려면 장관 자리를 주고받는 등의 정치 공학적인 접근보다는 무엇보다도 협치의 내용에 대해 정치 세력 간에 그리고 국민들과도 대강이나마 합의를 먼저 이루어야 한다. 이런 대강의 합의는 후술하는 대로 선거 과정에서부터 시작되면 좋을 수 있다.

　이런 대강의 합의가 이루어지면 초안 작성 단계로 넘어간다. 당연히 초안을 작성하는 데 내용의 합리성이 확보되어야 한다. 그렇지 않으면 다음 단계를 넘어가기 힘들다. 그다음 과정은 각계각층의 이해관계를 조정하는 과정이다. 끊임없는 대화와 설득이 필요한 단계이다. 마지막 단계는 책임 있는 기구가 결정하고 집행하는 순서이다. 사회적 대화기구도 이런 단계에 맞추어 구성해야 한다.

개혁 내용의 초안 작성은 행정부처와 청와대 정책실이 실무 책임을 지게 되겠지만 다양한 전문가 그룹이 동원되어야 한다. 학계의 전문가, 여당은 물론 야당의 전문위원, 노조 단체, 기업체 단체, 시민단체의 실무자들이 의제에 따라서 참여해야 한다. 의제 내용에 따르는 법률의 제·개정 안까지 준비해야 하므로 상당한 시간이 필요할 것이다. 1998년의 '2·6 사회협약'의 경우 모두 90개의 항목으로 구성되어 있고 51개 조항이 120개 법안으로 발의되어 98개 법안이 2000년 말까지 국회에서 처리되었다. 이번에 사회적 타협을 추진하는 경우에도 상당한 수의 법률 제·개정 작업이 필요할 것이다. 실무 준비도 그만큼 간단하지 않을 것이다.

다음 단계인 의견 수렴 및 조정 단계에서는 지금의 경제사회노동위원회와 유사한 기구를 활용해야 한다. 여기에는 두 가지가 필요할 것이다. 각계의 이익을 대변하는 기능이고 또 하나는 사회적으로 존경받는 인사들이 참여하는 '현인 그룹(eminent persons group)' 내지 전문가 그룹을 형성해서 개혁 의제에 대해 전문적인 분석과 평가를 하는 기능이다. 과거 네덜란드와 독일이 사회적 대화를 성공적으로 이끈 것도 의제에 대해 전문적인 분석과 평가를 제시하는 전문가 그룹이 존재했기 때문에 가능했다는 점을 유념할 필요가 있다.

이 단계에서는 각계각층 사이에 정보를 공유하는 것도 필요하다. 그래야 진정한 의미의 사회적 대화가 가능하기 때문이다. ILO에서도 사회적 대화를 '사회경제정책에 이해를 공유하는 정부, 사용자, 노동자 대표가 참여하는 모든 형태의 교섭, 자문, 정보 교환'으로 정의하고 있다. 따라서 참여자가 서로 가진 정보를 공유하고 동일하게 가진 정보 가운데에서 협의를 이어가는 것을 사회적 대화라고 보아야 한다. 이해당사자 대표자들이 대등한 관계에서 서로 양보 가능한 합의안을 도출하기 위해 노력하는 과정 그 자체가 핵심인 것이다. 사회적 대화의 대표성을 충분히 확보하면서 정보 공유 등 소통을 활발하게 해야 한다. 두 번째 단계 역시 상당한 시간이 필요할 것인데 부분적으로는 초안을 작성하면서 동시에 의견 수렴 과정을 병행할 수도 있을 것이다. 초안 작성과 의견 수렴·조정에 적어도 2년의 시간은 필요할 수도 있을 것이다.

   마지막 단계인 책임 있는 결정의 단계는 결국 국민들이 선출한 대통령과 국회의 몫이다. 대통령이 직접 주재하는 사회적 대타협위원회를 구성해서 개혁 의제를 확정해야 한다. 대통령이 직접 나서서 의제를 설득하고 토론을 이끌었던 사례는 프랑스 마크롱 대통령에게서 찾을 수 있다. 마크롱 대통령은 격렬한 기득권 집단의 반발에도 불구하고 취임 초부터 노동 개혁을 꺼내 든 이후 세제 개혁, 공공부문 개혁, 연금 개혁에 이르기까지 끊임없이 개혁 과제를 국민에게 제시하고 이를 일관성 있게 추진하고 있다. "프랑스인을 위하는 것보다 프랑스인과 함께"라는 구호를 제시하고, 전국을 돌며 '국민토론회'를 직접 주도하며 개혁 의제를 직접 설득해나가고 있다. 국민에게 희생과 양보를 요청하고 있지만, 흔들리지 않고 국가 개조를 해나간다는 진정성을 보여줌으로써 개혁을 이루고 있다. 사회적 대타협위원회는 대통령이 주재하되 국회와 각 정당의 수뇌부가 참여하면 좋을 것이다. 기업과 노조, 그리고 시민단체의 대표도 함께한다면 더 바람직할 것이다. 여기서 결정된 사항의 집행은 국회와 행정부가 맡아서 진행하고 기업들의 자발적인 협조가 필요한 사항은 기업체 단체가 중심이 되어 집행해야 할 것이다. 개혁 내용에 따라 시행에 충분한 예고와 유예기간을 주는 것도 필요할 것이다.

4

사회적 대타협의 4가지 성공 조건

선거 과정이 중요하다

이번에 사회적 타협을 성공적으로 이끌기 위해서는 몇 가지가 필요하다. 첫째는 선거 과정부터가 중요하다는 것이다. 사회적 대타협을 이룬 유럽의 나라들은 내각책임제를 채택하고 있는 반면 우리나라는 대통령중심제를 채택하고 있다. 그것도 단임제이다. 문재인 정부에서는 많은 수의 행정부 장관을 국회의원으로 임명하고 당정협의 과정에서도 당 우위의 모습을 보이는 등 내각책임제의 요소를 많이 가미하고는 있지만 제도적으로는 엄연히 대통령중심제이다. 따라서 많은 국민들의 이해관계가 걸린 개혁 과제의 추진은 대통령 중심으로 이루어질 수밖에 없고, 이는 선거 등 정치 일정과도 밀접한 관계가 있다.

유럽 등 선진국의 사회적 대화 경험에 따르면 선거를 통해 개혁 의제의 Mandate를 부여받고 집권 초기 시행하는 것이 가장 효과적이라는 분석이다. 대통령 단임제를 채택하고 있는 한국의 경우 더욱 그럴 수밖에 없다. 대선 과정에서 개혁이 필요성과 의제를 제시하고 취임 직후부터 개혁 과제를 논의하는 것이 추진력을 가장 쉽게 확보할 수 있는 방안일 것이다.

대통령의 리더십이 중요하다

둘째는 대통령의 리더십이 성공 여부를 가를 것이다. 특히 대통령이 가져야 할 리더십은 설득력, 조정력 그리고 결단력이다. 네 편, 내 편을 가르지 않고 정치적 유불리를 떠나서 치열하게 설득해나가야 한다. 많은 이해관계인의 잃는 것과 얻는 것을 견주어 최대한의 합의를 찾아가는 조정 능력도 필요하다. 무수한 고비고비를 흔들리지 않고 넘겨나가는 결단력이 중요하다. 끊임없이 설득하고 조정해나가되 마지막 단계에 이르면 결단이 불가피하다. 모두를 만족시키는 대안이란 사실상 없기 때문이다. 불가피하다면 헌법상 국민투표를 통해 국가 중요 정책에 대해 국민의 의사는 직접 묻는 과감한 결단도 고려해야 한다.

독일 하르츠 개혁의 경우, 개혁을 추진하던 진보 성향의 사회민주당 정권이 붕괴되는 결과를 가져올 정도로 사회의 반발이 컸지만 슈뢰더 총리의 일관성 있는 리더십이 결국 성공으로 이끌었다. 하르츠 개혁은 총 4장의 법안이 2년간 순차적으로 입법되고 시행되었다. 그 내용을 보면 진보 성향의 정당에서 주도했지만 보수 야당의 주장을 적지 않게 수용하고 있었다. 그럼에도 개혁의 성과가 단시일 내에 가시화되지 않자 사회의 반발은 커지고 정권이 붕괴되었다. 결국 시간이 지나면서 실업률이 감소하는 등의 성과가 나타나면서 하르츠 개혁에 대한 평가도 긍정적으로 바뀌었다. 리더의 확고한 의지 없이는 개혁은 끝까지 가기 어렵다.

우리나라의 경우 대통령 단임제이다. 대통령이 보수-진보를 통합하는 리더십을 발휘하지 않으면 첫걸음조차 내딛기 힘들다. 중간에 반발이 있다고 후퇴하면 혼란만 더 커질 것이다. 이번에 추진할 사회적 타협에는 이념 간, 집단 간 서로 주고받을 요소들이 많이 있다고 하더라도 일단 개혁을 추진하면 저항이 있기 마련이다. 대통령 단임제 아래에서 대통령이 넘어야 할 산이다.

패키지 딜이어야 한다

세 번째는 패키지 딜을 하는 것이 중요하다. 앞서 말한 대로 우리나라는 이념 간 갈등이 심해 포괄적인 의제를 패키지로 논의해야 타협의 여지가 많기도 하지만 사회적 대화의 전통이 유럽보다는 약하기 때문이기도 하다. 네덜란드 독일 등 사회적 대화의 전통이 있는 유럽은 개별 현안에 대한 합의 우선, 낮은 강도의 합의를 우선 추진했다. 합의가 가능한 부분을 먼저 논의하고 시행하면서 성과를 보이고 이에 따라 문제점 보완과 지지 세력을 확보하는 방향으로 진행했다. 이는 나름 협상 당사자 간에 신뢰가 있기 때문에 가능했다고 보인다.

그러나 '노'와 '사'가 대립하면서 상호 신뢰가 형성되지 않았던 한국 사회에 이런 방식을 그대로 적용하기 어렵다. '반쪽짜리 합의'라는 비판을 받았으나 민주노총이 제안했던 2020년의 '포괄적인 딜' 방식이 오히려 성과를 낼 수 있다. 기업 등 경영계 입장에서도 개별 의제별 점진적인 합의가 노동계 등의 요구만 들어주고 규제 완화 등을 포함한 경제 효율성이나 활력 제고와 관련한 요구는 후속 안건으로 두고 계속 지연되는 문제점을 차단할 수 있어 포괄적인 합의를 선호할 것이다.

홍보, 이행 점검, 일정 수립, 피드백 활동 등 과정 관리가 중요하다

마지막으로 세심한 과정 관리가 필요하다. 우선 이해당사자들을 설득하고 동참을 유도하기 위해 효과적인 홍보와 의사소통 전략이 필요하다. 이해당사자, 노조, 시민단체 등을 움직이는 힘은 여론이다. 언론기관 설명회를 시작으로 해서 대국민설명회, 공청회 등 할 수 있는 모든 홍보 방법과 채널을 활용해야 한다.

좋은 내용의 정책이라도 홍보가 부족해서 국민이 오해하면 효과를 낼수 없을 뿐 아니라 역효과가 크게 날 수도 있다. 사회적 타협 추진의 목적, 방향, 내용, 효과, 부작용 대처 방안 등 모든 것을 일반 국민들에게 분명히 알려야 한다. 전체적인 개혁 일정을 명확히 수립하고 국민에게 미리 제시하는 것도 필요하다. 이는 개혁 조치 자체가 정해진 순서에 따라 질서 있게 이루어진다는 점을 이해관계자들에게 알려주는 의미가 있다. 또한 5년 임기제 하에서 분명한 시한을 설정함으로써 개혁의 의지가 약화되지 않도록 하고, 정권 스스로를 구속하는 절박함을 담을 수 있을 것이다.

사회적 합의가 이루어진 사항에 대해서는 사회적 대화기구 산하에 설치된 전문가 위주의 이행점검단을 운영함으로써 이행 성과에 대한 면밀한 검토를 진행해야 한다. 검토 결과는 다시 사회적 대화기구에 피드백되면서 추가적인 의제 발굴과 함께 합의 당시 예상하지 못했던 문제점을 수정 보완할 수 있는 기회를 마련해야 한다.

이 책에서 주장하고 있는 패키지 딜은 경제 시스템의 기본 틀을 올바르게 바꾸는 것이다. "한 술에 배부를 수 없다"라는 말이 있듯이 아무리 '패키지 딜'을 추진하더라도 또다시 사회적 대화로 해결해야 하는 과제가 생겨날 수 있다. 이런 측면에서 점검단 운영과 지속적인 보완이 중요할 수 있다. 네덜란드와 독일의 경우에도 지속적인 사회적 대화를 통해 최초 합의를 수정, 보완해나가는 과정을 거쳤다. 그래야 우리 사회에서도 사회적 대화의 전통이 자리 잡을 수 있다.

한국 경제에서의 사회적 대화와
대타협의 역사

성공적인 '2·6 사회협약'[1]

한국 경제에서 노동시장을 포함한 주요 과제에 대한 사회적 대화는
1980년대 후반에서야 시작되었다. 1987년 7~9월의 노동자 대투쟁을 통
해 발전연대 이후 이어져 왔던 '권위적 군부정치'의 종식으로 가능해진
것이다. '1987년 체제'라고 불리는 새로운 체제는 권위적인 군부와 관료
중심의 체제가 해체되고 민주화 정부가 들어서는 1998년까지의 이행기
를 거쳤다. 그러나 대안적 체제로서 안정성을 확보하지 못한 채 사회 세
력이 주도권을 확보하기 위해 각축을 벌이고 있는 것으로 평가된다.

이러한 과정에서도 사회적 대화가 성사되고 실질적인 변화를 가져오

---

1   5장 '참고' 원고는 이찬우 전 기획재정부 차관보가 작성한 것이다. 본인의 동의를 얻어 그대
    로 싣기로 하였다.

게 된 원동력은 아쉽게도 자생적인 요인보다는 외부적인 충격에 의한 것이었다. 1997~1998년 외환위기는 잠재되어 있던 한국 경제의 문제점이 돌출되고 노동자, 기업, 정부, 국민 등 모든 계층에 위기의식을 가져오게 되었다. 그 결과 노사정위원회가 구성되고 1998년에는 '경제위기 극복을 위한 사회협약(2·6 사회협약)'을 이끌어냈다. 위기를 겪은 다른 아시아 국가들과 달리 한국은 노사정이 협상을 통한 해결책을 모색한 가운데 네 가지의 의제를 포함한 협약안을 마련했다. 사회협약의 내용에서 보는 것처럼 합의 내용이 임금 조정, 노사관계 관련 의제에 한정되지 않으며 산업구조조정, 사회복지 개혁 등을 포괄하고 있다. 그간 사회협약을 성공적으로 체결한 유럽의 사회협약 사례도 노동, 복지, 연금 등 광범위한 의제를 포함하고 있다는 점에서 유사한 측면이 있다.

① 경영 투명성 확대와 지배구조 개선과 같은 재벌 개혁과 경영참여 확대
② 집단해고와 파견근로를 허용하는 노동시장 유연성 확대
③ 실업급여(고용보험), 산재보험, 건강보험, 국민연금 확대와 연계된 사회복지 개혁
④ 공무원, 교사의 노동권 보장, 실업자의 노조 가입을 보장하는 노동 기본권과 관련한 문제

'2·6 사회협약'은 모두 90개의 항목으로 구성되어 있으며 51개 조항이 120개 법안으로 발의되어 98개 법안이 2000년 말까지 국회에서 처리되었다. 물론 내홍도 있었다. 사회협약 당사자였던 민주노총의 간부 및 일부 노조원의 협약 승인 거부로 1999년 민주노총이 대의원 대회를 거

쳐 노사정위원회를 탈퇴하게 되었다. 반대 이유는 집단해고, 파견근로 허용 등 노동시장 유연성을 확대하는 내용에 관한 반감 때문이었다. 그럼에도 2·6 사회협약은 과거 한국 사회를 지배했던 권위주의적인 체제를 넘어 노사정이 양보와 타협의 정신으로 함께 만들어낸 협약이며 이후 입법 등 제도화까지 이어진 성공적인 사례로 평가되고 있다.

미완의 9·15 대타협

2·6 사회협약 이후 의미 있는 사회적 대타협은 2015년 9월 15일 '노동시장 구조 개선을 위한 노사정 합의-사회적 대타협(9·15 대타협)'이었다. 2·6 사회협약 이후 17년 만에 이루어진 것이다. 사회적 대화기구인 노사정위원회가 2014년 9월 '노동시장 구조 개선 특별위원회'를 구성하여 1년에 걸친 대화와 진통 끝에 미래의 경제사회 위기를 내다보며 합의한 내용이었다. 노동계 대표 단체의 하나인 민주노총이 빠진 합의였으나 '9·15 대타협'은 새롭게 형성된 사회경제 패러다임의 위기에 대응하기 위한 것이라고 평가된다. 당시 진행되고 있는 경제사회 환경의 변화에 대응하지 못할 경우 노동시장을 포함한 한국 경제의 위기가 도래할 우려가 있다는 인식이 9·15 대타협의 배경이 되었다.

구체적으로는, 첫째, 노동시장 측면에서 고용의 양적·질적 위기가 나타났고, 이중구조가 심화되었으며 고도성장기에 형성되었던 연공급 임금 체계가 지속되면서 임금이 직무, 성과, 생산성과 괴리되는 현상이 심화되었다. 둘째, 산업적 측면에서 기술혁신이 가속화되면서도 다른 한편에서는 장시간 노동과 낮은 노동생산성이 결합되는 모습이 나타났다. 셋째, 경제사회 구조적 측면에서 세계 최저의 출산율, 심각한 청년 취업난, 열악한 사회 안전망, 악화되는 분배구조 등으로 지속 가능한 성장이 위협받게 되었다. 넷째, 정치사회적 측면에서 노조 가입률 저하 등 조직노동이 약화되고 노동기본권이 침해받는 가운데 이해집단 간 상호 신뢰 부족으로 사회적 대화가 답보 상태에 이르게 되었다. 이러한 가운데 당시 통상임금, 근로시간, 정년 연장 등 노동시장 현안이 쟁점화되면서 개별 현안에 대한 접근보다는 사회적 대화를 통한 일괄 협상(패키지 딜)이 필요하다는 인식이 확산된 결과이다. 이러한 사회적 대화의 배경이 9·15 대타협의 합의문 전문(前文)에 잘 나타나 있다.

"(전략) 급속한 세계화, 저출산 고령화, 지식정보 서비스 중심으로 산업구조 변동 등 우리 경제가 직면하고 있는 도전은 매우 엄중하다. 그러나 이를 극복하기 위한 노동시장 기능은 효율적으로 작동하지 않을 뿐 아니라 경제성장과 일자리 창출에 제대로 기여하지 못하고 있다. 노동시장 내 기업 규모, 고용 형태 등에 따른 양극화가 심화되고 있으며, 특히 우리의 미래 청년층은 극심한 취업난을 겪고 있는 실정이다. (후략)"

그러나 1998년 2·6 사회협약과 달리 2015년 9·15 대타협은 합의 내용에 대한 이해관계자의 반발이 제기되었고 정부가 합의 내용을 넘어서는 입법을 추진하면서 제도화에는 실패했다. 노사 일각에서 통상해고 법제화, 취업규칙 불이익 변경과 임금 피크제 도입, 기간제 노동자 사용기간 연장 및 파견 업무 확대 등 핵심 쟁점에 대한 비판과 문제를 제기했기 때문이다. 그러나 한국 경제의 미래를 위한 합의라는 측면에서 다음과 같은 역사적 의미가 있는 것으로 평가된다.

먼저 이해 당사자 간의 논의를 통해 양극화되고 왜곡된 노동시장을 정상화시키려는 대화의 산물이라는 점이다. 사회적 대화와 타협이 어려운 것으로 여겨져 온 한국 사회에서 이루어낸 성과물이기 때문에 더욱 의미가 크다. 아울러 종래의 사회적 합의나 선진국의 사회협약과 달리, 당면 경제위기가 아닌 잠재적 위기에 대한 선제적 대응을 위한 타협이었다. 또한 일부 핵심 쟁점이 추후 협의 및 논의 과제로 남아 있지만 노동시장 이중구조 완화와 활성화, 사회 안전망의 확충 등과 관련된 의미 있는 내용들을 포함한 '패키지 딜'을 통해 노동시장의 안전성과 유연성을 함께 추구하는 한국형 유연 안전성 모델을 지향했다는 점도 의미가 있다.[2]

하지만 이러한 의미에도 불구하고 노사의 반발로 주요 쟁점을 합의하기보다는 미해결 논의 과제로 미뤄두었다는 측면에서 '미완(未完)'이라는 평가를 받고 있고, 후속 사회적 대화의 과정 관리, 실천 계획과 합의 이행이라는 숙제로 남겨주었다.

코로나19 위기 극복을 위한 타협 시도

이러한 가운데 코로나19 사태가 촉발한 위기 상황은 새로운 도전 과제를 가져왔다. 기존 노사정위원회를 2018년 발전적으로 확대한 '경제사회노동위원회'가 코로나19에 따른 경제위기를 극복하기 위한 '코로나19 위기 극복을 위한 노사정 협약'을 포함한 11개 안건을 2020년 7월 28일 확정하는 성과를 이루어냈다.

---

2 장홍근(2015), 한국의 노동시장 구조개혁 사례, 주요 선진국가의 노동시장 개혁과 한국의 시사점, 해외 전문가 초청 세미나 자료집, 경제사회발전노사정위원회·한국노동연구원.

코로나19 사태에 대응하여 일자리를 지키고 사회 안전망을 강화하기 위해 40여 일간이라는 비교적 짧은 기간 논의한 것으로 ① 고용 유지를 위한 정부 역할 및 노사 협력, ② 기업 살리기 및 산업 생태계 보전, ③ 전 국민 고용보험 도입 등 사회 안전망 확충, ④ 국가 방역체계 및 공공의료 인프라 확대, ⑤ 이행 점검 및 후속 논의 등을 주요 내용으로 하고 있다. 당초 민주노총의 제안으로 시작되어 경제사회노동위원회 밖에서의 '코로나19 원포인트(one-point) 사회적 대화'였으나 결과에 대한 민주노총 내부의 반발로 불참하면서 '노사정 합의'에서 '노사정 협약'으로 변경되는 등 진통을 겪었다. 민주노총은 해고 금지가 명문화되지 않았다는 점과 함께 경제사회노동위원회에서의 합의사항 이행 점검 등 네 가지 사항에 대해 반대하는 입장을 제시했다. 민주노총이 대화의 출발부터 사회적 대화 기구인 '경제사회노동위원회' 밖에서 시작할 것을 요구했고, 합의사항의 이행 점검마저 경제사회노동위원회 배제를 요구하고 있어 향후 경제사회노동위원회의 위상과 이를 통한 사회적 대화 가능성에 대한 의문을 갖게 하고 있다.

여기에는 노동계 등 사회단체를 중심으로 최근 제기되고 있는 사회적 대화 무용론이 배경에 있다. "사회협약은 말뿐이며 개혁입법과 성과로 이어지지 않는다"는 주장[3]이다. 지난 2년간 노동 관련 의제를 넘어 모든 사회적 문제를 다루는 사회적 대화기구로 변모한 '경제사회노동위원회'에서 다루는 거의 모든 안건에서 사회계층의 이견을 좁히지 못하고 있기 때문이다. 노동시간과 관련한 탄력근로 단위기간 확대, ILO 핵심 협약 비준, 소득대체율과 보험요율 인상 관련 국민연금 개혁 등이 주요 안건이었

---

3 매일노동뉴스, 2020년 7월 29일.

으나 위원회의 대표성, 안건 관련 전문성, 논의기간 등 다양한 문제가 원인이 되고 있다는 지적이다. 그렇다고 해서 사회적 대화의 필요성을 부정할 수 없다. 특히 코로나19로 인한 위기와 새로운 경제 환경 변화에 대응하기 위해 사회적 협약에 대한 열망이 높은 상황이다. 사회적 대화는 위기 극복과 개혁 과정에서 필연적으로 발생하는 이해관계의 충돌과 갈등을 푸는 '갈등의 사회화' 과정이며 정부로서도 국회 입법 등 제도화에 도움을 주기 때문이다.

사회적 대화의 오랜 역사를 갖고 있는 선진국의 경우에는 코로나19 위기에도 대화를 통해 합의를 이끌어내고 있다. 이탈리아는 정부와 3개 노총, 4개 사용자 단체가 노사정 합의를 통해 코로나19 피해 기업의 60일간 해고 금지, 일시적 휴직 확대와 정부의 임금 지원 등을 이루어냈다. 덴마크, 오스트리아, 스페인, 독일, 스웨덴도 성과가 있었다. 특이한 점은 독일과 스웨덴은 한국 또는 다른 국가와 달리 공식적인 사회적 대화기구가 없다는 점이다. 이탈리아와 스페인도 2008년 글로벌 금융위기를 겪으면서 사회적 대화가 무너졌던 경험이 있었다.

이번 코로나19가 심각한 사회적 문제라는 공통의 이해가 사회적 대화를 이끌어내고 유연한 합의를 만든 것이다. 따라서 성공적인 사회적 대화와 타협을 위해서는 다양한 계층이 참여하는 대표성, 의제의 선정, 대화를 통해 갈등을 사회화하는 과정 관리, 전문성과 유연성을 갖추어야 한다. 그렇다면 한국과 달리 유럽 등 선진국에서는 어떤 과정을 거쳐 사회적 대화를 통한 합의를 이끌어냈는지 살펴볼 필요가 있다. 이를 통해 한국 사회에서의 성공적인 사회적 대화와 타협의 기제를 찾고자 한다.

주요 선진국의 사회협약 경험과 시사점

네덜란드의 개혁 – 협의 경제체제

개혁 배경과 전개 과정

네덜란드의 개혁은 '일자리 혁명'이라는 말로 널리 알려져 있다. 2차 세계대전 이후 경제적인 번영으로 유럽에서 손꼽히는 사회복지제도를 구축했으나 1970년대 이후 유가 인상에 따른 임금과 물가 인상, 높은 조세 부담과 노동비용이라는 '네덜란드 병(Dutch disease)'이라고 불리는 최악의 경기와 고용률 침체를 경험하게 되었다. 1984년 네덜란드의 실업률은 정점에 이르렀고 거의 4분의 1을 상회하는 27%의 노동자가 장애급여(disability benefits), 조기퇴직, 구직훈련, 사회부조, 연금 등을 이유로 노동시장에 퇴장하면서 경제활동 참가율도 최악에 직면하게 되었다. 복지국가의 위기를 불러온 '노동 없는 복지(welfare without work)'의 대표 사

- 고용의 구조적 개선을 위한 중장기 정책에도 불구하고 완전고용 실현이 단기간 내 불가능함에 따라 효율적인 일자리 재분배가 필요하다는 데 인식을 같이 함
- 효율적인 일자리 재분배를 위해 노사는 근로시간 단축, 파트타임 근로제 도입, 청년실업 해소 등을 전향적으로 검토
- 일자리 재분배 정책의 실행과 관련하여 기업의 열악한 재정 상태를 고려하여 임금 인상을 요구하지 않아야 한다는 점에 노사가 합의

례라는 불명예를 갖게 되었다.

그러나 이후 사회적 대화를 통한 노동시장과 복지제도를 획기적으로 개선하면서 고용 상황을 반전시키는 결과를 이루어냈고 '네덜란드의 기적'으로 불리게 되었다.[4] 네덜란드 개혁의 출발점으로 평가받는 1982년 '바세나르 협약'은 경제위기 극복을 위해 임금억제 등 노동시장과 복지제도의 변화를 위한 행동이 필요하며, 이를 위해 노사의 협력과 공동의 행동이 필요하다는 선언과 원칙 이상의 내용을 담은 것이 아니었다. 구체적인 변화는 바세나르 협약 이후의 노사 자율 단체교섭과 정부 정책의 변화, 일련의 새로운 사회협약 등에 의한 것이었다. 지속된 후속 협상을 통해 시간제 파트타임 일자리의 증가 등 고용 형태의 다양화와 확충, 노동시간 단축, 노조의 임금 인상 자제, 복지제도와 고용 서비스의 혁신 등에 대한 사회적 합의를 이끌어냈다. 네덜란드 사례가 주목되는 것은 이러한 변화가 다른 선진국에 비해 정부가 주도하는 일방적인 방식이 아니라 노사가 사회적 합의를 통해 이루어냈다는 점이다.

그 결과 네덜란드의 실업률은 1987년 14% 수준에서 1997년 6% 전

---

4   OECD (2013), The Dutch Labour Market: Preparing for the Future, *Working Paper*.

[표 5-1] 네덜란드와 EU의 주요 경제지표(1991~1996 평균, %)

	네덜란드	EU 평균
GDP	2.2	1.5
개인 소비	2.3	1.5
투자	1.3	△0.2
고용 증가율	1.5	△0.3
실업률	6.2	11.1
고용률	64.2	60.6

후로 감소했다. 전체 고용률도 64% 수준으로 상승하는 결과를 가져왔다. [표 5-1]에서 보는 것처럼 1990년대 네덜란드의 고용 관련 지표는 EU 국가들의 평균치와 비교할 때 현저히 나은 모습이다. 이는 네덜란드가 1980년대 중반 이후 놀라운 수준의 '일자리 주도 성장(job-intensive growth)'이라는 경제 패러다임의 전환을 성공적으로 추진했다는 점을 보여준다. 일자리 증가의 중심에는 여성이 일자리 혁명에 있었다는 지적도 제기되고 있다. 여성 고용률이 1983년 34.7%에서 1996년에는 55.0%로 20%p 이상 증가했기 때문이다. 일자리 창출을 위해 노동자는 임금 인상을 장기간 자제했고 사용자는 노동시간 단축에 합의하는 등 양보와 타협을 이루어낸 결과이다.

사회적 대화기구

네덜란드의 사회적 대화기구는 노사를 중심으로 운영되는 민간주도의 '노동재단(Labor Foundation)'과 노사를 포함한 정치권과 정부, 전문가 집단 등 전체 사회의 대표성을 추구하는 '사회경제위원회(SER: Social and Economic Council)의 두 축으로 구성된다. [표 5-2]에 정리되어 있는 것처럼 노동재단은 노사를 중심으로 운영되는 자율적인 협의체로서 조직된

[표 5-2] 네덜란드 사회경제위원회와 노동재단의 성격

	사회경제위원회	노동재단
추구 이익	공공이익 대표성	민간이익 대표성
구성	3자 협의체	양자 협의체
성과물	자문 보고서	협상과 협의

핵심 사회집단의 이익을 실질적으로 조율하는 반면, 사회경제위원회는 노사는 물론 전체 사회의 이해를 조율한다는 점에서 서로 보완적인 관계를 갖고 있다.

노동재단은 임금정책 분야에서 핵심적인 역할을 수행한다. 1945년에 만들어진 민간 재단이며 노조 중앙조직과 사용자 조직이 공동으로 운영한다. 이사회에는 노사 각 10인의 이사가 있고 이사회 의장은 '노'와 '사'가 순번제로 돌아가면서 맡는다. 노동재단의 임금위원회(wage committee)는 가장 영향력이 큰 위원회로서 정부에 임금에 관한 의견을 전달하는 역할을 한다. 노동재단은 민간 협의체로서 정부로부터 독립된 성격을 갖고 있으며 노동시간 단축 등을 포함한 노동 현안들에 대한 단체협약의 방향을 주도하고 있다. 노동재단의 논의를 통해 조율된 견해를 정치권과 정부가 대부분 동의함으로써 노사 자율의 정신을 존중한다. 이는 정치권과 정부가 노동시장이나 복지와 관련한 현안을 추진할 때 노동재단의 논의 구조에서 동의를 얻지 못하면 정책 또한 제대로 추진될 수 없다는 것을 의미하기도 한다.

사회경제위원회는 노사정이 참여하는 3자 위원회의 성격을 갖고 있다. 노사 각 7인의 위원, 11인의 정부 선정 왕립위원으로 주로 경제학 등 학문 분야 전문가, 중앙은행장, 정부부처 장관 등이 참여한다. 위원회는 정부에 대해 경제, 복지 등 주요 경제정책의 내용과 방향에 대해 권고하는

역할을 담당한다. 정부와 전문가들이 참여하여 전문적인 논의와 이해·조정 기능을 수행하는 공식적이고 형식적인 협의체로 볼 수 있다. 사실상 노동재단을 통해 형성되고 정리된 의제들이 사회경제위원회의 공식적인 논의를 통해 구체적인 권고와 정책 형태로 정부에 제출되는 구조로 이해되고 있다.

물론 네덜란드의 자율적인 사회 협의체가 항상 원활하게 작동하는 것은 아니다. 바세나르 협약 당시에도 일부 노조에서 지나친 양보에 대해 강하게 반발하고 합의 철회 움직임까지 일어나는 등 위기에 직면하기도 했다. 이후 점차 경제가 다시 성장하고 고용이 증가하면서 가계소득이 증가하는 결과가 나타나자 긍정적인 분위기로 전환[5]되었다. 즉 성과가 합의 분위기를 이끈 것이다.

사회협약의 변천 과정

네덜란드 노동시장과 복지국가의 패러다임을 전환하는 역사적 의미를 갖는 협약은 앞서 언급한 1982년 '바세나르 협약'이다. 한 페이지를 조금 넘는 선언적 의미의 내용으로 이후 모든 협약의 모태(母胎) 협약의 성격을 갖고 있으며 78개에 달하는 구체적이고 다양한 가이드라인을 생산하는 기초를 제공했다. 또한 바세나르 협약은 노사 고용관계의 성격 변화를 가져오는 계기를 마련했다. 노사가 임금 인상 자제와 노동시간 단축 조치에 합의함에 따라 바세나르 협약 이전의 노사 대결 구도에서 협상과 타협으로의 전략 전환이 이루어졌으며 고용 측면에서도 '고용의 질(質) 제고'보다는 '고용의 양(量) 확대'로 전략 목표의 수정이 이루어진 것이다.

---

5   Social and Economic Council (2015), The Power of Consultation, *The Dutch Consultative Economyl Explained*.

바세나르 협약 이후에도 노사가 수년간에 걸쳐 협상을 전개한 결과 1993년 '신노선 협약' 등 보다 구체적인 정책을 내용으로 하는 후속 사회적 협약이 체결되었다. 즉 네덜란드의 사회적 협약은 한 번의 협약으로 끝내는 것이 아니라 합의 내용 집행 과정에 대한 면밀한 평가와 모니터링을 병행하면서 협약의 타당성과 효과를 현장에서 검증하고 부정적 효과를 교정하기 위한 노력이 함께 이루어지는 과정이었다. 이런 측면에서 1993년 '신노선 협약'은 바세나르 협약 이후 고용과 노동시장의 변화에 대해 노사가 종합적으로 평가하고 이를 기반으로 노동시장의 개혁정책 내용을 구체화했다는 것으로 이해할 필요가 있다.

1996년에는 이른바 '유연안전성 협약'이 체결되어 네덜란드의 유연안전성 모델이 완성되었다. 이는 경제 활성화를 위한 사회협약의 틀 속에서 고용 규제의 유연성(파트타임)과 법적 보호라는 안전성(파트타임 노동자 보호) 간의 균형을 강조하고 이를 위한 법률과 제도 개정에 합의했다. 유연안전성 협약 이후에도 노동시장에 대한 지속적인 검토가 이루어졌으며 2002년에는 노동재단을 통해 '고용 조건 협의에 관한 선언문'이 제정되었고 2003년에는 '고용에 관한 공동선언'을 통해 유연안전성 모델의 부작용과 문제점 보완이 이루어졌다. 2013년에는 노사 공동으로 사회적 책임을 다하는 진취적 국가를 위한 전망에 대한 협약이 이루어졌다. 이 협약은 노사가 장기적으로 추구해야 할 공동의 목표를 설정하고 소득 향상과 고용 인프라 개선을 위한 과제 설정을 주요 내용으로 하고 있다. 특히 노동자를 위한 적극적인 노동시장 정책과 함께 해고 절차의 명확화, 임시 계약 노동자의 정규직화를 촉진하는 장치 마련을 포함하고 있어 그간 유연성을 강조했던 노동시장 개혁이 유연성과 안전성의 균형을 맞추는 방향으로 전환되었다는 의미가 있다.

네덜란드 개혁 과정이 주는 시사점

네덜란드 개혁에 대한 평가는 긍정적인 견해와 비판이 혼재되어 있다. 긍정적으로 평가하는 연구는 파트타임 노동과 단기간 일자리에 대한 각종 불이익을 금지하고 동일노동 동일임금 원칙을 엄격히 적용하는 것과 더불어 일자리 이동이 원활하게 이루어질 수 있도록 정부의 일자리 알선과 훈련 기능이 강화되었다는 점에 주목한다.[6] 또한 노동자들이 보다 유연한 방식으로 근무할 수 있게 함으로써 여성의 노동시장 진출 증가와 탈산업 시대 서비스 경제로의 전환을 촉진하여 경제 활력을 되살리는 데 기여한 점을 강조한다. 반면 대표적인 비판은 노동시장 측면만을 볼 때 늘어난 고용이 절대다수가 여성 파트타이머라는 것이고, 그 결과 네덜란드 개혁은 고용의 질을 희생시키고 노동의 공급만을 증가시킨 결과를 초래했다는 것이다.

그러나 네덜란드 개혁을 성공과 실패로 단순하게 규정하거나 평가하는 것은 성급하다고 본다. 개혁의 과정과 성과를 평가하는 기준과 성격이 다르고 이익과 비용의 균형을 평가할 수 있는 기준은 시대 상황에 따라 변화하기 때문이다. 특히 네덜란드 개혁은 경제위기 상황에 대응하기 위한 사회적 선택이라고 보아야 하며 지속적인 과정이라는 측면에서 과정 관리를 더욱 중요하게 보아야 한다. 이러한 관점에서 네덜란드 개혁의 주요한 특징을 한국의 경험을 염두에 두면서 비교해보면 다음과 같다.

첫째, 네덜란드 개혁은 경제위기와 같이 정치경제 및 환경적 조건이 임박한 가운데 경제사회 주체들 간에 오랫동안의 충분한 숙의와 의견 접근 노력을 바탕으로 복지국가와 노동시장 질서가 재구성된 것으로 이해

---

6   장홍근·박영준·박준식·강현주(2015), 선진국 노동시장 개혁사례 연구 – 개혁 과정 관리를 중심으로, 한국노동연구원.

된다. 개혁의 필요성과 기본방향에 대한 광범위한 선언적 합의('바세나르 협약')가 이루어진 이후 10여 년에 걸친 기간에 연속적이고 일관된 방향성을 유지한 개혁 과정이었다. 노동시장 개혁은 필연적으로 복지 등 다른 사회제도들과 연계되기 때문에 포괄적인 개혁의 성격을 가진 채 추진되었다.

둘째, 개혁과 함께 그 부작용을 보완하기 위한 후속 작업이 동시에 진행되었다. 다시 말하면 경제사회 환경 변화에 대응하여 신속성과 효율성을 추구하면서 부작용을 완화·보완하는 작업이 진행된 것이다. 대표적인 것이 유연성과 안전성이라는 목표를 함께 추진하면서 균형을 추구하는 노력이며 1996년 '유연안전성 협약'으로 구체화되었다.

셋째, 개혁과 제도의 변화가 진행될 수 있었던 것은 노사정이라는 직접적인 이해 당사자뿐 아니라 시민사회와 정치권, 전문가 집단 등의 지원과 폭넓은 공감대가 형성되었기 때문이라는 점을 주목할 필요가 있다. 특히 1980년대 초반의 개혁은 다수파인 집권 보수 여당과 야당이 연합하여 개혁을 주도했고 1990년대 이후에는 소수파인 진보 야당이 다수파인 보수 진영의 지지를 배경으로 개혁을 추진하는 유연한 정치적 연합 구도가 배경으로 작용했다.[7]

넷째, 개혁이 위로부터의 빅딜 등 대규모의 하향식으로 진행된 것이 아니라 노사 간의 자율적인 대화와 타협을 축으로 협약을 체결하고, 추진하는 과정에서 보완하는 성격이 강했다. 특히 개혁이 복잡한 이해관계로 인해 추진하기 어려운 현실임에도 불구하고 이해집단으로부터 독립적인 정부 조직과 전문가 집단이 협상의 과정에서 핵심 역할을 수행했다는 점

---

7 장홍근·박영준·박준식·강현주(2015), 선진국 노동시장 개혁사례 연구 – 개혁 과정 관리를 중심으로, 한국노동연구원.

이다. 사회경제위원회의 전문가 위원은 이해집단이나 정치권 등의 영향을 받지 않고 전문적 식견과 경험을 바탕으로 최대한 객관성과 공정성을 유지하면서 사회적 대화 과정을 지원했다.

독일의 하르츠 개혁 – 노동시장을 둘러싼 경제 시스템의 재균형화

개혁 배경과 전개 과정

독일의 개혁 배경은 1990년대 이후 탈냉전과 세계화 속에서 이른바 '독일 모델'과 '사회국가'로 대변되는 독일식 경제사회 시스템 작동에 문제가 발생한 데 있다. 대표적으로 1990년대에 실업자가 400만 명 안팎에 이르는 고실업이 지속(실업률 10% 내외)되면서 '유럽의 병자'라는 조롱을 받게 되었다. 통일로 인해 동독인들이 독일 노동시장에 유입되면서 상대적으로 고임금인 독일을 떠나는 기업이 급증하면서 일자리 공동화 현상이 발생하게 된 것이 원인이었다. 그럼에도 독일의 과거 노동시장 제도 하에서 실업자들이 상당한 사회부조와 수당을 국가 또는 사회로부터 제공받을 수 있었고 이들을 노동시장으로 유인해낼 수 있는 장치가 마련되어 있지 않았다. 이러한 문제점을 개혁하기 위해 1990년대 후반 '고용연대'라고 불렸던 사회적 합의 시도가 노사정 3자 간에 중앙 수준에서의 합의를 시도되었으나 성공적인 결론을 도출해 내지 못했다. 하르츠 개혁은 이와 같은 사회 합의적 개혁 시도가 실패한 이후 2002년에서 2004년까지 정부 주도로 추진된 개혁이었다.

독일의 개혁은 2002년 슈뢰더 총리의 요청으로 페터 하르츠(Peter Hartz) 박사 주도로 설립된 하르츠 위원회가 작성한 「노동시장의 현대적 서비스를 위한 개혁」이라는 보고서를 토대로 추진되었다. 하르츠 위원회는 15인의 노사정 및 공(公)을 대표하는 인사와 전문가들이 참여하여 총 13개의 모듈로 구성된 보고서를 발표했다. 개혁 내용이 총 4장의 법안(Hartz I, II, III, IV)으로 만들어지고 2년간 순차적으로 입법되고 시행되었다. 슈뢰더 총리와 하르츠 박사는 개혁안을 발표하면서 400만 명을 넘는 실업자를 3년 내 절반으로 줄일 것이라고 설득했다. 그러나 하르츠 개혁의 내용은 앞서 설명한 네덜란드 개혁 사례와 달리 합의적이지도 않았고 추진 과정이 순탄하지도 않았다. 하르츠 IV장이 도입되는 2004년에는 반대하는 시위가 '월요시위'라는 이름으로 지속되었고 100년 정당이었던 슈뢰더의 사회민주당이 붕괴되었으며, 적녹(赤綠)연정 2기는 4년 임기를 완수하지 못한 채 내각이 해산되면서 사라졌다.

그럼에도 하르츠 개혁 이후 시간을 두고 실업률이 감소(2007년 8.4%, 346만 명)했으며 실업자의 구직 노력 증가와 고용 서비스 향상 등으로 경제지표상으로는 독일 경제가 활력을 찾아가는 모습이 나타나는 등의 성과가 나타났다. 결과적으로 하르츠 개혁이 과거 복지국가의 유산과 부작용, 독일 통일로 인한 급작스런 노동시장 과부하 등을 성공적으로 대처한 의미 있는 시도라는 평가를 받고 있다.

하르츠 개혁의 과정상 특징

하르츠 개혁의 성과에 대한 긍정적인 시각과 비판적인 시각이 혼재되어 있고 아직 평가가 진행되고 있다. 긍정적인 측면은 고용 서비스의 현대화를 이루고 1인 자기회사를 징검다리로 활용하여 실업에서 취업으로 전환을 촉진하는 장치를 만들었으며 미니잡 등을 통한 노동시장 규제 완화를 통해 일정하게 일자리를 증가시켰다는 것이다. 다만 비판적인 견해는 2000년대 중반 이후 실질임금이 지속적으로 하락했고 미니잡이 정규직 일자리로 가는 사다리 역할을 하기보다는 저임금 고착화 현상을 유발했다는 평가를 중심으로 제기되고 있다. 따라서 개혁의 내용과 성과를 현시점에서 단정적으로 평가하기보다는 독일 사회가 이루어낸 개혁 합의의 과정적인 측면, 즉 과정 관리 차원에서 특징을 도출하고 한국 사회에서의 적용 가능성을 살피는 것이 바람직한 접근이라고 생각된다. 이러한 관점에서 볼 때 하르츠 개혁의 특징은 다음과 같다.

첫째, 포괄적인 의제 설정이다. 하르츠 개혁의 주요 내용이 노동시장과 관련된 것이지만 당시 여당인 슈뢰더의 사회민주당은 독립된 의제로 접근하지 않고 사회복지 시스템 개혁과 연계하여 진행하려는 전략을 갖고 추진했다. 그 일환으로 'Agenda 2010'이라고 하는 다양한 내용의 개혁 프로그램을 추진하고 그 속에 하르츠 개혁을 포함시켰다. 자칫 노동시장의 효율화와 유연화가 노동계와 사회단체의 비판을 받을 수 있기 때문에 'Agenda 2010'이 기존의 독일 사회국가 체제의 '폐지'를 의미하기보다는 현대적 환경에서 지속 가능하도록 하기 위한 '재건' 전략이라는 프레임을 취했다.

둘째, 시대적 문제를 부각하고 해결의 필요성에 대해 역설했다. 2000년대 독일의 가장 큰 문제는 실업이었다. '실업과의 투쟁'이라고 불릴 정도로 정치권, 시민사회 등 사회 세력이 공유하는 '시대정신'과 같은 것이었다. 하르츠 개혁은 이러한 사회문제를 해결하기 위한 수단이라는 점을 강조했다. 하르츠 개혁의 가치를 '가벼운 일자리라도 실업보다 낫다'로 설정하고 실업자를 모두 구직자로 정의하는 등 근본적인 인식의 전환을 추진했다. 그런 가운데 구직을 지원하는 연방노동청의 수동적이고 비효율적인 관행을 지적하면서 개혁의 대상으로 삼아 정당성을 자연스럽게 부여했다. 다시 말하면 연방노동청의 비효율성이 실업자를 고용으로 이끌지 못하는 주된 원인이라는 여론을 형성하면서 대대적인 개혁을 추진한 것이다.

셋째, 개혁안의 마련과 사회적 정당성 확보에 전문가와 연구기관을 적절히 활용했다. 개혁안을 마련하기 위해 전문가와 연구기관 등을 중심으로 '벤치마킹 그룹'을 출범시켰다. 저명한 학자를 중심으로 구성되어 네덜란드, 스칸디나비아 등 유럽 내 다른 나라에서 활발하게 전개된 노동시장 개혁의 내용을 토대로 독일의 개혁 방향을 마련하고 이들 내용을 단행본으로 출간하여 사회적 정당성 확보에 노력했다.

넷째, 새로운 개혁 프로세스 설정과 행위자를 구성했다는 점이다. 과거 독일의 전통과 달리 의회 등 전통적인 의사결정 과정을 거치지 않고 하르츠 위원회라는 별도로 구축된 위원회를 통해 진행되었다. 이는 하르츠 위원회 이전에 추진된 '고용연대'의 실패를 경험 삼은 것이다. 실제 하르츠 개혁안의 내용이 전혀 새로운 것이 아닌 과거 논의된 사항을 재구성한 것이 대부분이었다는 점을 감안하면 개혁안의 내용보다는 개혁을 추진하는 주체에 더 역점을 둔 것으로 보인다. 특히 하르츠의 경우 과거 폭스바겐 사의 개혁을 성공적으로 추진했었다는 상징 자본이 있었다는 점을 감안하여 슈뢰더 총리가 이를 위해 하르츠를 활용한 것으로 보아야 한다.

다섯째, 보수-진보 등을 통합하는 개혁안을 추진하는 정치적인 리더십을 발휘했다는 점도 중요하다. 진보 성향을 갖고 있는 슈뢰더의 사회민주당이 추진하는 개혁안의 내용에 대한 보수 야당의 반발은 사실 크지 않았다. 하르츠 개혁이 보수 야당의 주장을 적지 않게 수용하고 있었기 때문이다. 미니잡 등 비정규직 고용을 양산하고 실업자의 권리를 상당 수준 축소하는 결과를 암시하고 있어 진보 좌파 정부의 개혁임에도 불구하고 전통적인 좌파 정치 세력, 노동조합, 장기 실업자들의 반발이 있었다. 그러나 상당 기간 지속되었던 장기 실업으로 인해 노조의 행동이 제약되었고 하르츠 개혁의 또 다른 내용이 고용 서비스를 선진화하고 청년 및 고령자 고용을 확대하기 위한 정책을 담고 있는 등 중립적이거나 친노동적인 성격을 갖고 있었기 때문에 개혁을 추진할 수 있었다. 물론 정치적으로는 단기간 내 실업이 해소되지 않고 사회민주당 내 좌파 세력이 독자 정당(좌파당, Die Linke)을 출범시키면서 사회민주당 정권이 붕괴되는 결과를 야기한 것도 사실이다.

여섯째, 개혁의 일관성과 지속성이 확보되었다는 점이다. 하르츠 개혁안의 총 4개 장 모두 연계된 것이었기 때문에 순차적으로 시행되는 것이 중요하다. 슈뢰더 정부가 붕괴되고 대연정이 구성되면서도 하르츠 개혁안을 포함한 'Agenda 2010'의 안정적인 추진에 대한 합의가 있었다. 대연정 총리직을 메르켈 기민당 당수가 맡는 대신 개혁의 연속적인 추진을 약속받는 방식으로 일관성과 지속성을 확보했다. 당초 예상했던 시기보다 성과가 늦게 나오긴 했지만 실업률 감소 등의 성과가 나오면서 좌파그룹의 비판도 개혁 자체에 대한 부정보다는 보완으로 전환될 수밖에 없는 환경을 만들었다.

일곱째, 상황과 성과를 반영하는 피드백 과정을 통해 개혁안을 지속적으로 수정하고 새로운 개혁 과제로 이행하는 과정을 거쳤다는 점이다. 하르츠 개혁안은 실행 과정을 거치면서 실효성이 있는 부분은 보존, 확대한 반면, 그렇지 못하다고 판단되는 부분은 과감하게 폐지, 축소, 수정했다. 개혁안의 혁신성 때문에 집행 과정에서 많은 기술적인 문제가 발생했고 이런 경우 사회적 공론화 과정을 거쳐 새롭게 수정되었다. 개혁을 추진한 이후 20여 년이 지났으나 독일 정부에서는 지속적으로 노동시장의 효과에 대해 과학적인 진단과 평가 작업을 진행하고 있다.

하르츠 개혁 이후 지속되는 독일의 사회적 합의 전통

하르츠 개혁을 이끈 하르츠 위원회 이후 독일에서의 공식적인 사회적 대화기구는 존재하지 않는다. 다만 사회적 대화의 전통은 현재의 메르켈 총리의 정부에서도 지속되고 있다. 독일에서는 자동화와 기술 진보로 특징되는 4차 산업혁명에 대응하기 위해 정부와 노동단체, 전문가 등이 참여하는 사회적 대화 채널을 계속 유지하고 있다. 정부가 먼저 미래 비전을 세우고 경제인과 전문가들이 소통하며 2016년 'Industry 4.0'이라는 국가 프로젝트를 만들었다. 정부와 시민단체, 노동계 등이 참여하여 지속 검토를 진행하고 있으며 사회적 대화의 프로세스는 온라인 'Platform Industry 4.0'을 통해 이루어지고 있다. 사회적 대화에 1만 2,000여 명의 시민이 참여했고 시민단체, 연구소, 기업 등의 50여 개의 입장을 발표했으며 지역별로 컨퍼런스를 개최하고 있다. 이와 별도로 미래 노동시장의 변화에 대처하기 위한 'Labor 4.0'이라는 별도의 사회적 대화 플랫폼도 가동되고 있다.

성공적인 사회협약의 특징과 결정 요소

사회적 대화 과정 비교

네덜란드와 독일의 노동체제를 중심으로 한 사회협약의 사례에서 보는 것처럼 사회적 대화를 통한 개혁의 성공은 개혁 내용을 통한 정당성 확보도 필요하나 개혁의 대상과 주체 설정, 과정 관리, 그리고 개혁을 둘러싼 정치사회적 여건이 중요하다는 점을 알 수 있다. 개혁의 과정 관리를 강조하고 있는 것이다. 한국도 1998년 '2.6 사회협약'이 성공적으로 관리되면서 입법화되었던 반면 2015년 '9·15 대타협'은 내용적인 측면에서 현 상황의 타개를 넘어 미래지향적인 합의를 이끌어냈으나 이해 당사자의 반발로 성공적인 제도화에 실패했다는 점을 교훈으로 삼아야 한다. 최근 코로나19 사태에 대응하기 위해 사회적 대화기구인 '경제사회노동위원회' 밖에서의 합의를 추진했으나 민주노총의 반발로 교착 상태에 빠진 것도 과정 관리의 중요성을 거듭 확인하는 계기가 되었다. 지금까지 설명한 네덜란드, 독일, 한국의 사회적 대화의 특징을 정리하면 [표 5-3]과 같다. 개별 국가가 처한 상황과 정치-경제-사회 문화가 다르나 선진국의 사회적 대화의 경험을 토대로 한국 경제가 지속 가능한 발전을 위해 필요한 개혁을 가능하도록 사회적 대화의 틀과 전략을 마련할 필요가 있다.

[표 5-3] 네덜란드, 독일, 한국의 사회적 대화체제 비교

	네덜란드	독일	한국
전통	민주적 조합주의	사회적 시장경제	개발국가 조합주의
제도적 조건	내각책임제, 다당제	국민정당+소수당 결합	대통령 중심제, 양당제
사회적 신뢰	사회통합과 신뢰	노사 신뢰 일상화	불신의 내재화
전략적 선택	일자리 나누기 임금 복지비용 억제	고용 유지 고용 중심 효율성 제고	고용률 제고 노동시장 이중구조 개선
고용 개혁 모델	노동시장 제도 개혁 적정 임금, 차별 배제	고용 서비스 효율성 제고노 동시장 유연화 실업 부대비용 축소	노동시장 제도 관행 개선 적정 임금, 적정 복지 한국형 유연 안정성
개혁 방식	세력 간 합의와 교환	전문가 위원회 개혁안	정부 주도형 노사정 대화
이해 조정	이익집단 간 협의	개혁안에 대한 시민사회 노동계 수정안 마련	이해 조정 및 개혁 역량 미흡

성공적인 사회협약의 특징

1970년대 이후 유럽 등에서 체결된 성공적인 사회협약의 특성을 과정 관리 측면에서 분석[8]한 연구들이 다수 존재한다. 이들을 종합하면, 첫째, 경제위기와 같은 급박한 상황이 사회적 행위자들의 선택을 유도했다. 둘째, 의회정치에서 소수파였거나 선거를 의식한 정부는 일방적으로 사회협약을 밀어붙이지 않았다. 셋째, 이 시기에 사회협약에 유연하고 온건한 노동조합 지도부가 출범했다. 넷째, 사용자 단체의 지지는 사회협약의 지속을 보장했다. 즉 의회 내 소수파를 가진 약한 정부는 경제위기와 같은 불확실성이라는 상황이 사회협약의 정당성에 확보에 기여했다는 것들이다.

노동시장을 포함한 사회 시스템의 개혁에 영향을 미치는 요인을 체계적으로 분석한 연구로는 OECD의 분석[9]이 있다. OECD 6개 회원국이 추진한 12개(국가별 2개)의 개혁 사례를 선정하여 개혁에 미친 ① 외부적(exogenous) 요인, ② 개혁의 시기, 범위, 순서, ③ 의사소통과 협의, ④ 개혁 저항세력에 대응이라는 네 가지 측면에서 분석했다. 상당수 개혁이 진행 중이거나 성과가 장기간에 걸쳐 나타나기 때문에 현시점에서 성공 또는 실패라고 단정할 수 없으며, 설령 실패라고 하더라도 미래의 개혁을 위해 논의의 출발점을 제공하고 교훈을 제공했다고 보아야 한다고 지적하

---

8   Avdagic (2010), When Are Concerted Reforms Possible? Explaining the Emergence of Social Pacts in Western Europe, Comparative Political Studies 43(5), pp.628-657; Baccaro & Galindo (2017), Are social pacts will viable in today's?, ILO; 임상훈, Baccaro(2006), 약자들의 사회협약: 아일랜드, 이탈리아, 한국 사례 비교연구, 한국노동연구원.

9   OECD (2008), *Polical Economy of Structural Reform: Emerging Lessons From the First Case Studies*, OECD Working Party No. 1 on Macroeconomic and Structural Policy Analysis.

고 있다.

구체적으로 살펴보면, 첫째, 사회적 대화의 출발 원동력은 외부적 요인에 의한 경우가 많다고 한다. 선거 직후 선거를 통해 확보한 개혁의 'Mandate'를 활용할 여지가 많고 실업 등 노동시장의 위기가 개혁의 동력이 되었다고 분석한다. 독일 하르츠 개혁과 최근에 이루어진 프랑스의 노동시장 개혁의 경우가 그렇다. 또한 사회적 대화의 여건을 조성하는 정부의 응집력이 개혁 성공의 필수적인 요인이 된다고 한다.

둘째, 선거와 같은 개혁의 Mandate가 부여되지 않더라도 스캔들 또는 사건 등이 정부에 개혁의 정당성을 부여하는 경우가 많았다. 소위 희생양(scape goat) 효과를 말한다. 연방노동청의 비효율을 이유로 개혁의 필요성을 역설했던 독일의 하르츠 개혁을 대표적인 사례로 들 수 있다. 또한 사회적 대화에는 이해집단 간 타협과 양보가 필요하고 이를 위해 상당한 준비와 신뢰 형성기간이 필요하므로 성급하게 추진하기보다는 단기간 내 긍정적인 성과를 가져올 수 있는 사안부터 추진하는 경우가 성공한 사례가 많다고 한다.

셋째, 이해 당사자에게 개혁의 필요성을 알리고 동참을 유도하기 위해 효과적인 홍보와 의사소통 전략이 필수적이다. 이런 과정에서 개혁 추진세력이 특정 집단의 이익을 대변하지 않는 독립적인 기구라는 점을 강조하기 위해 다수의 개혁이 독일의 하르츠 위원회와 같은 독립 특별위원회를 통해 이루어졌다. 많은 이해관계자의 참여를 유도하기 위해 정부의 리더십도 중요한 역할을 했다. 대화기구 등을 통한 사회적 협의(concertation)도 정부가 양보하거나 상대적인 손해를 입는 계층에 대한 보상을 할 능력이 없거나 설득할 의지가 없다면 사회협약을 체결할 수 없기 때문이다. 직접적인 이해관계를 갖는 사회단체들이 맺는 조합주의적 협약(corporatist arrangements)도 정부 리더십이 필요하다.

넷째, 실제 또는 잠재적 개혁 저항세력을 유화하고 활용하는 방안도 고려할 필요가 있다고 한다. 개혁의 반대 세력이 개혁을 통해 새롭게 만들어지는 제도를 운영하도록 함으로써 동의를 얻어낼 수 있고, 특히 개혁을 통해 이익을 얻는 계층을 조직화할 경우 성공할 확률이 높다고 분석하고 있다. 일반적으로 개혁을 통해 상대적인 피해를 입는 계층이 이미 조직화되어 있거나 조직화되기 쉬운 반면, 이익을 얻는 세력은 말이 없는 조용한 지지자일 경우가 많기 때문이다.

국내적으로도 1998년 '2·6 사회협약'의 성공 요인을 분석한 결과가 있으며 유럽 사례 분석과 유사하다. 한국의 경우 사회협약의 경험이 많지 않아 앞선 분석과 달리 사회협약의 내용이 입법되는 과정과 형태를 중심으로 연구했다는 점이 다소 다르다. 당시 사회협약의 90개 조항을 중심으로 입법 여부, 입법 형태에 영향을 미친 요인을 분석[10]했다.

첫째, 실업, 물가, GDP 등의 경제 요인은 사회협약 형성의 법제화에 동일하게 정(+)의 방향으로 작용한다. 둘째, 사회협약 형성과 법제화는 정부 강도, 선거 압박, 국회 상임위원장 등 정치적 영향이 엇갈리면서 차별화된다. 사회협약 형성에 정(+)의 방향으로 작용한 정부 강도는 법제화에 부(-)의 방향으로 작용했다. 선거 압박은 사회협약 형성과 법제화 모두 정(+)의 방향으로 작용했다. 셋째, 사회협약 형성 요인으로 작용했던 대외개방, 노조의 이해 대변도 변수는 사회협약 법제화에 영향을 미치지 않는 것으로 파악되었다. 넷째, 사회협약 입법 여부와 입법 형태 실증 결과는 유의한 독립변수들과 방향이 일치되는 것을 보여주었다.

---

10 박성국, 조현민, 임상훈(2020), 사회협약 법제화에 관한 영향 요인 연구: 1998년 2.6 사회협약 사례 정량분석을 중심으로, 노동정책연구 제20권 제4호, 한국노동연구원.

[표 5-4] 사회협약 입법에 미치는 요인

종속변수		경제 요인	정치 요인
사회협약 입법 여부		실업(+), 물가(+), GDP(+)	선거 압박(+), 정부 강도(−) 파업 강도(−), 국회 상임위원장(+)
사회협약 입법 형태	의원입법		선거 압박(+), 정부 강도(−), 국회 상임위원장(+)
	정부입법	실업(+), 물가(+), GDP(+)	

사회협약 성공의 요인

지금까지 유럽 등 선진국의 주요 사회적 대타협의 배경과 역사, 과정, 성공 요인 등을 살펴보았다. 또한 국내적으로 성공적인 것으로 평가받고 있는 1998년의 '2·6 사회협약'의 특징과 성공 요인도 분석한 결과를 소개했다. 일부에서는 유럽 등 선진국의 경험 등을 한국에 그대로 투영해서 적용하면 한국에서도 유사한 결과를 가져올 수 있다는 분석을 제시한 연구[11]가 많다. 그러나 정치-사회 제도와 사회적 대화를 둘러싼 문화 등을 고려할 때 그대로 적용하는 데에는 한계가 있다고 보아야 한다. 유럽의 사회적 대화 사례의 분석을 토대로 1998년 이후 수차례에 걸쳐 사회적 대화를 추진했으나 미완의 타협을 이루거나 합의조차 이루지 못한 경우가 많기 때문이다.

그 이유는 한국의 정치제도가 대개 의회민주주의 체제를 채택하고 있는 유럽 국가와 달리 5년 대통령 단임제를 채택하고 있기 때문이다. 의회민주주의의 경우 다수당이 장기간 집권하거나 여러 정파가 연정을 구성하고 운영하는 전통이 있기 때문에 개혁 내용에 대한 타협과 연속성을 확보하기 수월하다. 한국의 경우 정권의 변동에 따라 개혁의 지속성을 담

---

11 장홍근·박영준·박준식·강현주(2015), 선진국 노동시장 개혁사례 연구: 개혁 과정 관리를 중심으로, 한국노동연구원.

보하기 어려워 선진국처럼 쉬운 합의를 먼저하고 성과를 내는 순차적인 개혁을 추진할 수 있는 상황이 되지 못한다. 반대로 단임 기간 중 합의를 성급하게 추진하려는 과정에서 사회적 대화 참여자에게 합의를 강요한다는 인식을 심어주는 경우도 있어 합의가 어렵거나 합의가 있어도 이행에 문제가 생기는 경우가 많았다. 또한 대통령 임기 초기보다는 임기 중반에 개혁이 추진될 경우 개혁의 이행이 더욱 어려워진다. 2015년 미완의 타협과 2018년 코로나에 따른 개혁이 대표적인 사례이다.

둘째, 사회체제에도 차이가 있다. 유럽 등 선진국에는 민주주의적 조합주의라는 사회적 대화의 전통이 존재한다. 그러나 1980년대까지 국가 권위주의적 개발 조합주의의 특성을 갖는 한국의 사회체제에서는 대화와 타협에 서투를 수밖에 없다. 논의 과정에서 제시된 방안에 대해 대화 상대방은 이미 주어진 것으로 여길 수 있기 때문에 제안에 소극적이고 서로 의사소통이 이루어지기 어렵다. 특히 기업 등 경영계는 사회적 대화 자체가 양보를 의미하는 것으로 생각하고 노동계마저도 타협을 강요받았다는 인식이 팽배해 있다. 이러한 이유로 사회적 대화 무용론마저 제기되고 있는 상황이다.

셋째, 타협의 내용과 방향에도 차이가 있다. 유럽 등의 사회적 타협안은 효율성과 유연성을 높이는 방향으로 이루어져 있다. '복지병(welfare disease)'이라고 불릴 정도로 충분한 복지제도를 갖고 있는 상황에서 일자리를 늘리기 위해 파트타임, 해고, 복지제도 축소 등 경제제도의 효율성을 제고하는 방향으로 타협을 이루어냈다. 네덜란드, 독일의 경우도 그렇다. 한국의 경우는 그렇지 않다. 사회 안전망 자체가 충분하지 않다. 실직할 경우 소득대체율이 50%에 머무르고 있고 외벌이 가구가 54%에 이르는 한국의 경우 실직 또는 전직은 가계의 붕괴를 의미한다. 따라서 노동시장의 유연화 또는 시장제도의 효율성 제고를 생존의 문제로 인식한다. 또한 국가 권위주의의 전통이 남아 있어 기득권 보호를 위한 각종 규제로 인해 경쟁과 공정이라는 시장경제 원리가 제대로 작동하지 않고 있다. 따라서 유럽과 달리 자유시장 원리에 따른 경제 활력 제고와 사회 안전망 재정비라는 과제를 동시에 추진해야 하는 어려운 상황이다.

물론 선진국의 경험이 유용하며 한국 사회에 적용할 부분이 다수 있다는 점을 부인할 수는 없다. 단일의 개혁안보다는 포괄적인 의제 설정, 위기를 개혁의 동력으로 활용, 다양한 이해관계자와 전문가 참여, 선거 등 정치 일정과 연계해야 한다는 점이다.

다시 말하면 다수 개혁이 노동시장 관련한 부분에서 시작되었으나 노동시장에 재정, 사회복지 등 사회 시스템 전체에 미치는 영향이 크기 때문에 노동시장 등 한 분야에 그치는 개혁보다는 포괄적인 의제가 필요하다. 실제 노동시장의 효율성과 생산성을 높이기 위한 개혁은 실업자에 대한 지원 등 사회 안전망, 연금 등과 밀접한 관련이 있기 때문에 함께 추진해야 동력을 확보할 수 있다.

실업 증가 등 경제사회적 위기를 개혁의 동력으로 확보할 필요가 있다. 위기의식이 확산될 경우 대의를 위해 이해집단이 자기의 이익을 양보할 수 있는 분위기가 형성되기 때문이다. 1998년 '2·6 사회협약'의 성공도 외환위기로 인한 사회 전 분야의 위기의식 확산이 동인이 되었으며 2015년과 2018년 사회적 대화도 미래 한국 사회에 대한 우려가 다양한 사회세력을 대화의 무대로 이끌 수 있었다.

포괄적인 의제를 논의하고 대화를 통한 양보와 타협을 위해서는 관계되는 광범위한 이해집단의 참여가 필요하고 상황 분석과 정보의 공유를 위해 정부와 전문가 집단의 참여가 필수적이다. 네덜란드와 독일의 사례에서도 전문가 그룹이 사회적 대화기구를 지원하고 있었다.

또한 대통령 선거 등의 정치 일정과 연계해서 선거 직후 선거 결과를 개혁의 Mandate로 활용할 필요가 있다. 지연될 경우 반대세력의 결집과 개혁의 동력을 상실할 우려가 있다.

참고문헌

1장 경제 시스템 어떻게 바꿀 것인가

공원국(2014), 춘추전국이야기, 위즈덤하우스.

김두식(2011), 헌법의 풍경, 교양인.

김명섭(2001), 대서양문명사, 한길사.

대런 애쓰모글루·제임스 A.로빈슨, 최완규 옮김(2012), 국가는 왜 실패하는가, 시공사.

문재인·김인회(2011), 검찰을 생각한다, 오월의봄.

로버트 라이시, 안진환·박슬라 옮김(2011), 위기는 왜 반복되는가, 김영사.

변양호(2017.7), 우리가 다시 번영하려면, 신동아.

에이미 추아, 이순희 옮김(2008), 제국의 미래, 비아북.

안병영·정무권·신동면·양재진(2018), 복지국가와 사회복지정책, 다산출판사.

이주희(2014), 강자의조건, MID.

이헌재·이원재 대담, 황세원 글(2017), 국가가 할 일은 무엇인가, 메디치.

2장 평등_부의 소득세제와 포용적 경제

[1~4절]

국회 예산정책처(2020), 사회보장정책 분석 I (총괄).

국회입법조사처(2020), 재난기본소득의 논의와 주요쟁점.

김낙회(2019), 세금의 모든 것, 21세기북스.

김수현 외(2020), 2018~28 중장기인력수급전망, 한국고용정보원.

밀턴 프리드먼, 심준보 옮김(2007), 자본주의와 자유, 청어람미디어.

변양규(2017), 안심소득제의 소득불균등 완화효과 및 소요 예산 추정, 한국경제연구원.

유영성 외(2020), 모두의 경제적 자유를 위한 기본소득, 다할미디어

이아영 외(2020), 사회보장 정책 효과성 증진을 위한 평가 체계 분석 및 개선 방향, 한국보건사회연구원.

조성은 외(2019), 한국 사회보장제도의 역사적 변화과정과 미래 발전 방향, 한국보건사회연구원.

최한수(2017), 각국의 기본소득실험이 한국에 주는 정책적 시사점, 한국조세재정연구원.

한국보건사회연구원(2018), 한국의 사회보장제도.

황수경(2019), 한국의 재분배선호와 정책결정, KDI.

Department for Work and Pension (2010), Universal Credit: Welfare that works.

Jon Pareliussen, Hyunjeong Hwang (2018), Benefit reform for employment and equal opportunity in Finland, OECD Economic Department Working Papers.

IMF(2013), 'Fiscal Policy and Income Inequality' IMF Policy Paper, International Monetary fund.

[5~8절]

국회 각 위원회, 2020년도 예산안 예비심사보고서.

국회예산결산위원회, 2020년도 예산안 및 기금운용계획안 2020년도 임대형 민자사업 한도액안 검토보고.

국회예산정책처, 2020년도 예산안 분석종합.

국회예산정책처, 2020년도 예산안 총괄분석 Ⅰ, Ⅱ, Ⅲ.

국회예산정책처, 2020년도 예산안 위원회별 분석.

국회예산정책처, 사회보장정책 분석.

국회예산정책처, 사회복지분야 지방자치단체 국고보조사업 분석.

국회예산정책처, 소재부품장비 산업정책 분석.

국회예산정책처, 2020 조세수첩.

기획재정부, 2017년 나라살림 예산개요.

기획재정부, 2018년 나라살림 예산개요.

기획재정부, 2019년 나라살림 예산개요.

기획재정부, 2020년 나라살림 예산개요.

기획재정부, 2017년 나라살림 예산개요 참고자료.

기획재정부, 2018년 나라살림 예산개요 참고자료.

기획재정부 2019년 나라살림 예산개요 참고자료.

기획재정부, 2020년 나라살림 예산개요 참고자료.

기획재정부, 2017년도 조세지출 예산서.

기획재정부, 2021년도 조세지출 예산서.

대한민국정부, 2020-2024년 국가재정운용계획.

대한민국정부, 2019-2023년 국가재정운용계획.

대한민국정부, 2018-2022년 국가재정운용계획.

대한민국정부, 2017-2021년 국가재정운용계획.

재정정보원, 2020년 주요 재정통계.

재정정보원, 2020 회계기금 운용구조.

한국조세재정연구원, 2020-2024 국가재정운용계획 지원단 보고서.

3장 자유_규제 개혁과 자유로운 경제

국무조정실(2019), 규제개혁백서.

강병호·김대식·박경서(2018), 금융기관론, 박영사.

김영평·최병선·신도철 편저(2006), 규제의 역설, 삼성경제연구소.

류충렬(2015), 규제의 파르마콘, 대영문화사.

배용수(2006), 규제정책론, 대영문화사.

최성락(2020), 규제의 역설, 페이퍼로드.

OECD 규제개혁보고서 한국 규제정책(2017), OECD.

4장 공정_기업 지배구조 혁신과 공정한 경제

공정거래위원회(2020.12), 2020년 공시대상 기업집단 지배구조 현황과 분석.

김선민(2020), 스튜어드십 코드와 국내 민간 기관투자자의 반대 의결권 행사, SC 조사보고서 2020년 통권 제1호, 한국기업지배구조원.

김화진(2017.9), 복수의결권 주식의 도입에 관한 연구, 기업 지배구조 리뷰 Vol.84.

김환일·박용근·김동근(2018.2), 우리나라 사외이사제도의 문제점과 개선방안, 서울法學 제25권 제4호.

유고은(2021.1), 감사위원 분리선임 및 3%룰 적용 현황, KCGS Report 제11권 1호, 한국기업지배구조원.

윤법렬·임재혁(2017.3), 업무집행관여자의 책임, 기업법연구 제31권 제1호(통권 제68호).

이수정(2020.8), 사외이사 및 감사의 독립성 분석(2019~2020), 경제개혁 리포트 2020-08호, 경제개혁연구소.

이총희(2021), 감사위원 분리선출 제도 도입의 효과와 분리선출 감사위원 추천 대상회사 분석, 경제개혁 리포트 2021-2호, 경제개혁연구소.

정준혁(2020), 일감 몰아주기 법제에 대한 입법 평가, 경제법 연구 제19권 3호.

Bainbridge, S. M. (2018), The Board of Directors, *The Oxford Handbook of Corporate Law and Governance Edited by Jeffrey N. Gordon and Wolf-Georg Ringe*, Oxford University Press.

De La Cruz, A., A. Medina and Y. Tang (2019), *Owners of the World's Listed*

Companies, OECD Capital Market Series, Paris.

Directive (EU) 2017/828 of the European Parliament and of the Council of 17 May amending Directive 2007/36/EC as regards the encouragement of long-term shareholder engagement.

European Commission (2007), *Report on the Proportionality in the European Union*, External Study commissioned by the European Commission from Institutional Shareholder Services, Shearman & Sterling LLP and European Corporate Governance Institute.

Fiegenbaum, I. and Amir N. Licht (October 2017), Corporate Law of Israel, Working Paper No 372/2017, ECGI Working Paper Series in Law.

Gilson, R.J. (2006), Controlling Shareholders and Corporate Governance: Complicating the Comparative Taxonomy, *Harvard Law Review* Vol.119.

Gordon, J.N. (January 1994), Institutions as Relation Investors: A New Look at Cumulative Voting, *Columbia Law Review* Vol.94, No.1.

Goshen, H. (2016), Corporate Control and Idiosyncratic Vision, *The Yale Law Journal* 125, No.3.

KPMG (December 2020), *The KPMG Survey of Sustainability Reporting 2020* .

Kraakman, R. John Armour, Paul Davies, Luca Enriques, Henry Hansmann, Gerand Hertig, Klaus Hopt, Hideki Kanda, Mariana Pargendler, Wolf-Georg Ringe and Edward Rock (2017), *The Anatomy of Corporate Law: A Comparative and Functional Approach*, Third Edition, Oxford University Press, London.

Malberti, C. and Emiliano Sironi (February 2007) The Mandatory Representation of Minority Shareholders on the Board of Directors of Italian Listed Corporations: An Empirical Analysis, Research paper No.18, Bocconi University IDC Legal Studies Research Paper Series.

OECD (2019), *OECD Corporate Governance Factbook* .

Proffitt, W. T. and A. Spicer (2006), Shaping the Shareholder Activism Agenda: Institutional Investors and Global Issues, *4 Strategic Organization*.

Rock, E. B. (2013), Adapting to the New Shareholder-Centric Reality, *Faculty Scholarship at Penn Law*. 457.

Solomon, L.D. and Alan R. Palmiter(1994), *Corporations: examples and explanations*, Little, Brown and Company.

World Economic Forum (2017), *The Global Competitive Report 2017-2018*, WEF.

Young, L. (2016), Financial Reform and Change in Asian Business Systems, *Changing Asian Business Systems*, edited by Richard Whitley et al., Oxford U

5장 사회적 대타협, 혁신의 돌파구

박성국·조현민·임상훈(2020), 사회협약 법제화에 관한 영향요인 연구: 1998년 2.6 사회협약 사례 정량분석을 중심으로, 노동정책연구 제20권 제4호, 한국노동연구원.

임상훈·Baccaro(2006), 약자들의 사회협약: 아일랜드, 이탈리아, 한국 사례 비교연구, 한국노동연구원.

Avdagic (2010), *When Are Concerted Reforms Possible? Explaining the Emergence of Social Pact*.

Baccaro & Galindo (2017), Are social pacts will viable in today's?, ILO.

Fleckenstein, T. & S. C. Lee (2016), The Politics of Labor Market Reform in Coordinated Welfare Capitalism: Comparing Sweden, Germany and South Korea, *World Politics*, Princeton University.

Garskarth, G. (2014), *The Hartz Reforms — and their lessons for the UK*, Center for Policy Studies.

Hartog, J. (1999), The Netherlands: So what's so special about the Dutch model?, *Employment and Training Papers 54*, ILO.

OECD (2008), Polical Economy of Structural Reform: Emerging Lessons From the First Case Studies, OECD Working Party No. 1 on Macroeconomic and Structural Policy Analysis in Western Europe, *Comparative Political Studies 43*(5), pp.628–657.

OECD (2013), The Dutch Labour Market: Preparing for the Future, Working Paper.

Social and Economic Council (2015), *The Power of Consultation, The Dutch Consultative Economy Explained*.

KI신서 9667

경제정책 어젠다 2022

1판 1쇄 발행 2021년 4월 30일
1판 3쇄 발행 2021년 5월 28일

지은이 김낙회·변양호·이석준·임종룡·최상목
펴낸이 김영곤
펴낸곳 (주)북이십일 21세기북스

출판사업부문이사 정지은
인생명강팀장 윤홍
교정교열·디자인 제이알컴
유니브스타사업팀 엄재욱 이정인 나은경 박화인 이다솔 김경은
영업팀 김수현 최명열
제작팀 이영민 권경민

출판등록 2000년 5월 6일 제406-2003-061호
주소 (10881) 경기도 파주시 회동길 201(문발동)
대표전화 031-955-2100 **팩스** 031-955-2151 **이메일** book21@book21.co.kr

ⓒ 김낙회·변양호·이석준·임종룡·최상목, 2021

ISBN 978-89-509-9510-2 03320

(주)북이십일 경계를 허무는 콘텐츠 리더

21세기북스 채널에서 도서 정보와 다양한 영상자료, 이벤트를 만나세요!

페이스북 facebook.com/jiinpill21 **포스트** post.naver.com/21c_editors
인스타그램 instagram.com/jiinpill21 **홈페이지** www.book21.com
유튜브 youtube.com/book21pub

당신의 인생을 빛내줄 명강의 〈유니브스타〉
유니브스타는 〈서가명강〉과 〈인생명강〉이 함께합니다.
유튜브, 네이버, 팟캐스트에서 '유니브스타'를 검색해보세요!